财政部"十二五"规划教材（配套教材）

Auditing

《审计学》（第4版）
习题与答案

主编 刘静

中国财经出版传媒集团
经济科学出版社
Economic Science Press

图书在版编目(CIP)数据

《审计学》(第4版)习题与答案/刘静主编 .—北京：经济科学出版社，2018.4

财政部"十三五"规划教材 . 配套教材

ISBN 978-7-5141-9246-9

Ⅰ.①审… Ⅱ.①刘… Ⅲ.①审计学－高等学校－教材 Ⅳ.①F239.0

中国版本图书馆CIP数据核字（2018）第071376号

责任编辑：杜 鹏 张 燕
责任校对：靳玉环
责任印制：邱 天

《审计学》（第4版）习题与答案
主 编 刘 静
参 编 周宇婷 盛 娟 闫佳惠 王一飞
经济科学出版社出版、发行 新华书店经销
社址：北京市海淀区阜成路甲28号 邮编：100142
总编部电话：010-88191217 发行部电话：010-88191522
网址：www.esp.com.cn
电子邮箱：esp_bj@163.com
天猫网店：经济科学出版社旗舰店
网址：http://jjkxcbs.tmall.com
固安华明印业有限公司印装
787×1092 16开 14.25印张 330000字
2018年5月第1版 2018年5月第1次印刷
印数：0000—4000册
ISBN 978-7-5141-9246-9 定价：30.00元
(图书出现印装问题，本社负责调换。电话：010-88191510)
(版权所有 侵权必究 举报电话：010-88191586
电子邮箱：dbts@esp.com.cn)

编委会名单

主 编 刘 静
参 编 周宇婷 盛 娟 闫佳惠 王一飞

前 言
INTRODUCTION

　　本书是财政部"十三五"规划教材《审计学》（第4版）的配套习题，并附有参考答案，旨在帮助学生巩固所学的知识，深刻理解审计的基本理论和基本方法，把握审计课程的特点，掌握审计的重点和难点，增强学生的思考能力和职业判断分析能力，以便提高审计实务的操作技能和恰当处理能力，并提高应试水平。

　　审计知识和方法专业性高，审计业务实践性强、难度大，而审计准则枯燥，审计实务复杂。本书特色之一，是注重基础知识和基本技能训练。结合教材设计和编制了丰富、灵活的单项选择题、多项选择题及名词解释，帮助学生熟悉审计的产生与发展、审计过程及审计模式演变等审计基本原理，系统掌握审计监督体系的构成、审计的标准和审计准则基本内容与运用，清楚审计方法与审计计划、审计证据的关系等审计基础知识，准确掌握审计的专有名词和术语。特色之二是注重培养学生的审计分析判断能力和业务具体操作能力。配合教材内容设计了大量简答题和业务分析题，从不同视角分析、应对审计面临的各种问题，有专业知识和专业技能的体会理解，有财务报表审计五大业务循环业务各种审计程序的应用。特色之三是注重培养学生的综合能力提升。本书十五章，其中十四章编制了业务分析题，从审计取证方法选择运用到重大风险评估和应对，从控制测试到实质性测试，都给出了具体审计环境下的业务题，锻炼学生学会分析、判断和解决问题，从而进行恰当的审计处理，且通过答案部分，先显示分析过程，再给出正确的业务处理结果，引导解决怎么审计的问题，提升学生的综合能力，以期达到培养应用型人才的目的。

　　本书在编写过程中学习、参考了国内相关优秀教材的部分资料和历年全国注册会计师考试真题的部分精华内容，进行适当改编，在这里一并表示诚挚的谢意。

　　本书的编写，虽精心设计，几经推敲和审校，但因时间问题和水平限制，可能会有疏漏和错误，恳请各位读者批评指正。

编　者
2018年3月

目 录
CONTENTS

第一章　审计概述 ··· 1
　　一、单项选择题 ··· 1
　　二、多项选择题 ··· 3
　　三、名词解释 ·· 4
　　四、简答题 ·· 4

第二章　审计组织体系和审计分类 ························· 5
　　一、单项选择题 ··· 5
　　二、多项选择题 ··· 7
　　三、名词解释 ·· 9
　　四、简答题 ·· 9
　　五、业务分析题 ··· 9

第三章　审计标准和审计准则 ····························· 11
　　一、单项选择题 ·· 11
　　二、多项选择题 ·· 12
　　三、名词解释 ··· 14
　　四、简答题 ··· 14
　　五、业务分析题 ·· 14

第四章　审计目标和审计责任 ····························· 16
　　一、单项选择题 ·· 16
　　二、多项选择题 ·· 18
　　三、名词解释 ··· 20
　　四、简答题 ··· 21
　　五、业务分析题 ·· 21

第五章 审计计划和审计模式 ················· 23
　　一、单项选择题 ······················· 23
　　二、多项选择题 ······················· 25
　　三、名词解释 ························ 27
　　四、简答题 ·························· 27
　　五、业务分析题 ······················· 27

第六章 审计证据和审计工作底稿 ··············· 30
　　一、单项选择题 ······················· 30
　　二、多项选择题 ······················· 33
　　三、名词解释 ························ 35
　　四、简答题 ·························· 35
　　五、业务分析题 ······················· 36

第七章 风险评估 ······················· 39
　　一、单项选择题 ······················· 39
　　二、多项选择题 ······················· 41
　　三、名词解释 ························ 43
　　四、简答题 ·························· 43
　　五、业务分析题 ······················· 43

第八章 风险应对 ······················· 45
　　一、单项选择题 ······················· 45
　　二、多项选择题 ······················· 47
　　三、名词解释 ························ 48
　　四、简答题 ·························· 49
　　五、业务分析题 ······················· 49

第九章 销售与收款循环审计 ················· 52
　　一、单项选择题 ······················· 52
　　二、多项选择题 ······················· 54
　　三、名词解释 ························ 56
　　四、简答题 ·························· 56
　　五、业务分析题 ······················· 57

第十章 购货与付款循环审计 ················· 64
　　一、单项选择题 ······················· 64
　　二、多项选择题 ······················· 66

- 三、名词解释 ·· 68
- 四、简答题 ·· 69
- 五、业务分析题 ·· 69

第十一章　生产与存货循环审计 ·· 73
- 一、单项选择题 ·· 73
- 二、多项选择题 ·· 75
- 三、名词解释 ·· 77
- 四、简答题 ·· 77
- 五、业务分析题 ·· 78

第十二章　筹资与投资循环审计 ·· 87
- 一、单项选择题 ·· 87
- 二、多项选择题 ·· 89
- 三、名词解释 ·· 92
- 四、简答题 ·· 92
- 五、业务分析题 ·· 92

第十三章　货币资金审计 ·· 96
- 一、单项选择题 ·· 96
- 二、多项选择题 ·· 98
- 三、名词解释 ·· 101
- 四、简答题 ·· 101
- 五、业务分析题 ·· 101

第十四章　完成审计工作与审计报告 ·································· 105
- 一、单项选择题 ·· 105
- 二、多项选择题 ·· 110
- 三、名词解释 ·· 114
- 四、简答题 ·· 114
- 五、业务分析题 ·· 115

第十五章　内部控制评价与审计及其他鉴证业务 ·············· 119
- 一、单项选择题 ·· 119
- 二、多项选择题 ·· 122
- 三、名词解释 ·· 125
- 四、简答题 ·· 125
- 五、业务分析题 ·· 126

答案部分 ··· 127

第一章　审计概述 ··· 127
第二章　审计组织体系和审计分类 ··· 131
第三章　审计标准和审计准则 ··· 138
第四章　审计目标和审计责任 ··· 143
第五章　审计计划和审计模式 ··· 147
第六章　审计证据和审计工作底稿 ··· 152
第七章　风险评估 ··· 159
第八章　风险应对 ··· 163
第九章　销售与收款循环审计 ··· 167
第十章　购货与付款循环审计 ··· 174
第十一章　生产与存货循环审计 ··· 181
第十二章　筹资与投资循环审计 ··· 190
第十三章　货币资金审计 ··· 196
第十四章　完成审计工作与审计报告 ··· 201
第十五章　内部控制评价与审计及其他鉴证业务 ··· 213

第一章 审计概述

【**本章主要知识点**】通过本章的学习，了解审计产生和发展的根本原因；熟知西方审计的起源和演进；掌握我国政府审计、内部审计的产生和发展过程及注册会计师审计的沿革和特点；掌握审计的含义和性质、审计的对象和目标、职能和作用。

一、单项选择题

1. 世界范围内，审计的产生源于（   ）。
   A. 政府　　　　　　　　　　B. 企业
   C. 民间　　　　　　　　　　D. 银行
2. 我国政府审计起源于（   ）。
   A. 秦汉时代　　　　　　　　B. 宋朝
   C. 周朝　　　　　　　　　　D. 唐代
3. 世界上最早的注册会计师团体是（   ）。
   A. 美国公共会计师协会　　　B. 爱丁堡会计师协会
   C. 苏格兰会计师协会　　　　D. 澳洲会计师公会
4. 我国历史上第一家会计师事务所是（   ）。
   A. 上海会计师事务所　　　　B. 正则会计师事务所
   C. 立信会计师事务所　　　　D. 大信会计师事务所
5. 我国历史上最早的独立审计机构为（   ）。
   A. 西周宰夫　　　　　　　　B. 宋代审计院
   C. 唐代比部　　　　　　　　D. 民国审计部
6. 新中国注册会计师审计制度恢复于（   ）年。
   A. 1918　　　　　　　　　　B. 1983
   C. 1980　　　　　　　　　　D. 1978
7. 世界上第一位注册会计师是（   ）。
   A. 谢林　　　　　　　　　　B. 徐永柞
   C. 查尔斯·斯耐尔　　　　　D. 潘序伦
8. 1941年世界上最早建立了"内部审计师"协会的国家是（   ）。
   A. 英国　　　　　　　　　　B. 美国

C. 德国 D. 法国

9. 注册会计师审计形成于英国（ ）。
   A. 合伙企业制度 B. 股份制企业制度
   C. 资本市场 D. 市场经济

10. 审计最基本的职能是（ ）。
    A. 经济评价 B. 经济监察
    C. 经济监督 D. 经济司法

11. 审计的本质特征是其（ ）。
    A. 公正性 B. 独立性
    C. 客观性 D. 专业性

12. 可以保证有效行使审计权的必要条件是审计的（ ）。
    A. 权威性 B. 专业性
    C. 客观性 D. 独立性

13. 公元992年，"审计"一词成为财政监督的专门名词，是因为宋代设立了（ ）。
    A. 审计长 B. 审计院
    C. 比部 D. 审计司

14. 我国审计行业的法律《中华人民共和国审计法》第一次颁布的时间是（ ）年。
    A. 1995 B. 1994
    C. 1996 D. 1993

15. 新中国注册会计师审计的发展大致经历了恢复起步阶段、创业阶段、全面发展阶段、进入腾飞等（ ）。
    A. 四个阶段 B. 三个阶段
    C. 五个阶段 D. 六个阶段

16. 1957年世界上最大的民间审计专业团体是（ ）。
    A. 英国注册会计师协会 B. 美国注册会计师协会
    C. 澳洲注册会计师协会 D. 爱丁堡会计师协会

17. 新中国第一家由财政部批准、独立承办民间审计业务的会计师事务所，是1981年1月1日成立的（ ）。
    A. 立信会计师事务所 B. 正则会计师事务所
    C. 上海会计师事务所 D. 大信会计师事务所

18. 中国内部审计协会开始分批发布内部审计准则，使内部审计日益规范的时间是（ ）年。
    A. 2003 B. 2005
    C. 2002 D. 2006

19. 审核检查被审计单位的经济活动是否真实，会计资料及相关资料是否全面、公允地反映被审计单位的财政收支、财务收支及其经营成果，这是指审计目标的（ ）。
A. 合法性 B. 真实性
C. 独立性 D. 效益性

20. 审计产生的社会基础是（ ）。
A. 受托经济责任关系 B. 企业管理层需要
C. 企业治理层需要 D. 社会公众的期望

21. 我国审计署正式成立的时间是（ ）。
A. 1983年9月 B. 1982年9月
C. 1983年11月 D. 1983年12月

22. 《中华人民共和国注册会计师法》颁布于（ ）年。
A. 1995 B. 1994
C. 1993 D. 1992

23. 通过审核和查验，鉴定和证明被审计单位的会计资料等是否正确、公允，其财务收支及经营成果是否真实可靠，经营者的经济责任是否履行，并据以提出审计报告等书面证明，以取得审计委托人或社会各方面的公认，这是指审计的（ ）。
A. 经济监督职能 B. 经济保障职能
C. 经济评价职能 D. 经济鉴证职能

二、多项选择题

1. 审计的独立性表现为（ ）。
A. 组织机构的独立 B. 审计人员精神上的独立
C. 审计准则的独立 D. 经济来源的独立

2. 审计目标的具体内容表现为以下几方面（ ）。
A. 真实性 B. 独立性
C. 合法性 D. 效益性

3. 审计职能包括（ ）。
A. 经济监督职能 B. 经济鉴定职能
C. 经济鉴证职能 D. 经济评价职能

4. 一般来说，审计的作用主要有（ ）。
A. 保障性作用 B. 防护性作用
C. 监督性作用 D. 促进性作用

5. 审计活动的要素包括（ ）。
A. 委托人 B. 审计人
C. 管理层 D. 被审计人

6. 民间审计的发展大致经历了（ ）阶段。
A. 风险导向审计 B. 错弊审计

C. 财务会计报表审计　　　　　　D. 管理审计

7. 建立和完善我国审计制度的重大意义包括（　　）。

A. 是维护国家财政经济秩序的客观需要

B. 对健全社会经济法制具有重大意义

C. 可以促使企业加强管理，提高经济效益

D. 对进一步对外开放有重要促进意义

8. 从 1844 年到 20 世纪初，是注册会计师审计的形成时期。此时的民间审计的主要特点有（　　）。

A. 注册会计师审计的法律地位得到确认

B. 审计的目的是查错揭弊，保护企业资产的安全

C. 审计报告使用人主要为企业股东

D. 没有系统的理论和方法，对大量账簿记录进行逐笔审查，往往事倍功半

三、名词解释

1. 审计　　　　　　　　　　　2. 民间审计
3. 内部审计　　　　　　　　　4. 审计目标

四、简答题

1. 审计的含义是什么？何为审计？
2. 审计的本质是什么？简述审计独立性的表现。
3. 审计具有哪些特征？
4. 简述审计是怎样产生的。
5. 简述政府审计的发展历程和我国政府审计的历史沿革。
6. 简述民间审计的历史演变过程。
7. 简述我国民间审计的历史沿革。我国注册会计师审计经历了哪几个发展阶段？
8. 简述内部审计是怎样形成的。
9. 简述审计的对象和目标。
10. 审计有哪些职能和作用？
11. 建立和完善我国审计制度有何重大意义？

第二章 审计组织体系和审计分类

【本章主要知识点】通过本章的学习，了解审计组织体系的构成，各种审计主体的隶属关系、表现形式和基本特点；熟悉审计的各种分类与形式，掌握我国三种审计组织的具体情况和各自的业务范围。

一、单项选择题

1. 审计署上级领导部门是国务院（　　）。
   A. 审计长　　　　　　　　　　B. 总理
   C. 财政部长　　　　　　　　　D. 部委

2. 有限责任合伙制会计师事务所的合伙人对个人执业行为承担（　　）。
   A. 有限责任　　　　　　　　　B. 连带责任
   C. 无限责任　　　　　　　　　D. 无限连带责任

3. 中国注册会计师协会发布了《注册会计师考试制度改革方案》，从2009年开始注册会计师考试新制度下考试科目的模式是（　　）。
   A. "4+1"模式　　　　　　　　B. "6+1"模式
   C. "6+2"模式　　　　　　　　D. "5+1"模式

4. 合理保证的鉴证业务目标是（　　）。
   A. 要求注册会计师将审计风险降至可接受的低水平，并提供低水平保证
   B. 要求注册会计师将审计风险降至可接受的高水平，并提供低水平保证
   C. 要求注册会计师将审计风险降至可接受的高水平，并提供高水平保证
   D. 要求注册会计师将审计风险降至可接受的低水平，并提供高水平保证

5. 在财务报表审阅业务中，要求注册会计师（　　）。
   A. 将审阅风险降至该业务环境下低于财务报表审计中可接受的水平；对审阅后的财务报表提供高于高水平的保证
   B. 将审阅风险降至该业务环境下高于财务报表审计中可接受的水平；对审阅后的财务报表提供高于高水平的保证
   C. 将审阅风险降至该业务环境下高于财务报表审计中可接受的水平；对审阅后的财务报表提供低于高水平的保证
   D. 将审阅风险降至该业务环境下低于财务报表审计中可接受的水平；对审阅后的财务报表提供低于高水平的保证

6. 以下属于认证服务的是（　　）。
   A. 会计服务　　　　　　　　　　　B. 税务服务
   C. 管理咨询　　　　　　　　　　　D. 审阅
7. 下列有关鉴证业务的说法中，错误的是（　　）。
   A. 鉴证业务可以改善信息的质量或内涵
   B. 鉴证业务可以增强预期使用者的信赖程度
   C. 鉴证业务的基础是独立性和专业性
   D. 鉴证业务涉及为财务报表预期使用者如何利用信息提供建议
8. 会计师事务所的设立要报送相关文件，负责批准的机构是（　　）。
   A. 财政部　　　　　　　　　　　　B. 中国注册会计师协会
   C. 省级财政部门　　　　　　　　　D. 国家税务总局
9. 以下关于鉴证业务与相关服务业务说法正确的是（　　）。
   A. 注册会计师执行商定程序业务，在报告执行的商定程序及其结果的同时，提出鉴证结论
   B. 在财务报表审阅业务中，在审阅报告中对财务会计报表采用积极方式提出结论
   C. 代编财务信息提供合理保证
   D. 财务报表审阅提供有限保证
10. 决定审计署的审计长提名和任免的分别是（　　）。
    A. 主席；副总理　　　　　　　　　B. 总理；主席
    C. 副总理；副主席　　　　　　　　D. 副总理；主席
11. 以下审计分类中不属于按审计实施时间分类的是（　　）。
    A. 事前审计　　　　　　　　　　　B. 事中审计
    C. 部分审计　　　　　　　　　　　D. 事后审计
12. 根据我国《宪法》的规定，我国政府审计机关层级设置为（　　）。
    A. 两级　　　　　　　　　　　　　B. 四级
    C. 三级　　　　　　　　　　　　　D. 五级
13. 会计师事务所有多种组织形式，其中，对执业人员的需求不多，容易设立，执业灵活，能在代理记账、代理纳税等方面较好地满足小型企业对注册会计师服务的需求但无力承担大型业务，缺乏发展后劲描述的是（　　）。
    A. 独资会计师事务所
    B. 特殊普通合伙会计师事务所
    C. 普通合伙制会计师事务所
    D. 股份有限公司制会计师事务所
14. 设立有限责任的会计师事务所，要求注册资本不得少于人民币（　　）万元。
    A. 20　　　　　B. 30　　　　　C. 35　　　　　D. 25
15. 我国现有普通合伙制和有限责任公司制会计师事务所转制为特殊普通合

伙组织形式时，要求符合规定的合伙人至少有（　　）名。
A. 20 B. 30
C. 15 D. 25

16. 用来表达民间审计作出审计结论的审计意见的是（　　）。
A. 审计业务约定书 B. 审计合同
C. 审计计划书 D. 审计报告

二、多项选择题

1. 政府审计机关的职责包括（　　）。
A. 审计监督职责 B. 强制审计职责
C. 经济责任审计职责 D. 专项审计调查职责

2. 注册会计师审计的主要特征有（　　）。
A. 独立性 B. 专业性
C. 受托有偿审计 D. 事后审计性

3. 鉴证业务按照保证程度可分为（　　）。
A. 合理保证 B. 绝对保证
C. 无限保证 D. 有限保证

4. 相对于鉴证业务而言，相关服务包括（　　）。
A. 商定程序 B. 代编财务信息
C. 审计 D. 税务服务

5. 内部审计具有的特点有（　　）。
A. 审计服务的内向性 B. 审计业务的多样性
C. 审计时间的经常性 D. 审计效果的独立性

6. 以下符合审计按内容和目的分类的为（　　）。
A. 经济效益审计 B. 独立审计
C. 经济责任审计 D. 有限保证审计

7. 政府审计的特征包括（　　）。
A. 审计监督的强制性
B. 审计机构设置的系统性
C. 审计工作的独立性
D. 审计范围的广泛性

8. 我国会计师事务所的组织形式有（　　）。
A. 独资 B. 普通合伙制
C. 特殊普通合伙制 D. 有限责任公司制

9. 注册会计师可接受委托承办的业务有（　　）。
A. 审计业务 B. 会计咨询
C. 服务业务 D. 其他鉴证业务

10. 以下属于鉴证业务与相关服务业务的区别的是（　　）。
　　A. 独立性要求不同
　　B. 业务涉及的关系人不同
　　C. 业务关注的焦点不同
　　D. 工作的结果不同

11. 审计按审计主体的性质分类为（　　）。
　　A. 政府审计　　　　　　　　　　B. 内部审计
　　C. 合规审计　　　　　　　　　　D. 民间审计

12. 审计按照审计业务范围分类为（　　）。
　　A. 全部审计　　　　　　　　　　B. 就地审计
　　C. 报送审计　　　　　　　　　　D. 局部审计

13. 就地审计按其具体情况又分为（　　）。
　　A. 常驻审计　　　　　　　　　　B. 强制审计
　　C. 专程审计　　　　　　　　　　D. 巡回审计

14. 综观注册会计师行业在各国的发展，会计师事务所的组织形式主要有（　　）。
　　A. 独资　　　　　　　　　　　　B. 普通合伙制
　　C. 股份有限公司制　　　　　　　D. 有限责任合伙制

15. 各国政府审计机关按政府审计机关的隶属关系和地位的不同可以分类的模式有（　　）。
　　A. 立法型模式　　　　　　　　　B. 司法型模式
　　C. 行政型模式　　　　　　　　　D. 独立型模式

16. 为了保障我国政府审计机关能够有效地开展审计工作、履行审计职责，《审计法》赋予了审计机关必要的权限，包括（　　）。
　　A. 审计建议权　　　　　　　　　B. 行政处罚权
　　C. 违规行为制止权　　　　　　　D. 审计检查权

17. 以下属于国际四大会计师事务所的是（　　）。
　　A. 安永会计师事务所　　　　　　B. 德勤会计师事务所
　　C. 毕马威会计师事务所　　　　　D. 普华永道会计师事务所

18. 2010年7月，财政部、国家工商行政管理总局联合发布了《关于推动大中型会计师事务所采用特殊普通合伙组织形式的暂行规定》。该暂行规定指出：采用特殊普通合伙形式的会计师事务所，一个合伙人或者数个合伙人在执业活动中因故意或者重大过失造成合伙企业债务的，应当承担的责任有（　　）。
　　A. 无限责任　　　　　　　　　　B. 有限责任
　　C. 有限连带　　　　　　　　　　D. 无限连带

19. 按照鉴证对象信息和保证程度的不同，可将鉴证业务分为（　　）。
　　A. 历史财务信息审计业务　　　　B. 历史财务信息审阅业务
　　C. 独立鉴证业务　　　　　　　　D. 其他鉴证业务

三、名词解释

1. 经济责任审计
2. 鉴证业务
3. 内部审计
4. 经济效益审计
5. 财务收支审计
6. 合规审计
7. 内部审计人员
8. 注册会计师

四、简答题

1. 简述我国的审计监督体系的构成及特点。
2. 政府审计机关的类型有哪几种？并对其作出评价。
3. 我国政府审计机关的组织情况如何？
4. 我国政府审计机关有哪些职责和权限？
5. 政府审计有哪些特征？
6. 什么是民间审计组织？其组织形式有几种？
7. 目前，我国会计师事务所的组织形式有哪几种？它们的设立条件是什么？
8. 简述我国民间审计的业务范围。
9. 我国注册会计师的执业规则有哪些？
10. 民间审计的特征是什么？
11. 内部审计机构的类型有哪几种？
12. 简述我国内部审计机构的设立条件和业务范围。
13. 内部审计的特征是什么？
14. 我国审计的基本分类有哪些内容？
15. 我国审计的其他分类有哪些内容？

五、业务分析题

2011年6月中旬发生的"郭美美"事件，使中国红十字会遭遇了自1904年成立以来最大的信任危机。在事件发生以后，围绕重建公信力的问题，中国红十字会基金于2012年3月13日在中国政府采购网发布审计服务招标公告，启动审计服务会计师事务所招标工作，这是中国红十字会首次面向社会公开招标审计服务。4月24日揭晓了中标的5家会计师事务所，分别是北京兴华会计师事务所有限责任公司、天职国际会计师事务所有限公司、中磊会计师事务所有限责任公司、中审亚太会计师事务所有限公司、中准会计师事务所有限公司。中国红十字会此次面向社会公开招标审计服务，希望能够更广泛地选聘综合实力、技术力量和社会公信力强的审计机构来参与审计工作，以提升中国红十字会总会工作的透明度和公信力。

中国红十字会寄希望于通过国家审计机关和民间审计组织的审计来挽回公众的信任、消弭公众的怀疑的努力是值得肯定和嘉许的，这也是其履行《中华人民共和国红十字会法》中规定的"红十字的经费使用情况依照国家有关法律、法规的规定，接受人民政府的检查监督"之必然责任。中国红十字会应该全面实施综合性的审计监督体系，除了通过国家审计机关和注册会计师审计等外部审计外，还应该实施有效的内部审计。如红十字国际委员会除委托实施注册会计师审计以外，还设有内部审计部。内部审计部将红十字国际委员会作为整体进行审计。它旨在独立地评估红十字国际委员会的表现，并判断其资金配置与该组织的策略是否相关。

（资料来源：秦荣生等主编，《审计学》学习指导书，中国人民大学出版社 2014 年版）

【要求】

（1）阅读上述资料，对红十字会进行审计监督，政府审计和民间审计有何不同？

（2）中国红十字会是否需要建立内部审计机构？谈谈您的看法。外部审计与内部审计有何不同？

第三章 审计标准和审计准则

【本章主要知识点】通过本章的学习，了解审计准则产生的原因和建立的意义；清楚我国三种审计主体的准则建立、发展的现状，重点把握我国注册会计师审计执业准则的构成体系及内容。

一、单项选择题

1. 负责拟定中国注册会计师执业准则的机构是（　　）。
   A. 财政部　　　　　　　　　　B. 审计署
   C. 中国注册会计师协会　　　　D. 财政部审计准则委员会

2. 用以对被审计单位经济活动进行判断和评价的依据，也是审计人员提出审计意见、做出审计结论的客观根据的是（　　）。
   A. 审计法　　　　　　　　　　B. 审计准则
   C. 审计证据　　　　　　　　　D. 审计标准

3. 注册会计师于 2017 年 3 月 20 日完成对 A 上市公司 2016 年度财务报表审计工作，该业务属于（　　）。
   A. 有限保证的鉴证业务　　　　B. 合理保证的鉴证业务
   C. 基于责任方认定的业务　　　D. 直接报告业务

4. 下列有关注册会计师执行的业务提供的保证程度的说法中，正确的是（　　）。
   A. 代理财务信息提供合理保证　B. 执行商定程序提供低水平的保证
   C. 其他鉴证业务提供高水平的保证　D. 财务报表审阅提供有限保证

5. 会计师事务所应当对每项业务委派至少一名（　　）。
   A. 项目合伙人　　　　　　　　B. 项目经理
   C. 高级项目经理　　　　　　　D. 签字注册会计师

6. 以下不属于注册会计师职业道德基本原则的是（　　）。
   A. 客观　　　　　　　　　　　B. 独立
   C. 公平　　　　　　　　　　　D. 专业胜任能力

7. 世界上最早的审计准则是 1947 年美国注册会计师协会公布的（　　）。
   A.《一般公认审计准则》　　　　B.《公认会计原则》

C.《审计准则试行方案》 D.《国际审计准则》

8. 美国民间审计准则的一般准则第三条指出："在执行审计工作和撰写审计报告时，应保持职业人员应有的（　　）"。
   A. 独立态度 B. 严谨态度
   C. 坚强意志 D. 中立态度

9. 在空间上，审计标准还要受到的限制是（　　）。
   A. 层次性 B. 相关性
   C. 时效性 D. 地域性

10. 以下不属于审计标准的特点的是（　　）。
    A. 层次性 B. 相关性
    C. 独立性 D. 时效性

11. 我国的政府审计准则体系层次的组成有（　　）层。
    A. 三 B. 四
    C. 五 D. 两

12. 中国内部审计协会从 2003 年 4 月开始陆续发布了若干具体准则，数量是（　　）个。
    A. 26 B. 27
    C. 28 D. 29

13. 我国注册会计师审计准则的建设和发展经历的阶段有（　　）个。
    A. 三 B. 四
    C. 五 D. 二

14. 我国注册会计师行业建立起一套适应我国社会主义市场经济发展要求、顺应国际趋同大势的中国注册会计师执业准则体系的时间是（　　）。
    A. 2006 年 2 月 B. 2005 年 12 月
    C. 2006 年 9 月 D. 2006 年 8 月

15. 审计署通过借鉴最高审计机关国际组织审计准则制定的经验和成果，公布了新的《中华人民共和国国家审计准则》，该准则公布的时间是（　　）。
    A. 2010 年 8 月 B. 2011 年 1 月
    C. 2010 年 7 月 D. 2010 年 9 月

二、多项选择题

1. 审计标准的主要特点有（　　）。
   A. 层次性 B. 地域性
   C. 权威性 D. 相关性

2. 审计准则的概念，包含有（　　）。
   A. 审计人员的行为规范
   B. 审计人员实践经验的总结和升华

C. 划清审计人员责任界限的一个重要依据

D. 维护审计组织的正当权益的重要依据

3. 以下不属于鉴证业务准则规范的是（　　）。

　　A. 商定程序　　　　　　　　　　B. 审计准则

　　C. 审阅准则　　　　　　　　　　D. 税务代理

4. 会计师事务所质量控制制度制定的政策和程序针对的要素有（　　）。

　　A. 相关职业道德要求　　　　　　B. 对业务质量承担的领导责任

　　C. 人力资源　　　　　　　　　　D. 业务执行和监控

5. 中国注册会计师职业道德规范一般分为（　　）。

　　A. 基本原则　　　　　　　　　　B. 具体准则

　　C. 具体要求　　　　　　　　　　D. 基本准则

6. 对职业道德基本原则产生不利影响的因素包括（　　）。

　　A. 过度推介　　　　　　　　　　B. 外在压力

　　C. 自我评价、自身利益　　　　　D. 密切关系

7. 我国的政府审计准则体系的组成包括（　　）。

　　A. 基本准则　　　　　　　　　　B. 通用审计准则

　　C. 专业审计准则　　　　　　　　D. 审计指南

8. 审计标准按其用途分类包括（　　）。

　　A. 财务收支审计标准　　　　　　B. 经济责任审计标准

　　C. 经济效益审计标准　　　　　　D. 合规审计标准

9. 中国注册会计师执业准则体系包括（　　）。

　　A. 注册会计师执业道德规范　　　B. 注册会计师业务准则

　　C. 会计师事务所内部控制准则　　D. 会计师事务所质量控制准则

10. 会计师事务所应当制定有关客户关系和具体业务接受与保持的政策和程序，当其接受或保持客户关系和具体业务时，表明其满足了特定的情况，以下属于特定的情况是（　　）。

　　A. 能够胜任该项业务，并具有执行该项业务必要的素质、时间和资源

　　B. 合理确定管理责任，以避免重商业利益轻业务质量

　　C. 已考虑客户的诚信，没有信息表明客户缺乏诚信

　　D. 能够遵守相关职业道德要求

11. 下列有关审计标准和准则的说法中正确的是（　　）。

　　A. 注册会计师在提供审计服务时，注册会计师对所审计信息是否不存在重大错报提供合理保证，并以积极方式提出结论

　　B. 会计师事务所应当制定政策和程序，培育以质量为导向的内部文化

　　C. 会计师事务所在安排复核工作时，可以由项目组成员交叉复核

　　D. 在提供审阅服务时，注册会计师对所审阅信息是否不存在重大错报提供有限保证，并以消极方式提出结论

三、名词解释

1. 审计标准
2. 注册会计师审计准则
3. 注册会计师职业道德
4. 注册会计师职业后续教育
5. 职业道德

四、简答题

1. 什么是审计标准？审计标准在审计过程中的意义是什么？
2. 审计标准主要包括哪些内容？
3. 审计标准有何特征？如何运用？
4. 什么是审计准则？它与审计标准有何不同？有什么作用？
5. 审计准则的基本内容有哪些？
6. 简述我国政府审计准则的框架结构。
7. 我国注册会计师执业准则体系包括哪些内容？
8. 简述会计师事务所质量控制的目标和要素。
9. 简述业务质量控制的内容。
10. 注册会计师职业道德的基本原则是什么？
11. 简述对注册会计师职业道德基本原则产生威胁的情形和防范措施。

五、业务分析题

1. 长税会计师事务所是依托吉财集团设立的一家具有从事证券、期货业务许可证的会计师事务所，其主任会计师A两年前担任吉财集团审计部主任。长税会计师事务所2017年与吉财集团签署了战略合作协议，协议内容包括：

（1）吉财集团及其下属企业的年度会计报表的审计业务全部由长税会计师事务所承办。为节省审计费用，审计程序可由集团内部审计实施，长税会计师事务所负责出具审计报告。

（2）长税会计师事务所与集团审计部建立长期业务合作关系，双方可互相帮助支持。审计部介绍集团系统外的业务成功后，会计师事务所应至少聘用三名审计部的人员共同组成审计小组，并向审计部支付该项业务收入20%的专家费。

（3）长税会计师事务所应参加审计部每年的内部审计工作，做到随叫随到，其主任会计师A担任审计部的高级顾问。

（4）长税会计师事务所业务繁忙，人手、经验不足时，应优先安排审计部人员参加。

（5）集团审计部的四名原具有职业资格的注册会计师由长税会计师事务所负责年检，仍应在审计部工作，对外挂牌为事务所的业务五部。

（资料参考：秦荣生等主编，《审计学》学习指导书，中国人民大学出版社2014年版）

【要求】

请根据上述资料,简要分析长税会计师事务所与吉财集团签署的战略合作协议内容是否违反了《中国注册会计师执业准则》的规定并说明理由。

2. 吉财股份有限公司是建筑行业的上市公司,该公司委托长税会计师事务所对其 2017 年度财务报表实施审计。双方已于 2017 年 12 月签订了审计业务约定书。其他相关情况如下:

(1) 因该项审计业务是经审计项目组成员小李的姑父介绍的,为表示感谢并保持独立性,长税会计师事务所通过小李向其姑父支付了 10 000 元劳务费,并将小李调离审计项目组。

(2) 为促使双方提高财务信息质量和审计质量,双方约定按审计发现的错报金额和性质收取审计费用:发现的错报金额越大、性质越严重,审计收费越高。

(3) 承接业务后,审计项目合伙人立即要求人力资源部门协助审计项目组招聘基建会计和审计方面的专家,以保证审计项目组人员具备足够的专业胜任能力。

(4) 2017 年 12 月,长税会计师事务所接受吉财公司的委托,指派项目组以外的其他注册会计师提供了与会计系统有关但与财务报告无关的内部审计服务。

(5) 在审计过程中,吉财公司对 B 公司提起违约诉讼,要求审计项目组提供诉讼支持服务。审计项目组仅同意基于违约行为对财务报表的重大影响估计吉财公司的损失金额。

(6) 审计结束前,吉财公司向审计项目组成员赠送了一批礼品。因价值不高,加之外勤审计工作即将结束,审计项目合伙人认为对独立性的影响在可接受水平之内,故没有退还礼品。

【要求】

请逐一考虑上述每种情况,指出是否符合中国注册会计师职业道德相关规范,并简要分析理由。

第四章 审计目标和审计责任

【本章主要知识点】 通过本章的学习，了解审计目标的内涵，清楚审计目标演变的规律，掌握中国注册会计师财务会计报表审计的总目标和具体目标以及实现审计目标的过程；熟知注册会计师的职业责任和法律责任，掌握注册会计师法律责任的成因、种类和避免法律诉讼的对策。

一、单项选择题

1. 一般认为，注册会计师审计的目标的层次为（　　）个。
   A. 3　　　　　　　　　　　　B. 1
   C. 4　　　　　　　　　　　　D. 2
2. 注册会计师得出审计结论和形成审计意见的大多数审计证据是（　　）。
   A. 结论性的　　　　　　　　　B. 说服性的
   C. 肯定性的　　　　　　　　　D. 积极性的
3. 在下列认定中，与各类交易和事项无关的是（　　）。
   A. 截止　　　　　　　　　　　B. 存在
   C. 分类　　　　　　　　　　　D. 完整性
4. "权利和义务"针对的认定是（　　）。
   A. 期末账户余额　　　　　　　B. 交易和事项
   C. 列报　　　　　　　　　　　D. 计价和分摊
5. 乙公司将2016年度的主营业务收入列入2017年度的财务报表，则2016年度财务报表存在错误的认定是（　　）。
   A. 发生　　　　　　　　　　　B. 存在
   C. 准确性　　　　　　　　　　D. 完整性
6. 下列各项认定中，与交易和事项、期末账户余额以及列报和披露均相关的是（　　）。
   A. 发生　　　　　　　　　　　B. 完整性
   C. 截止　　　　　　　　　　　D. 权利和义务
7. 注册会计师确认其承担的责任，是通过签署（　　）。
   A. 审计业务约定书　　　　　　B. 审计合同
   C. 审计档案　　　　　　　　　D. 审计报告

8. 注册会计师执行审计业务时，不以审计准则为依据，视为（　　）。
   A. 普通过失 B. 重大过失
   C. 欺诈 D. 违约
9. 负责防止或发现舞弊的是（　　）。
   A. 会计师事务所注册会计师
   B. 政府审计机关的审计师
   C. 被审计单位治理层和管理层
   D. 注册税务师
10. 注册会计师通过实施函证程序，对应收账款最可能证实的认定是（　　）。
    A. 分类 B. 完整性
    C. 存在 D. 计价和分摊
11. 下列有关具体审计目标的说法中，正确的是（　　）。
    A. 如果财务报表中没有将一年内到期的长期借款列报为短期借款，就违反了准确性和计价目标
    B. 如果财务报表附注中没有分别对原材料、在产品和产成品等存货成本核算方法做出恰当的说明，就违反了分类和可理解性目标
    C. 如果财务报表中将低值易耗品列报为固定资产，就违反了准确性和计价目标
    D. 如果已入账的销售交易是对确已发出商品、符合收入确认条件的交易的记录，但金额计算错误，就违反了准确性目标，但没有违反发生目标
12. 下列各项中，与各类交易和事项相关，同时也与期末账户余额相关的认定是（　　）。
    A. 完整性 B. 存在
    C. 发生 D. 计价和分摊
13. 针对存货监盘，以下与存货的存在认定不相关的是（　　）。
    A. 在存货盘点过程中关注存货的移动情况
    B. 在存货盘点结束前再次观察盘点现场
    C. 从存货实物中选取项目追查至存货盘点记录
    D. 从存货盘点记录中选取项目追查至存货实物
14. 以下审计程序中，不能为应付账款的完整性认定提供审计证据的是（　　）。
    A. 检查靠近资产负债表日已验货入库的存货实物是否在资产负债表日前入账
    B. 取得供应商对账单，并将对账单与被审计单位财务记录进行核对
    C. 向供应商寄送应付账款询证函
    D. 从应付账款明细账追查至与其相关的供应商发票
15. 关于审计的总体目标，以下说法中，错误的是（　　）。

A. 出具审计报告，并与管理层和治理层沟通
B. 对财务报表整体是否在所有重大方面按照适用的财务报表编制基础发表审计意见
C. 合理保证财务报表不存在由于舞弊或错误导致的重大错报
D. 出具审计报告，并与相关行业监管部门沟通

16. 如果违法行为对会计报表有严重影响而未作适当的会计处理和披露，注册会计师应发表（   ）。
    A. 保留意见或否定意见   B. 保留意见
    C. 无法表示意见   D. 无保留意见

17. 如果审计范围受到限制，无法对影响财务会计报表的重大事项实施必要的审计程序，以获取充分、适当的审计证据，注册会计师应发表（   ）。
    A. 无法表示意见   B. 无保留意见
    C. 否定意见   D. 保留或无法表示意见

18. 下列有关"完整性"的认定中，表述不正确的是（   ）。
    A. 该认定主要与财务报表组成要素的低估有关
    B. 该认定涉及所报告的交易和项目的金额是否正确
    C. 该认定是指应在财务报表中列示的所有交易和项目是否都列入了
    D. 该认定要解决的问题是被审计单位管理层是否遗漏或省略了应该包含的项目

19. 下列认定中与利润表组成要素无关的是（   ）。
    A. 权利和义务   B. 准确性
    C. 完整性   D. 发生

20. 在对资产存在性认定获取相关审计证据时，正确的测试方向是（   ）。
    A. 从尚未记录的项目到财务报表
    B. 从财务报表到尚未记录的项目
    C. 从相关原始单据追查至会计明细账记录
    D. 从会计明细账记录追查至相关原始单据

二、多项选择题

1. 以下与各类交易和事项相关的认定有（   ）。
    A. 发生   B. 存在
    C. 完整性   D. 计价和分摊

2. 与列报相关的认定是（   ）。
    A. 截止   B. 准确性和计价
    C. 完整性   D. 权利和义务

3. 资产负债表日期末账户余额的"计价和分摊"认定是被审计单位管理层明示或暗示资产、负债、所有者权益的（   ）。

A. 计价是恰当的 B. 金额是恰当的
C. 分类是恰当的 D. 分摊是恰当的

4. 被审计单位管理层的责任包括（　　）。
A. 按照适用的财务报告编制基础编制财务报表，并使其实现公允反映（如适用）
B. 向注册会计师提供必要的工作条件，包括允许注册会计师在获取审计证据时受限制地接触其认为必要的其他相关人员
C. 设计、执行和维护必要的内部控制，以使财务报表不存在由于舞弊或错误导致的重大错报
D. 确保预期盈利目标的实现

5. 实施风险评估程序的主要工作包括（　　）。
A. 汇总审计差异，并提请被审计单位调整或披露
B. 形成审计意见，编制审计报告
C. 了解被审计单位及其环境
D. 识别和评估会计报表层次的重大错报风险

6. 我国与注册会计师法律责任相关的法律主要有（　　）。
A.《中华人民共和国刑法》
B.《违反注册会计师法处罚暂行办法》
C.《中华人民共和国注册会计师法》
D.《注册会计师审计准则》

7. 注册会计师因违约和过失可能使其承担（　　）。
A. 行政责任 B. 民事责任
C. 刑事责任 D. 制裁责任

8. 一般来说，确定审计具体目标必须根据（　　）。
A. 审计项目目标 B. 审计一般目标
C. 审计总目标 D. 被审计单位管理层的认定

9. 管理层在资产负债表中列报固定资产及其金额，意味着做出了（　　）认定。
A. 记录的固定资产是存在的
B. 固定资产以恰当的金额列示在财务会计报表中，与之相关的计价或分摊调整已恰当记录
C. 所有应当记录的固定资产均已记录
D. 记录的固定资产都由被审计单位拥有

10. 审计的前提条件是（　　）。
A. 管理层在编制财务报表时采用可接受的财务保护编制基础
B. 管理层对注册会计师执行审计工作的前提认可
C. 注册会计师和管理层就审计业务书约定条款达成一致意见
D. 注册会计师与管理层进行沟通

11. 完成审计工作和编制审计报告阶段的主要工作包括（　　）。
   A. 考虑持续经营问题和获取管理层声明
   B. 汇总审计差异，并提请被审计单位调整或披露
   C. 复核审计工作底稿和财务报表
   D. 形成审计意见，编制审计报告

12. 下列说法中，正确的是（　　）。
   A. 财务会计报表审计不能减轻被审计单位管理层和治理层的责任
   B. 注册会计师没有责任防止被审计单位违反法律法规行为
   C. 对于被审计单位违反第二类法律法规的行为，注册会计师没有必要加以充分的关注
   D. 对于被审计单位违反第一类法律法规的行为，注册会计师可以不用收集充分、适当的审计证据

13. 评价财务报表编制基础的适用性，主要判断财务会计报表是否按照适用的会计准则和相关会计制度的规定编制时，注册会计师应当考虑的内容有（　　）。
   A. 全面判断财务报表及其附注；评价管理层选择与运用的会计政策是否符合适用的会计准则和相关会计制度，并适合被审计单位的具体情况
   B. 管理层做出的会计估计是否合理
   C. 财务会计报表反映的信息是否具有相关性、可靠性、可比性和可理解性
   D. 财务会计报表是否做出充分的披露，使财务会计报表使用者能够理解重大交易事项对被审计单位财务状况、经营成果和现金流量的影响

14. 评价财务会计报表的公允性时，注册会计师应当考虑的内容有（　　）。
   A. 经营管理层调整后的财务会计报表是否与注册会计师对被审计单位及其环境的了解一致
   B. 管理层作出的认定是真实的
   C. 财务会计报表的列报、结构和内容是否合理
   D. 财务会计报表是否真实地反映了交易和事项的经济实质

15. 注册会计师在确定具体目标时，应充分考虑的基本因素有（　　）。
   A. 被审计单位的经营状况
   B. 被审计单位经济活动的性质
   C. 被审计单位所属行业的特殊会计实务
   D. 被审计单位是否存在舞弊风险

三、名词解释

1. 审计目标　　　　　　　　2. 管理层认定
3. 审计业务约定书　　　　　4. 错报
5. 审计失败

四、简答题

1. 什么是审计目标？审计目标有什么作用？
2. 简述财务会计报表审计的总目标。
3. 什么是管理层认定？如何确定具体审计目标？
4. 简述实现审计目标的过程。
5. 注册会计师在签订审计业务约定书之前应做哪些工作？什么是审计业务约定书？其主要内容有哪些？
6. 注册会计师的职业责任有哪些？
7. 注册会计师法律责任有哪些种类？
8. 会计师事务所和注册会计师为避免法律诉讼可采取哪些对策？

五、业务分析题

1. 长税会计师事务所负责审计吉财公司 2017 年度的财务报表，在审计过程中，实施了如下的审计程序：

A. 检查资产负债表日前后的营业收入是否已经计入恰当的会计期间。

B. 将 2017 年年末产成品账面单位成本与 2018 年初单位产品可变现净值比较。

C. 将职工工薪表中列示的职工总人数与经实际清点并确认的员工人数比较。

D. 针对资产负债表日后付款事项，检查银行对账单及有关付款凭证。

E. 针对融资租入的固定资产，验证有关租赁合同，证实其并非经营租赁。

【要求】

根据上述审计程序，请指明每一项审计程序主要针对的哪个项目的哪个认定（每个审计程序仅限一个项目的一个认定）。

程序	项目	认定
A		
B		
C		
D		
E		

2. 吉财上市公司管理层通过伪造销售发票、出库单、销售单等原始凭证，虚构了一部分营业收入和利润。长税会计师事务所负责对吉财上市公司 2017 年度财务报表进行审计，甲、乙注册会计师实施了检查销售发票、函证客户等必要审计程序，并且在审计过程中遵守职业准则、规则确定的工作程序并保持必要的职业谨慎，认为吉财上市公司 2017 年度财务报表不存在重大错报，出具了标准

意见审计报告。大股东 A 公司在阅读 2017 年度已审计财务报表后，认为吉财上市公司股票会大涨，大量购入了吉财上市公司股票，随后因为管理层内部的纠纷，吉财上市公司虚构营业收入的案件曝光，其股票价格大幅下跌。为此，大股东 A 公司向法院起诉长税会计师事务所和甲、乙两位注册会计师，要求其赔偿损失。长税会计师事务所和甲、乙注册会计师认为已经遵守执业准则、规则确定的工作程序并保持必要的职业谨慎，要求免于承担民事责任。

【要求】

（1）为了支持诉讼请求，大股东 A 公司应当向法院提出哪些理由？

（2）长税会计师事务所和注册会计师们提出的免责理由是否正确？请简要分析理由。

（3）在哪些情形下长税会计师事务所和注册会计师可以免于承担民事责任？

第五章 审计计划和审计模式

【本章主要知识点】通过本章的学习，了解计划审计工作前需要开展初步业务活动和审计模式的演变；理解审计计划的作用和内容；掌握审计重要性的含义、种类和运用及报表层和账户层重要性水平的判断与确定；弄清审计风险的含义和构成要素及战略风险导向审计的原理和特点。

一、单项选择题

1. 通常而言，实际执行的重要性为财务报表整体重要性水平的（　　）。
   A. 55%~70%　　　　　　　　　　B. 50%~70%
   C. 50%~75%　　　　　　　　　　D. 45%~75%

2. 审计人员可接受的审计风险为5%，评估的被审计单位重大错报风险为50%，则检查风险为（　　）。
   A. 2.5%　　　　B. 30%　　　　C. 20%　　　　D. 10%

3. 关于重要性的定义，下列说法中错误的是（　　）。
   A. 对重要性的判断是根据具体环境做出的
   B. 对重要性的判断受错报的金额或性质的影响
   C. 判断某事项对财务报表使用者是否重大时，应考虑错报对个别财务报表使用者的影响
   D. 如果一项业务在报表中的错报或漏报足以改变或影响报表使用者的判断，则该项业务就是重要的

4. 当项目总体风险较低时，实际执行的重要性接近财务报表整体重要性的（　　）。
   A. 55%　　　　　　　　　　　　B. 75%
   C. 50%　　　　　　　　　　　　D. 40%

5. 如果管理层拒绝调整财务会计报表，并且扩大审计程序范围的结果不能使注册会计师认为尚未更正错报的汇总数不重大，注册会计师应当考虑出具审计报告的意见类型是（　　）。
   A. 无保留意见　　　　　　　　　B. 非无保留意见
   C. 带强调事项段的无保留意见　　D. 保留意见

6. 在制订具体审计计划时，注册会计师应当考虑的内容是（　　）。

A. 明确审计业务的报告目标

B. 考虑影响审计业务的重要因素

C. 确定审计业务的特征

D. 项目组成员拟实施的审计程序的性质、时间和范围

7. 以下关于重大错报风险的说法中，正确的是（　　）。

A. 注册会计师可以控制重大错报风险

B. 注册会计师可以消除重大错报风险

C. 注册会计师可以评估重大错报风险

D. 注册会计师可以降低重大错报风险

8. 重大错报风险与审计风险之间的关系是（　　）。

A. 同向关系　　　　　　　　　　B. 反向关系

C. 比例关系　　　　　　　　　　D. 稳定关系

9. 在审计风险的组成要素中，审计人员能够控制的是（　　）。

A. 重大错报风险　　　　　　　　B. 控制风险

C. 抽样风险　　　　　　　　　　D. 检查风险

10. 以下不属于了解被审计单位及其所在行业和经营环境的是（　　）。

A. 了解委托人的业务性质、经营规模和组织结构

B. 了解经营状况和经营风险

C. 了解被审计单位的经营性质

D. 了解以前年度接受审计的情况

11. 确定审计范围不需要考虑的事项有（　　）。

A. 被审计单位编制财务会计报表适用的会计准则和相关的会计制度及特定行业的报告要求

B. 被审计母公司和集团内部其他组成部分之间的控制关系

C. 被审计单位的财务会计报表报告时间表

D. 被审计单位内部审计工作的可利用性及被审计单位使用服务机构情况

12. 计划审计方向时不需要考虑的事项有（　　）。

A. 初步识别可能存在较高的重大错报风险的领域

B. 向具体审计领域调配资源的数量，包括安排到重要存货存放地观察存货盘点的项目组成员的数量、对其他注册会计师工作的复核范围、对高风险领域安排的审计时间预算等

C. 初步识别重要业务的组成部分和账户余额

D. 识别被审计单位所处行业、财务报告要求及其他相关方面最近发生的重大变化

13. 计划审计工作对于注册会计师顺利完成审计工作和控制审计风险具有重要意义，通常审计计划划分的层次为（　　）个。

A. 三　　　　　　　　　　　　　B. 两

C. 四　　　　　　　　　　　　　D. 五

二、多项选择题

1. 开展初步业务活动的目的在于（　　）。
   A. 确保在计划审计工作时注册会计师已具备执行业务所需要的专业胜任
   B. 与被审计单位存在对业务约定条款的不一致理解
   C. 确保在计划审计工作时注册会计师已具备执行业务所需要的独立性
   D. 不存在因管理层诚信问题而影响注册会计师保持该项业务意愿的情况，确保在计划审计工作时注册会计师已具备执行业务所需要的独立性和专业胜任能力

2. 判断审计的重要性时，可以考虑的方面有（　　）。
   A. 定量   B. 定性
   C. 专业判断   D. 金额

3. 重要性水平的确定应考虑的因素有（　　）。
   A. 被审计单位的性质和所在行业
   B. 内部控制与风险评估初步评价结果
   C. 以往的审计经验
   D. 有关法规对财务会计的要求

4. 实际执行的重要性接近财务报表整体重要性50%的情况有（　　）。
   A. 非连续审计   B. 以前年度审计调整较少
   C. 项目总体风险较高   D. 首次承接审计项目

5. 以下关于重要性的理解，正确的是（　　）。
   A. 重要性的判断离不开特定的环境
   B. 对重要性的判断受错报的金额或性质的影响
   C. 判断某事项对财务报表使用者是否重大时，应考虑错报对个别财务报表使用者的影响
   D. 重要性的确定需要专业判断

6. 审计人员在确定重要性水平时，可以选用的基准有（　　）。
   A. 资产总额   B. 净负债
   C. 净资产   D. 净利润

7. 制定总体审计策略时应当考虑的内容有（　　）。
   A. 审计收费   B. 审计范围
   C. 审计时间   D. 审计方向

8. 风险导向战略系统审计具有的特点包括（　　）。
   A. 审计目标改变   B. 风险评估方式改变
   C. 重心后移   D. 审计证据范围缩小

9. 会计师事务所针对被审计单位的诚信应当考虑的主要事项包括（　　）。
   A. 被审计单位主要股东、关键管理人员、关联方及治理层的身份和商业

信誉

B. 作范围受到不适当限制的迹象

C. 变更会计师事务所的原因

D. 被审计单位是否过分考虑将会计师事务所的收费维持在尽可能低的水平

10. 确定审计方向时，以下需要考虑的事项有（　　）。

A. 识别被审计单位所处行业、财务报告要求及其他相关方面最近发生的重大变化

B. 评价是否需要针对内部控制的有效性获取证据

C. 与管理层讨论在整个审计过程中通报审计工作进展及审计结果的预期方式

D. 制定项目预算，包括为可能存在较高的重大错报风险的领域分配适当的工作

11. 计划审计时间需要考虑的事项包括（　　）。

A. 被审计单位的人员和相关数据可利用性

B. 与管理层讨论在整个审计过程中通报审计工作进展及审计结果的预期方式

C. 与管理层和治理层讨论预期签发报告和其他沟通文件的类型及提交时间

D. 与管理层和治理层就审计工作的性质、范围、时间所举行会议的组织安排工作

12. 确定实际执行的重要性水平不是简单机械的计算，而是需要注册会计师运用职业判断，并考虑一定的影响因素，影响因素通常包括（　　）。

A. 对被审计单位的新了解

B. 被审计单位的性质和行业

C. 根据前期识别出的错报对本期错报做出的预期

D. 前期审计工作中识别出的错报性质和范围

13. 认定层次的重大错报风险的组成部分包括（　　）。

A. 控制风险　　　　　　　　B. 错报风险

C. 检查风险　　　　　　　　D. 固有风险

14. 审计模式随着审计环境的变化而变化，在审计的历史上，审计模式的演进经历的阶段有（　　）。

A. 账项基础审计　　　　　　B. 风险导向审计

C. 重大错报审计　　　　　　D. 内部控制导向审计

15. 风险导向战略系统审计强调注册会计师要关注企业战略系统，在确立了总体审计风险的概率之后，应全面分析战略风险，而分析战略风险通常需要考虑的方面包括（　　）。

A. 分析企业研发水平　　　　B. 分析经营产品

C. 分析经营环境　　　　　　D. 分析经营模式

三、名词解释

1. 总体审计策略
2. 实际执行的重要性水平
3. 审计风险
4. 重大错报风险
5. 检查风险
6. 风险导向审计
7. 具体审计计划

四、简答题

1. 注册会计师在具体执行审计程序之前要制订哪些审计计划？
2. 初步业务活动的内容有哪些？
3. 什么是总体审计策略？其主要内容有哪些？
4. 什么是具体审计策略？其主要内容有哪些？
5. 什么是审计重要性水平？如何理解重要性？
6. 重要性水平划分为几个层面？重要性水平确定的方法有几种？
7. 实际执行的重要性情况如何？
8. 什么是审计风险？如何理解审计风险的要素及其相互关系？
9. 怎样理解审计的重要性与审计风险的关系？
10. 什么是审计模式？简述审计模式的演进。
11. 简述风险导向战略系统审计的特点。

五、业务分析题

1. 长税会计师事务所的注册会计师 A 对常年审计客户吉财股份有限公司 2017 年度财务报表进行审计，撰写了总体审计策略和具体审计计划，部分内容摘要如下：

（1）初步了解 2017 年度吉财公司及其环境未发生重大变化，拟依赖以往审计中对管理层、治理层诚信形成的判断。

（2）如对计划的重要性水平做出修正，拟通过修改计划实施的实质性程序的性质、时间和范围降低重大错报风险。

（3）假定吉财公司在收入确认方面存在舞弊风险，拟将销售交易及其认定的重大错报风险评估为高水平，不再了解和评估相关控制设计的合理性并确定其是否已得到执行，直接实施细节测试。

（4）因吉财公司 2016 年 9 月关闭某地办事处，并注销其银行账号，拟不再函证该银行账户。

（5）因审计工作时间安排紧张，拟不函证应收账款，直接实施替代审计程序。

【要求】

针对上述（1）~（5）事项，逐项指出 A 的审计计划是否存在不当之处。如有不当之处，请简要说明理由。

2. 上市公司吉财公司是长税会计师事务所的常年审计客户，B 注册会计师负责审计吉财公司 2017 年度财务报表，审计工作底稿中与确定重要性和评估错报相关的内容摘录如下。

金额单位：万元

项目	2017 年	2016 年	备注
营业收入	16 000（未审数）	15 000（已审数）	2017 年，竞争对手推出新产品抢占市场，吉财公司通过降价和增加广告投放促销
税前利润	50（未审数）	2 000（已审数）	2017 年，降价及销售费用增长导致盈利大幅下降
财务报表整体的重要性	80	100	
实际执行的重要性	60	75	
明显微小错报的临界值	0	5	

（1）2016 年度财务报表整体的重要性以税前利润的 5% 计算。2017 年，由于吉财公司处于盈亏临界点，B 注册会计师以过去三年税前利润的平均值作为基准确定财务报表整体的重要性。

（2）由于 2016 年度审计中提出的多项审计调整建议金额均不重大，B 注册会计师确定 2017 年度实际执行的重要性为财务报表整体重要性的 75%，与 2016 年度保持一致。

（3）2017 年，治理层提出希望知悉审计过程中发现的所有错报，因此，B 注册会计师确定 2017 年度明显微小错报的临界值为 0。

（4）吉财公司 2017 年年末非流动负债余额中包括一年内到期的长期借款 2 500 万元，占非流动负债总额的 50%，B 注册会计师认为，该错报对利润表没有影响，不属于重大错报，同意管理层不予调整。

（5）B 注册会计师仅发现一笔影响利润表的错报，即管理费用少记 60 万元，B 注册会计师认为，该错报金额小于财务报表整体的重要性，不属于重大错报，同意管理层不予调整。

【要求】

针对上述（1）~（5）事项，假定不考虑其他条件，逐项指出 B 注册会计师的做法是否恰当。如不恰当，请简要说明理由。

3. 长税会计师事务所接受吉财股份有限公司 2017 年度财务报表审计的委托，指派 C 注册会计师负责该审计项目的审计。吉财股份有限公司未经审计的 2017 年度的部分会计资料如下表所示。

项目	金额（万元）
2017 年度营业收入	50 000
2017 年度营业成本	40 000
2017 年度利润总额	10 000
2017 年度净利润	6 700
2017 年 12 月 31 日资产总额	120 000
2017 年 12 月 31 日长期股权投资	18 000
2017 年 12 月 31 日股东权益	40 000

C 注册会计师拟根据营业收入的 1% 和总资产的 0.5% 确定财务报表层次的重要性水平。

【要求】

请帮助 C 注册会计师确定财务报表层次的重要性水平应是多少？

第六章　审计证据和审计工作底稿

【本章主要知识点】通过本章的学习，了解审计证据的含义和特征及种类，掌握审计证据收集的要领和方法，熟悉抽样方法在审计取证中的应用；理解审计工作底稿的含义和作用，掌握审计工作底稿的要素和格式、编制要求。

一、单项选择题

1. 注册会计师在审计时获取的以下审计证据中，可靠性最弱的是（　　）。
   A. 销售发票　　　　　　　　　B. 购货发票
   C. 入库单　　　　　　　　　　D. 应收账款函证回函
2. 下列关于审计证据充分性的说法中，错误的是（　　）。
   A. 审计证据的充分性是对审计证据的数量衡量
   B. 获取更多的审计证据可以弥补审计证据质量上的缺陷
   C. 需要获取的审计证据的数量受审计证据质量的影响
   D. 应考虑审计证据的成本与所获取信息的有用性之间的关系
3. 实物证据通常证明（　　）。
   A. 实物资产的所有权　　　　　B. 实物资产的计价准确性
   C. 有关会计记录是否正确　　　D. 实物资产是否存在
4. 以下能作为审计人员发表审计意见、提出审计结论的重要基础的是（　　）。
   A. 实物证据　　　　　　　　　B. 环境证据
   C. 口头证据　　　　　　　　　D. 书面证据
5. 下列属于审计外部证据的是（　　）。
   A. 销货发票　　　　　　　　　B. 收料单
   C. 购货发票　　　　　　　　　D. 会计记录
6. 下列事项中，通过观察的方法难以获得审计证据的是（　　）。
   A. 固定资产的所有权　　　　　B. 经营场所所在地
   C. 实物资产的存在　　　　　　D. 内部控制执行情况
7. 在确定审计证据的可靠性时，下列表述中，错误的是（　　）。
   A. 注册会计师直接获取的审计证据比推论得出的审计证据更可靠
   B. 以电子形式存在的审计证据比口头形式的审计证据更可靠

C. 从复印件获得审计证据比从传真件获得审计证据更可靠

D. 从外部独立来源获取的审计证据比从其他来源获取的审计证据更可靠

8. 下列关于审计证据可靠性的表述中，错误的是（   ）。

A. 企业银行对账单比银行询证函回函可靠

B. 应收账款询证函原件比传真件可靠

C. 检查存货明细表比询问企业仓库管理员关于已销售存货的口头表述可靠

D. 不同部门的人员对同一问题回答一致的口头证据在得到不同信息的证实后其可靠性大大提高

9. 可称之为审计证据的基本证据并且是其主要组成部分的是（   ）。

A. 辅助证据
B. 口头证据
C. 书面证据和实物证据
D. 环境证据

10. 在以下获取审计证据的程序中，单独运用不足以发现认定层次存在的重大错报的程序是（   ）。

A. 检查
B. 询问
C. 观察
D. 函证

11. 下列具体审计程序中，适宜采用审计抽样的是（   ）。

A. 询问
B. 细节测试
C. 分析程序
D. 观察

12. 审计工作底稿的归档期限是（   ）。

A. 审计报告日或审计业务终止后的 60 天内

B. 审计报告日 30 天

C. 审计业务完成日 60 天内

D. 审计报告对外报出日 60 天

13. 下列关于审计工作底稿的存在形式描述恰当的是（   ）。

A. 应当以纸质或电子形式存在

B. 不能以纸质和电子形式以外的形式存在

C. 仅以纸质形式存在

D. 可以以纸质、电子或其他介质形式存在

14. 审计工作底稿经过归集整理形成审计档案，以下关于审计档案描述不恰当的是（   ）。

A. 永久性档案是指那些记录内容相对稳定，具有长期使用价值，并对以后审计工作具有重要影响和直接作用的审计档案

B. 对每项具体审计业务，注册会计师应当将审计工作底稿归整为审计档案

C. 永久性档案需要永久保存，当期档案至少保存 10 年

D. 当期档案，是指那些记录内容经常变化，主要供当期审计使用的审计档案

15. 注册会计师对被审计单位 2016 年度财务报表进行审计，于 2017 年 4 月 5 日出具审计报告，相关审计工作底稿于 2017 年 6 月 20 日归档完成。关于被审计

单位 2016 年度财务报表审计工作底稿,至少应当保存至( )。

  A. 2027 年 4 月 4 日   B. 2027 年 4 月 5 日

  C. 2027 年 4 月 6 日   D. 2027 年 6 月 21 日

16. 下列关于统计抽样与非统计抽样的说法中,错误的是( )。

  A. 审计中需要确定运用统计抽样或非统计抽样方法时,由注册会计师根据具体情况运用职业判断做出选择

  B. 非统计抽样可以精确地测定抽样风险

  C. 注册会计师在统计抽样与非统计抽样方法之间进行选择时主要考虑成本效益

  D. 非统计抽样能否取得成效,取决于注册会计师的经验和判断能力

17. 注册会计师在对 A 公司进行年度审计时,希望从 2000 张编号为 2001～4000 的支票中抽取 20 张进行审计,随机确定的抽样起点为 2020,采用系统选样法,抽取到的第 16 个样本号为( )。

  A. 2320   B. 3320

  C. 3520   D. 3620

18. A 注册会计师对 B 上市公司 2015 年度财务报表进行审计,于 2016 年 4 月 5 日出具审计报告,相关审计工作底稿于 2016 年 5 月 20 日归档。关于审计工作底稿的保存期限,下列说法中,正确的是( )。

  A. 自 2016 年 4 月 4 日起至少 10 年   B. 自 2016 年 4 月 5 日起至少 10 年

  C. 自 2016 年 5 月 20 日起至少 10 年   D. 自 2016 年 1 月 1 日起至少 10 年

19. 会计师事务所在归档期间对审计工作底稿可以做出的事务性的变动不包括( )。

  A. 删除或废弃部分审计工作底稿

  B. 对审计工作底稿进行分类、整理和交叉索引

  C. 对审计档案规整工作的完成核对表签字认可

  D. 记录在审计报告日前获取的、与项目组相关成员进行讨论并达成一致意见的审计证据

20. 会计师事务所应当对审计工作底稿实施适当的控制,下列说法中,不恰当的是( )。

  A. 未经授权不能改动底稿

  B. 非审计项目组成员不能接触底稿

  C. 会计师事务所应当能够保护底稿信息的完整性和安全性

  D. 底稿应当能够清晰地显示其生成、修改及复核的时间和人员

21. A 注册会计师在审计甲地 B 上市公司时,为发现 B 上市公司的财务报表和其他会计资料中的重要比率及趋势的异常变动,应采用的审计程序是( )。

  A. 估价   B. 计算

  C. 检查   D. 分析程序

22. 下列有关审计证据的表述中,正确的是( )。

A. 注册会计师运用观察、检查、函证、监盘、计算和分析程序等方法,均可获取与内部控制相关的审计证据

B. 注册会计师自行获取的审计证据通常比被审计单位提供的证据可靠

C. 注册会计师运用观察、查询、检查、函证、监盘程序等方法,均可获取书面证据

D. 注册会计师获取的环境证据一般属于基本证据

23. 下列有关审计程序的说法中,不正确的是(   )。

A. 对于询问的答复,注册会计师应当通过获取其他证据予以证明

B. 观察提供的审计证据仅限于观察发生的时点

C. 检查有形资产可提供权利和义务的全部审计证据

D. 分析程序包括调查识别出的、与其他相关信息不一致或预期数据严重偏离的波动和关系

二、多项选择题

1. 在确定审计证据的相关性时,应当考虑(   )。

A. 审计风险

B. 特定的审计程序可能只为某些认定提供相关的审计证据,而与其他认定无关

C. 针对同一项认定可以从不同来源获取审计证据或获取不同性质的审计证据

D. 只与特定认定相关的审计证据并不能替代与其他认定相关的审计证据

2. 下列审计证据属于外部书面证据的有(   )。

A. 被审计单位的律师回函 B. 销货发票

C. 董事会会议纪要 D. 注册会计师编制的存货盘点表

3. 分析程序可具体分为(   )。

A. 比较分析法 B. 比率分析法

C. 因素分析法 D. 趋势分析法

4. 审计证据的适当性是指审计证据的(   )。

A. 重要性 B. 可靠性

C. 充分性 D. 相关性

5. 审计证据按来源分为(   )。

A. 外部证据 B. 内部证据

C. 亲知证据 D. 口头证据

6. 获取审计证据的主要程序有(   )。

A. 检查 B. 观察

C. 函证 D. 重新执行

7. 审计抽样通常不适用于(   )。

A. 询问 B. 控制测试
C. 观察法 D. 分析性复核

8. 审计抽样按抽样决策的依据不同分为（   ）。

A. 统计抽样 B. 属性抽样
C. 变量抽样 D. 非统计抽样

9. 变量抽样法通常用于（   ）。

A. 审查应收账款的金额
B. 审查存货的数量和金额
C. 审查工资费用
D. 审查交易活动，以确定未经适当批准的交易金额

10. 关于审计工作底稿的作用，正确的是（   ）。

A. 审计工作底稿不能作为减轻注册会计师的审计责任的依据
B. 审计工作底稿是连接整个审计工作的纽带
C. 审计工作底稿是编写审计报告的直接依据
D. 审计工作底稿对以后审计工作具有参考备查价值

11. 审计工作底稿包括的要素有（   ）。

A. 审计项目名称 B. 审计项目时点或期间
C. 审计过程记录 D. 审计结论

12. 除（   ）情况外，会计师事务所应当对业务工作底稿包含的信息予以保密。

A. 根据法律法规的规定，会计师事务所为法律诉讼准备文件或提供证据
B. 根据法律法规的规定，会计师事务所向监管机构报告发现的违反法规行为
C. 未取得客户的授权
D. 接受注册会计师协会和监管机构依法进行的质量检查

13. 归整审计档案时，属于当期档案的有（   ）。

A. 被审计单位的组织结构
B. 具体审计计划
C. 各种具体审计业务记录表
D. 被审计单位重要资产的所有权证明文件

14. 注册会计师判断审计证据是否充分，应当考虑下列主要因素（   ）。

A. 审计风险 B. 具体审计项目的重要性
C. 审计过程中是否发现错误或舞弊 D. 审计证据的类型与获取途径

15. 下列说法中错误的有（   ）。

A. 审计证据越多越好
B. 从外部独立来源获取的审计证据不如从其他来源获取的审计证据更可靠
C. 相关内部控制有效时内部生成的审计证据比控制薄弱时内部生成的审计证据更可靠

D. 直接获取的审计证据比间接获取或推论得出的审计证据更可靠

16. 下列有关抽样风险的说法中,正确的有（　　）。
A. 误受风险和信赖不足风险影响审计效果
B. 误受风险和信赖过度风险影响审计效果
C. 误拒风险和信赖不足风险影响审计效率
D. 误拒风险和信赖过度风险影响审计效率

17. 下列属于备查类审计工作底稿的有（　　）。
A. 重要会议记录与纪要
B. 重要经济合同与协议
C. 企业营业执照、公司章程
D. 审计人员执行控制测试程序时形成的工作底稿

18. 下列事项中属于审计工作底稿的有（　　）。
A. 审计业务约定书　　　　　　B. 财务报表草稿
C. 作废的审计计划书　　　　　D. 管理建议书

19. 充分、适当的审计证据,可以据以（　　）。
A. 出具审计报告　　　　　　　B. 形成合乎要求的审计工作底稿
C. 做出筹资决策　　　　　　　D. 发表审计意见

20. 对于会计师事务所的审计档案,可以允许接触的机构、人员有（　　）。
A. 股票市场的 A 普通股民　　　B. 中注协执行行业例行检查时
C. 法院因工作需要时　　　　　　D. 联合审计时

三、名词解释

1. 审计证据的充分性　　　　　2. 控制测试程序
3. 实质性程序　　　　　　　　4. 函证
5. 审计抽样　　　　　　　　　6. 非统计抽样
7. 抽样风险　　　　　　　　　8. 审计工作底稿
9. 综合类审计工作底稿　　　　10. 业务类审计工作底稿
11. 备查类审计工作底稿

四、简答题

1. 什么是审计证据? 审计证据在审计过程中的意义是什么?
2. 简述审计证据的特点。
3. 常用的审计证据类别有哪些?
4. 按狭义的审计程序的目的可以把审计程序分为几种? 并分别加以解释。
5. 什么是审计方法? 常用的审计方法有哪些?
6. 收集审计证据的方法有哪些?

7. 如何理解函证程序？
8. 什么是审计抽样？审计抽样有哪些种类？
9. 如何理解抽样风险和非抽样风险？
10. 简述审计抽样的基本步骤。
11. 什么是审计工作底稿？为什么要写审计工作底稿？审计工作底稿有什么作用？
12. 简述编制审计工作底稿的总体要求和审计工作底稿的基本要素。
13. 审计工作底稿的归档和保管期限有何要求？

五、业务分析题

1. 吉财公司将 1 台机器于 2012 年 1 月出租给某集体企业，约定租期 5 年，每年租金 2 500 元，该设备原价 62 000 元，估计残值 4 000 元，预计使用 20 年，出租时已使用 12 年，2017 年 1 月审计人员审查该厂 2016 年 12 月份账目，发现该设备已列为报废固定资产。经查询，系设备科某科长认为该设备已陈旧，本企业不需用，决定作价 1 000 元就地处理给承租企业。

【要求】用比较分析法判断该设备处理作价合理性。

2. 长税会计师事务所对吉财股份有限公司 2017 年度会计报表进行审计。该公司 2017 年度未发生购并、分立和债务重组行为，供产销形势与上年相当。该公司提供的未经审计的 2017 年度合并会计报表附注的部分内容如下（金额单位：人民币万元）。

（1）坏账核算的会计政策：坏账核算采用备抵法。坏账准备按期末应收账款余额的 5‰ 计提。应收账款和坏账准备项目附注，应收账款/坏账准备 2017 年年末余额为 16 553/52.77。

应收账款账龄分析

账龄	年初数	年末数
1 年以内	8 392	10 915
1~2 年	1 186	1 399
2~3 年	1 161	1 365
3 年以上	1 421	2 874
合计	12 160	16 553

（2）主营业务收入和主营业务成本附注如下表所示。

品名	主营业务收入发生额		主营业务成本发生额	
	2016 年	2017 年	2016 年	2017 年
X 产品	40 000	41 000	38 000	33 800
Y 产品	20 000	20 020	19 000	19 019
合计	60 000	61 020	57 000	52 819

【要求】假定上述附注内容中的年初数和上年比较数均已审定无误，在审计计划阶段，请运用专业判断，必要时运用分析性复核方法，分别指出上述附注内容中存在或可能存在的不合理之处，并简要说明理由。

3. A 注册会计师负责审计吉财公司 2017 年度财务报表。在针对存货实施细节测试时，A 注册会计师决定采用传统变量抽样方法实施统计抽样。甲公司 2017 年 12 月 31 日存货账面余额合计为 150 000 000 元。A 注册会计师确定的总体规模为 3 000，样本规模为 200，样本账面余额合计为 12 000 000 元，样本审定金额合计为 8 000 000 元。

【要求】
代 A 注册会计师分别采用均值估计抽样、差额估计抽样和比率估计抽样三种方法计算推断的总体错报金额。

4. A 注册会计师对吉财公司 2017 年度财务报表进行审计。在编制审计计划时准备在吉财公司 2017 年度所开具的所有销售空调的销售发票中，采用随机原则抽取若干销售发票进行控制测试，价差样本销售发票是否有对应的安装验收报告。注册会计师确定的预期总体偏差率为 1%，可容忍偏差率为 4%，信赖过度风险为 5%，在 5% 的可信赖过度风险水平下，控制测试的样本量如下表所示。

预期总体偏差率（%）	可容忍偏差率			
	3%	4%	5%	6%
0.75	208（2）	117（1）	93（1）	78（1）
1		156（2）	93（1）	78（1）
1.25		156（2）	124（2）	78（1）
1.5		192（3）	124（2）	103（2）

【要求】
根据以上资料，针对检查样本发票是否有对应的安装验收报告这项控制测试，请回答以下问题：
（1）定义"偏差"；
（2）确定样本量；
（3）抽样查出的偏差数为 1，且没有发现舞弊或凌驾内部控制的情况，请评价所控制的内部控制运行是否有效，并说明理由；
（4）抽样查出的偏差数为 3，且没有发现舞弊或凌驾内部控制的情况，请评价所控制的内部控制运行是否有效，如果内部控制运行无效，注册会计师应当如何考虑其对审计计划的修改。

5. A 注册会计师对吉财公司 2017 年度财务报表进行审计。在应付票据项目的审计中，为了确定应付票据余额所对应的业务是否真实，会计处理是否正确，A 注册会计师拟从吉财公司应付票据备查簿中抽取若干笔应付票据业务，检查相关的合同、发票、货物验收单等资料，并检查会计处理的正确性。吉财公司应付票据备查簿显示，应付票据项目 2017 年 12 月 31 日的余额为 1 500 万元，由 72

笔应付票据构成。根据具体审计计划的要求，A 注册会计师从中选取 6 笔应付票据业务进行检查。

【要求】

（1）假定应付票据备查簿中记载的 72 笔应付票据业务是随机排列的，A 注册会计师采用系统选样法选取 6 笔应付票据业务样本，并且确定随机起点为第 7 笔，请判断其余 5 笔应付票据业务分别是哪几笔。

（2）如果上述 6 笔应付票据业务的账面价值为 140 万元，审计后认定的价值为 168 万元，吉财公司 2017 年 12 月 31 日应付票据账面总价值为 1 500 万元，请运用比率法推断吉财公司 2017 年 12 月 31 日应付票据的总体实际金额。

6. A 注册会计师负责审计吉财公司 2017 年度财务报表。与审计工作底稿相关的部分事项如下：

（1）A 注册会计师在具体审计计划中记录拟对固定资产采购与付款循环采用综合性方案，因在测试控制时发现相关控制运行无效，将其改为实质性方案，重新编制具体审计计划工作底稿，并替代原具体审计计划工作底稿。

（2）A 注册会计师拟利用 2016 年度审计中获取的有关存货和成本循环的控制运行有效性的审计证据，将信赖这些控制的理由和结论记录于审计工作底稿。

（3）A 注册会计师在对销售发票进行细节测试时，将相关销售发票所载明的发票日期以及商品的名称、规格和数量作为识别特征记录于审计工作底稿。

（4）审计报告日后，A 注册会计师对在审计报告日前收到的应付账款询证函回函中存在的差异进行调查，确认其金额和性质均不重大，并记录于审计工作底稿。

（5）在归整审计档案时，A 注册会计师删除了固定资产减值测试审计工作底稿初稿。

（6）在完成审计档案归整工作后，A 注册会计师收到一份应收账款询证函回函，其结果显示无差异。A 注册会计师将其归入审计档案，并删除了在审计过程中实施的相关替代程序的审计工作底稿。

【要求】

针对上述第（1）~（6）项，逐项指出 A 注册会计师的做法是否恰当。如不恰当，简要说明理由。

第七章 风险评估

【本章主要知识点】通过本章的学习，了解风险导向战略系统审计模式中的审计风险影响因素，熟悉风险导向审计业务流程；掌握风险评估的具体内容和方法；能够识别和评估被审计单位重大错报风险。

一、单项选择题

1. 执行询问程序时，有助于注册会计师理解财务报表编制的环境的是询问（　　）。
   A. 内部审计人员　　　　　　　　B. 仓库人员
   C. 参与处理复杂交易的员工　　　D. 治理层

2. 使内部控制披露由自愿进入强制阶段，公司的内部控制必须受到外部监督的法律法规的文件是（　　）。
   A. 美国《证券法》
   B. 《萨班斯—奥克斯利法案》
   C. 美国《内部控制报告》
   D. COSO委员会发布的《企业风险管理整合框架》

3. 注册会计在了解被审计单位对会计政策的选择和运用，是否符合适用的会计准则和相关会计制度，是否符合被审计单位的具体情况时，应当关注被审计单位重要项目的会计政策和行业惯例，重要项目的会计政策不包括（　　）。
   A. 固定资产预计净产值的估计
   B. 收入的确认
   C. 借款费用资本化方法
   D. 长期股权投资的成本法和权益法

4. 注册会计师应当了解被审计单位对会计政策的选择和运用，是否符合适用的会计准则和相关会计制度，是否符合被审计单位的具体情况，以下不属于特别关注的事项是（　　）。
   A. 重要项目的会计政策和行业惯例
   B. 在新领域和缺乏权威性标准或共识的领域，采用重要会计政策产生的影响
   C. 会计政策的变更

D. 常规交易的会计处理方法

5. 内部控制的发展由简单到复杂，到目前经历的阶段是（　　）个。
   A. 五　　　　　　　　　　　　B. 四
   C. 六　　　　　　　　　　　　D. 三

6. 下列不适合注册会计师向被审计单位管理层询问的事项有（　　）。
   A. 管理层所关注的主要问题，如新的市场环境、新的竞争对手、主要客户和供应商的流失以及经营目标或战略的变化等
   B. 被审计单位最近的财务状况、经营成果和现金流量
   C. 管理层的胜任能力和诚信问题
   D. 可能影响财务报告的交易和事项，或者目前发生的重大会计处理问题，如关联方交易、重大的购并事宜等

7. 在下列风险评估的活动中，有助于注册会计师关注被审计单位在经营策略和经营方向上的重大变化的是（　　）。
   A. 了解被审计单位经营活动　　　　B. 了解被审计单位投资活动
   C. 了解被审计单位筹资活动　　　　D. 了解被审计单位治理活动

8. 我国企业内部控制规范体系建设取得重大突破的标志是2008年国务院五部委联合发布的（　　）。
   A. 《企业内部控制应用指引》　　　B. 《企业内部控制基本规范》
   C. 《企业内部控制评价指引》　　　D. 《企业内部控制审计指引》

9. 注册会计师除通过向被审计单位管理层询问外，询问内部其他相关人员也可以获取其他不同的信息，有助于了解被审计单位及其环境。而有助于注册会计师了解原材料和产成品等存货的进出、保管、盘点等情况，则需要通过询问（　　）。
   A. 采购人员　　　　　　　　　　B. 销售人员
   C. 内部审计人员　　　　　　　　D. 仓储人员

10. 下列有关分析程序的说法中，不正确的是（　　）。
    A. 在实施分析性程序时，注册会计师应当预期可能存在的合理关系，并与被审计单位记录的金额、依据记录金额计算的比率或趋势相比较
    B. 分析程序在审计的所有阶段均应使用
    C. 在了解被审计单位及其环境的过程中，注册会计师实施分析程序有助于识别异常的交易或事项，以及对财务会计报表和审计产生影响的金额、比率、趋势
    D. 如果发现异常或未预期到的关系，注册会计师应当在识别重大错报风险时考虑这些比较结果

11. 注册会计师在执行财务报表审计时，首先应当了解被审计单位及其环境，以识别和评估（　　）。
    A. 审计风险水平　　　　　　　　B. 可接受的检查风险
    C. 财务报表重大错报风险　　　　D. 控制风险水平

12. 了解被审计单位及其环境一般（　　）。
   A. 在进行审计计划时进行　　　B. 贯穿于整个审计过程的始终
   C. 在完成审计阶段时进行　　　D. 在承接客户时进行

13. 注册会计师就下列事项与被审计单位治理层进行沟通时，应当采取书面形式的是（　　）。
   A. 注册会计师的独立性　　　　B. 注册会计师的责任
   C. 计划的设计范围和时间　　　D. 补充事项

二、多项选择题

1. 实质性测试程序包括（　　）。
   A. 对各类交易的细节测试　　　B. 对账户余额、列报的细节测试
   C. 控制测试　　　　　　　　　D. 实质性分析程序

2. 了解行业状况有助于注册会计师识别与被审计单位所处行业有关的重大错报风险，以下属于行业状况的有（　　）。
   A. 生产经营的季节性和周期性
   B. 对经营活动产生重大影响的法律法规及监管活动
   C. 产品生产技术的变化
   D. 能源供应与成本

3. 被审计单位内部或外部对财务业绩的衡量和评价可能对管理层产生压力，注册会计师应当关注（　　）。
   A. 关键业绩指标　　　　　　　B. 业绩趋势
   C. 分部信息与不同层次部门的业绩报告　D. 与竞争对手的业绩比较

4. COSO 委员会提出的控制要素包括（　　）。
   A. 控制环境　　　　　　　　　B. 风险评估
   C. 控制活动　　　　　　　　　D. 信息与沟通和监督

5. 注册会计师应当关注下列事项和情况可能表明被审计单位存在重大错报风险（　　）。
   A. 融资能力受到限制　　　　　B. 普通人员变动
   C. 重大的关联方交易　　　　　D. 缺乏具备胜任能力的会计人员

6. 注册会计师根据职业判断，在判断哪些风险是特别风险时，至少考虑的方面有（　　）。
   A. 风险是否属于舞弊风险
   B. 风险是否与近期经济环境、会计处理方法或其他方面的重大变化相关，需要特别关注
   C. 交易的复杂程度
   D. 风险是否涉及重大的关联方交易

7. 除了被审计单位的行业状况、法律环境及监管环境外，其他外部因素也

可能对被审计单位经营活动产生重大影响,以下属于其他外部因素的有(　　)。

  A. 宏观经济的景气度　　　　　　B. 利率和资金供求状况

  C. 通货膨胀水平及币值变动　　　　D. 国际经济环境和汇率变动

  8. 为识别和评估财务会计报表重大错报风险,注册会计师了解被审计单位及其环境,通常实施的评估程序包括(　　)。

  A. 控制测试　　　　　　　　　　B. 询问

  C. 分析程序　　　　　　　　　　D. 观察和检查

  9. 内部控制的目标是合理保证(　　)。

  A. 经营管理合法合规　　　　　　B. 资产安全

  C. 管理层的经营业绩达标　　　　D. 财务报告及相关信息真实完整

  10. 以下属于风险评估程序的有(　　)。

  A. 询问管理层最近的财务业绩完成情况

  B. 分析各个季度的主营业务收入的变动情况

  C. 观察被审计单位的生产经营活动

  D. 对应收账款的账龄进行分析,复核计提的坏账准备是否准确

  11. 在识别和评估重大错报风险时,注册会计师应当实施的审计程序有(　　)。

  A. 在了解被审计单位及其环境(包括与风险相关的控制)的整个过程中,结合对财务报表中各类交易、账户余额和披露的考虑,识别风险

  B. 评估识别出的风险,并评价其是否更广泛地与财务报表整体相关,进而潜在地影响多项认定

  C. 结合对拟测试的相关控制的考虑,将识别出的风险与认定层次可能发生错报的领域相联系

  D. 考虑发生错报的可能性(包括发生多项错报的可能性),以及潜在错报的重大程度是否足以导致重大错报

  12. 了解被审计单位及其环境是注册会计师必须执行的审计程序,这些审计程序有(　　)。

  A. 观察和检查

  B. 分析程序

  C. 函证被审计单位的债务人

  D. 询问被审计单位管理层和内部其他相关人员

  13. 以下关于评估重大错报风险的说法中,正确的有(　　)。

  A. 注册会计师在评估重大错报风险时,可以不考虑被审计单位的相关内部控制

  B. 注册会计师应当在了解被审计单位及其环境的整个过程中识别风险

  C. 评估重大错报风险时,注册会计师应当将所了解的控制与特定认定相联系

  D. 注册会计师应当确定识别的重大错报风险是与财务报表整体相关,进而

影响多项认定，还是与特定的各类交易、账户余额、列报的认定相关

三、名词解释

1. 风险评估 2. 分析程序
3. 实质性测试 4. 内部控制
5. 穿行测试

四、简答题

1. 什么是风险评估？风险评估有什么重要作用？
2. 风险评估的内容有哪些？
3. 什么是内部控制？由谁实施内部控制？内部控制有哪些要素？
4. 内部控制与审计有何关系？
5. 风险评估有哪些程序？
6. 在识别和评估重大错报风险时，注册会计师应当实施哪些审计程序？
7. 重大错报风险分为哪两个层次？控制与认定之间有什么关系？
8. 注册会计师从哪些方面判别特别风险？

五、业务分析题

1. 长税会计师事务所正在准备接受吉财公司的委托审计其2017年的财务报表。吉财公司以前年度是由东银会计师事务所审计的，并对2016年的财务报表出具了带强调事项段的无保留意见的审计报告。在接受委托前，主管此项业务的长税会计师事务所合伙人A注册会计师经吉财公司允许与东银会计师事务所进行了沟通，以下是A注册会计师了解到的一些主要信息：

（1）吉财公司是一家集团公司，有多个子公司从事药品生产，同时也投资房地产、服装、酒店、软件等产业。

（2）日益激烈的竞争与我国药品市场的管制使公司受到变现能力和盈利能力恶化的压力。

（3）公司的管理层最大限度地"挤压成本费用"，竭尽全力地使报告的收入和每股收益最大化。2016年度，吉财公司的收入被东银会计师事务所的注册会计师调减了1 500万元，占原财务报表收入的30%。

（4）吉财公司管理层不愿意接受审计调整；董事会中缺少审计委员会，致使审计人员的工作开展得比较困难。

（5）吉财公司大多数交易采用计算机管理系统进行核算，核算系统内部控制政策和程序是比较健全的，但对存货的控制很差；最近实现的电算化系统中的永续盘存记录并不是很准确。而且，该公司没有内部审计人员，银行账户也没有

定期调整。

（6）吉财公司 2016 年财务报表附注中提到了一起由该公司药物使用者所提起的诉讼，该药物被检查发现有可能导致癌症。东银会计师事务所在 2016 年度审计报告中意见段后增加了一个强调事项段，表示了对吉财公司持续经营能力的怀疑，提醒报表预期使用者注意。

（7）吉财公司 2014 年、2015 年和 2016 年的收益水平持续下降，但 2017 年度未经审计的净收入比 2016 年有大幅上升。

（资料参考：阚京华等，《审计学》，人民邮电出版社 2016 年版）

【要求】

（1）根据所了解的情况，你认为吉财公司财务报表的重大错报风险水平是高、中还是低？为什么？

（2）根据以上信息，判断吉财公司认定层次的重大错报风险集中在哪些领域？

2. 为了识别和评估吉财公司 2017 年度财务报表的重大错报风险，A 和 B 注册会计师采用询问被审计单位管理层和内部其他相关人员以及观察、检查等程序了解吉财公司及其环境。

【要求】

（1）A 和 B 注册会计师应当从哪些方面对吉财公司及其环境进行了解？

（2）除实施上述两类专门程序外，A 和 B 注册会计师还可以实施哪些程序进行风险评估？

（3）在了解吉财公司及其环境，以评估重大错报风险时，A 和 B 注册会计师可以向吉财公司管理层和财务负责人询问哪些主要情况或事项？

（4）评估重大错报风险时，除了询问吉财公司管理层和财务负责人外，A 和 B 注册会计师还考虑询问吉财公司的其他人员（见下表），以获取对识别重大错报风险有用的信息。询问这些人员可以对注册会计师了解吉财公司及其环境、识别重大错报风险提供哪方面的信息，将你的答案填入下表中。

询问的对象	对注册会计师了解吉财公司及其环境、识别重大错报风险提供的信息
治理层	.
内部审计人员	
参与异常交易的员工	
内部法律顾问	
销售人员	
采购和生产人员	
仓库人员	

（5）在了解吉财公司及其环境以评估重大错报风险时，注册会计师实施的观察和检查程序的具体内容包括哪些方面？

第八章 风险应对

【本章主要知识点】通过本章的学习，了解针对评估的重大错报风险实施审计程序，熟悉针对评估的报表层次重大错报风险采取的总体应对措施和针对认定层次重大错报风险的审计程序，掌握控制测试和实质性测试的程序、测试的时间和范围。

一、单项选择题

1. 如果注册会计师在风险评估时预期内部控制运行有效，随后拟实施的进一步审计程序必须包括（ ）。

    A. 控制测试　　　　　　　　B. 细节测试
    C. 实质性测试　　　　　　　D. 分析程序

2. 当拟实施的进一步审计程序的总体方案为实质性方案，并相应采取更强调审计程序不可预见性，重视调整审计程序的性质、时间和范围等总体应对措施时，评估的报表层次重大错报风险属于（ ）。

    A. 低风险水平　　　　　　　B. 中等风险水平
    C. 较低风险水平　　　　　　D. 高风险水平

3. 注册会计师实施程序以确定控制是否得到一贯执行，其实质是在测试控制的（ ）。

    A. 存在性　　　　　　　　　B. 完整性
    C. 使用情况　　　　　　　　D. 有效性

4. 在某些情况下，仅通过实质性测试程序无法获取充分、适当的审计证据，也就无法将认定层次的重大错报风险降至可接受的低水平。这时，注册会计师应当（ ）。

    A. 扩大样本规模
    B. 实施控制测试
    C. 实施分析程序
    D. 重新评估认定层次的重大错报风险

5. 即使注册会计师已经获取有关控制在期中运行有效性的审计证据，仍然需要（ ）。

    A. 重新评估财务报表层次重大错报风险

B. 重新评估认定层次重大错报风险
C. 考虑如何能够将控制在期中运行有效性的审计证据合理延伸至期末
D. 重新考虑重要性水平

6. 如果准备信赖以前审计获取的有关控制运行有效性的审计证据，注册会计师（　　）。
   A. 可以直接利用这些控制运行有效性的审计证据
   B. 应当获取这些控制是否已经发生变化的审计证据
   C. 直接实施实质性程序
   D. 可以不再对控制的有效性实施测试

7. 如果确定评估的认定层次重大错报风险是特别风险，并拟信赖旨在减轻特别风险的控制，那么注册会计师（　　）。
   A. 可以部分依赖以前审计获取的审计证据
   B. 可以依赖以前审计获取的审计证据
   C. 可以利用以前年度所执行的控制测试
   D. 应在本期审计中测试这些控制的运行有效性

8. 下列因素中，与控制测试的范围不呈同向变动关系的是（　　）。
   A. 通过测试与认定相关的其他控制获取的审计证据的范围
   B. 执行控制的频率
   C. 在风险评估时拟信赖控制运行有效性的程度
   D. 在所审计期间，注册会计师拟信赖控制运行有效性的时间长度

9. 实质性程序有两种基本类型，即（　　）。
   A. 控制测试和分析程序　　　　B. 细节测试和实质性分析程序
   C. 细节测试和控制测试　　　　D. 控制测试和实质性测试

10. 控制环境和其他相关控制越薄弱，注册会计师越不宜在（　　）。
    A. 期初实施控制测试　　　　　B. 期中实施实质性测试
    C. 期末实施实质性测试　　　　D. 接近期末实施实质性测试

11. 如果针对剩余期间注册会计师认为还要消耗大量的审计资源才有可能降低期末存在错报而未被发现的风险，甚至没有把握通过适当的进一步审计程序降低期末存在错报而未发现的风险，注册会计师应当（　　）。
    A. 重新评估认定层次重大错报风险　　B. 利用期中取得的审计证据
    C. 在期中实施实质性程序　　　　　　D. 不在期中实施实质性程序

12. 如果拟信赖的控制自上次测试后未发生变化，且不属于旨在减轻特别风险的控制，注册会计师应当运用职业判断确定是否在本期审计中测试其运行有效性。以下对控制测试的时间间隔最恰当的是（　　）。
    A. 每年测试一次　　　　　　　　B. 每三年至少测试一次
    C. 每两年测试一次　　　　　　　D. 每三年测试一次

13. 下列审计中不用于控制测试和了解内部控制的是（　　）。
    A. 观察　　　　　　　　　　　　B. 询问

C. 函证 D. 检查

14. 下列情况中可以运用控制测试的是（　　）。
A. 在评估认定层次重大错报风险时预期控制的运行是有效的
B. 在评估认定层次重大错报风险时预期控制的运行是无效的
C. 即使现有控制得到执行也不足以防止财务报表发生重大错报
D. 注册会计师在了解内部控制时发现控制很薄弱

二、多项选择题

1. 针对评估的财务报表层次重大错报风险，注册会计师应当采取的总体应对措施有（　　）。
A. 向审计的项目组强调在收集和评价审计证据的过程中保持职业怀疑态度的必要性
B. 分派更有经验或具有特殊技能的注册会计师，或利用专家的工作
C. 提供更多的督导
D. 在选择进一步审计程序时，应当注意使某些程序不被管理层预见或事先了解

2. 下列做法中，可以提高审计程序的不可预见性的有（　　）。
A. 针对销售收入和销售退回延长截止测试期间
B. 对被审计单位银行存款年末余额实施函证
C. 对以前通常不测试的金额较小的项目实施实质性程序
D. 向以前没有询问过的被审计单位员工询问

3. 确定审计程序的时间时，考虑的因素有（　　）。
A. 控制环境 B. 何时能得到相关信息
C. 错报风险的性质 D. 审计证据适用的期间或时点

4. 确定审计程序的范围时，应当考虑的因素有（　　）。
A. 审计程序的不可预见性 B. 确定的重要性水平
C. 计划获取的保证程度 D. 评估的重大错报风险

5. 在设计实质性分析程序时，注册会计师应当考虑的因素有（　　）。
A. 对特定认定使用实质性分析程序的适当性
B. 对已记录的金额或比率做出预期时，所依据的内部或外部数据的可靠性
C. 做出预期的准确程度是否足以在计划的保证水平上识别重大错报
D. 已记录金额与预期值之间可接受的差异额

6. 下列因素中，与控制测试的范围呈同向变动关系的有（　　）。
A. 通过测试与认定相关的其他控制获取的审计证据的范围
B. 执行控制的频率
C. 审计证据的相关性和可靠性
D. 在所审计期间，注册会计师拟信赖控制运行有效性的时间长度

7. 进一步审计程序的总体方案包括（　　）。
   A. 实质性方案　　　　　　　　　B. 控制测试方案
   C. 风险评估方案　　　　　　　　D. 综合性方案

8. 在测试控制运行的有效性时，注册会计师应当从下列方面获取关于控制是否有效运行的审计证据（　　）。
   A. 控制是否存在
   B. 控制由谁执行
   C. 控制是否得到一贯执行
   D. 确定控制在所审计期间的不同时点是如何运行的

9. 即使注册会计师已经获取有关控制在期中运行有效性的审计证据，在针对剩余期间时仍然需要考虑的因素有（　　）。
   A. 控制环境
   B. 剩余期间的长度
   C. 期中获取的审计证据的有效程度
   D. 在信赖控制的基础上拟减少进一步实质性测试的范围

10. 控制测试所采取的审计程序的类型有（　　）。
    A. 观察和检查　　　　　　　　　B. 询问
    C. 重新计算　　　　　　　　　　D. 重新执行

11. 下列说法中，错误的有（　　）。
    A. 对于与收入完整性认定相关的重大错报风险，实质性程序通常更能有效应对
    B. 对于与收入发生认定相关的重大错报风险，控制测试通常更能有效应对
    C. 评估的重大错报风险越高，对拟获取审计证据的相关性、可靠性要求越高
    D. 计划获取的保证程度越高，对测试结果的可靠性要求越高

12. 下列项目中属于进一步审计程序的有（　　）。
    A. 控制测试　　　　　　　　　　B. 实质性分析程序
    C. 抽样测试　　　　　　　　　　D. 细节测试

13. 在确定某项控制测试的测试范围时，注册会计师通常考虑的因素包括（　　）。
    A. 通过测试与认定相关的其他控制获取的审计证据的范围
    B. 在风险评估时拟信赖控制运行有效性的程度
    C. 审计证据的相关性和可靠性
    D. 在所审计期间，注册会计师拟信赖控制运行有效性的时间长度

三、名词解释

1. 财务报表层次重大错报风险　　　　2. 综合性方案

3. 控制测试
5. 细节测试

4. 职业怀疑态度

四、简答题

1. 针对评估的财务报表层次重大错报风险，注册会计师应采取哪些总体应对措施？
2. 注册会计师对报表层次重大错报风险拟实施的进一步审计程序的总体方案有哪些？如何选择方案？
3. 如何理解审计程序的性质？
4. 审计程序时间如何选择？
5. 什么是控制测试？什么情形下需要实施控制测试？
6. 什么是控制测试的性质？控制测试采用审计程序的类型有哪些？
7. 如何利用期中审计证据？如何利用以前审计证据？
8. 什么是实质性测试？实质性测试程序应包括哪些审计程序？
9. 若评估的认定层次重大错报风险是特别风险，应当专门针对该风险实施怎样的测试？
10. 如何理解实质性测试的性质？实质性测试有哪些基本类型？
11. 确定实质性测试的范围考虑哪些因素？

五、业务分析题

1. A 注册会计师在工作底稿中记录了风险应对的情况，部分内容摘录如下：

（1）A 在实施会计分录测试时，将吉财公司全年的标准会计分录和非标准会计分录作为待测试总体。在测试其完整性后，对选取的样本实施了细节测试，未发现异常。

（2）A 认为吉财公司存在低估负债的特别风险，在了解相关控制后，未信赖这些控制，直接实施了细节测试。

（3）吉财公司使用存货库龄等信息测算产成品的可变现净值。A 拟信赖与库龄记录相关的内部控制，通过穿行测试确定了相关内部控制运行有效。

（4）吉财公司的存货存放在多个地点，A 基于管理层提供的存货存放地点清单，并根据不同的地点，存放存货的重要性及评估的重大错报风险确定了盘点地点。

【要求】

逐项指出所列审计证据是否恰当。

2. 长税会计师事务所负责审计吉财公司 2017 年度财务报表，审计工作底稿中与内部控制相关的部分内容摘录如下：

（1）吉财公司营业收入的发生认定存在特别风险。相关控制在 2016 年度审计中经测试运行有效。因这些控制本年未发生变化，审计项目组拟继续予以信赖，并依赖了上年审计获取的有关这些控制运行有效的审计证据。

（2）考虑到吉财公司2017年固定资产的采购主要发生在下半年，审计项目组从下半年固定资产采购中选取样本实施控制测试。

（3）吉财公司与原材料采购批准相关的控制每日运行数次，审计项目组确定样本规模为25个。考虑到该控制自2017年7月1日起发生重大变化，审计项目组从上半年和下半年的交易中分别选取12个和13个样本实施控制测试。

（4）审计项目组对银行存款实施了实质性程序，未发现错报，因此认为吉财公司与银行存款相关的内部控制运行有效。

（5）吉财公司内部控制制度规定，财务经理每月应复核销售返利计算表，检查销售收入金额和返利比例是否准确，如有异常进行调查并处理，复核完成后签字存档。审计项目组选取了3个月的销售返利计算表，检查了财务经理的签字，以为该控制运行有效。

（6）审计项目组拟信赖与固定资产折旧计提相关的自动化应用控制，因该控制在2016年度审计中测试结果满意，且在2017年未发生变化，审计项目组仅对信息技术一般控制实施测试。

【要求】

针对上述第（1）~（6）项，逐项指出审计项目组的做法是否恰当。如不恰当，简要说明理由。

3. A和B注册会计师在编制吉财公司2017年度财务报表的审计计划前，按审计准则的要求对被审计单位吉财公司及其环境进行了全面了解和记录。相关的工作底稿显示，吉财公司2017年度存在以下情况：

（1）2017年6月30日，吉财公司于2015年6月30日从东北银行借入金额为6 000万元、期限为2年期的长期借款到期。虽然吉财公司最高管理人员多次与东北银行信贷部协商，希望延长还款期半年，但东北银行在委托长税会计师事务所对吉财公司进行专项审计后，于2017年7月份收回了款项。

（2）为扩展业务，吉财公司出资1 000万元于2017年6月30日成功兼并了西部某省的两家公司，此举增加了吉财公司在西部市场的立足点，降低了在西部市场的竞争程度。

（3）2017年10月，为开拓国际市场，吉财公司董事会决定在中东地区设立分公司。由于该地区除伊拉克以外的各国商家云集，均难以获得市场准入，公司董事会决定投入500万美元在伊拉克设立分公司。到2017年底，该分公司已正式开始营业，虽然该地区时常发生绑架等刑事案件，但分公司的经营基本未受影响。

（4）直到2017年10月底，吉财公司一直采用手工记账。为提高财务工作效率和质量，吉财公司投资500万元于2017年11月份实现了会计电算化。考虑到这一变化对财务人员的影响，财务部门分期分批对全体财务人员进行轮训，同时还聘请了外部专家进行经常性业务指导。至2017年年底，相关的轮训工作和计算机信息系统调试工作均已进行完毕。

（5）2017年11月起，吉财公司将原存放于财贸银行的2 000万元款项全部转入3名高级管理人员及财务经理的信用卡，与所有客户的往来以及公司职员薪酬的发放均通过信用卡结算。

（资料来源：阚京华等，《审计学》，人民邮电出版社2016年版）

【要求】

（1）逐一针对上述各种情况，指出是否会导致吉财公司产生重大错报风险，简要说明理由。

（2）上述情况中，哪一种情况很可能会导致吉财公司的财务报表产生重大错报？对此，A和B注册会计师应当如何应对？

（3）上述情况中，哪一种情况很可能意味着吉财公司存在特别风险？A和B注册会计师应当如何应对？

（4）上述情况中，哪两种情况最可能导致吉财公司的经营风险增加？

第九章 销售与收款循环审计

【本章主要知识点】通过本章的学习，了解销售与收款循环的内容和相关的内部控制以及所涉及的账户；掌握销售与收款循环审计中控制测试和实质性测试的程序，熟练掌握主营业务收入、应收账款与坏账准备等账户的审计方法和技术。

一、单项选择题

1. 下列属于审计测试内容的是（   ）。
   A. 风险测试   B. 内部控制测试
   C. 真实性测试   D. 完整性测试

2. 销售与收款循环的起点是（   ）。
   A. 顾客提出订货要求   B. 收取货款
   C. 向客户供应商品或劳务 D. 确认销售

3. 以下不需要连续编号的是（   ）。
   A. 销售单   B. 装运凭证
   C. 请购单   D. 销售发票

4. 为了减少开具销售发票过程中出现遗漏、重复、错误计价或其他差错的风险，下列控制程序中不恰当的是（   ）。
   A. 编制销售发票之前独立检查是否存在装运凭证和相应的经过批准的销售单
   B. 根据订购单上的数量编制销售发票
   C. 根据已授权批准的商品价目表编制销售发票
   D. 将装运凭证上的商品总数与相对应的销售发票上的商品总数进行比较

5. 设计信用赊销批准控制的目的是（   ）。
   A. 防止销售人员贪污   B. 降低坏账风险
   C. 区分优劣客户   D. 提升销售额

6. 与记录销售的时间点不相关的认定是（   ）。
   A. 真实性   B. 完整性
   C. 截止   D. 准确性

7. 企业如果认为某项货款再也无法收回，应当（　　）。
   A. 计提坏账准备　　　　　　　　B. 注销该笔货款
   C. 计入成本　　　　　　　　　　D. 计入管理费用

8. 测试被审计单位是否按月向顾客寄出对账单，比较有效的控制测试是（　　）。
   A. 口头询问被审计单位相关人员
   B. 观察指定人员寄送对账单
   C. 检查应收账款余额的正确性
   D. 按被审计单位提供的客户联系方式与客户联系并询问

9. 从主营业务收入明细账中抽取若干笔分录，追查有无发运凭证及其他佐证，与（　　）认定有关。
   A. 真实性　　　　　　　　　　　B. 完整性
   C. 准确性　　　　　　　　　　　D. 计价和分摊

10. 审查销售业务记录的完整性，最有效的方法是（　　）。
    A. 只审查销售业务的原始凭证
    B. 只审查销售业务的账簿记录
    C. 从销售业务的原始凭证追查至账簿记录
    D. 从销售业务的账簿记录追查至原始凭证

11. 采用预收款项销售方式的情况下，与截止认定无关的是（　　）。
    A. 签订销售合同日期　　　　　　B. 记录销售日期
    C. 收到货款日期　　　　　　　　D. 发出货物日期

12. 下列分析程序对审查销售业务是否存在高估或低估最没有效果的是（　　）。
    A. 将本期与上期的主营业务收入进行比较
    B. 比较本期各月主营业务收入的波动情况
    C. 分析比较本期与上期各类产品毛利率的变化情况
    D. 比较本期与上期应收账款占营业收入比例大小情况

13. 分析应收账款的账龄的目的是（　　）。
    A. 了解应收账款账龄结构　　　　B. 了解欠款客户身份
    C. 了解应收账款可回收性　　　　D. 了解赊销程度

14. 对应收账款实施函证时，询证函的发出和收回的控制人是（　　）。
    A. 被审计单位　　　　　　　　　B. 注册会计师
    C. 被审计单位或注册会计师　　　D. 被审计单位和注册会计师

15. 选定函证时间时，不应当采取的方案是（　　）。
    A. 因公司的固有风险和控制风险低，在预审时函证
    B. 为减少函证回函差异，在执行其他审计程序后函证
    C. 项目小组进驻审计现场后，立即进行函证
    D. 在年终对存货进行监盘时，对应收账款进行函证

16. 肯定式函证没有得到回复，审计人员应该（　　）。
   A. 直接采用替代程序
   B. 确认被函证单位地址后再次发函
   C. 确认为审计范围受限
   D. 认定该款项存在真实性问题

17. 下列说法中正确的是（　　）。
   A. 审查已贴现的应收票据的计算是否正确，与应收票据的准确性认定相关
   B. 对于已转销的金额较大的预收账款，无须关注相关的记账凭证、仓库发运凭证、销售发票等凭证发生日期的合理性
   C. 实施应交税费的实质性测试时，应当注意印花税、耕地占用税等有无误入应交税费项目
   D. 审查销售业务的折扣与折让是否正确，与销售交易的计价与分摊认定相关

二、多项选择题

1. 以下属于循环审计方法的优点有（　　）。
   A. 与内控测试联系紧密
   B. 加深注册会计师对被审计单位经济业务的理解
   C. 与多数被审计单位会计报表格式相吻合
   D. 便于对不同会计报表项目的交叉复核

2. 销售与收款循环的常见重大错报风险有（　　）。
   A. 销售业务控制不严　　　　　B. 盲目赊销
   C. 销售凭证保管不严　　　　　D. 长期不与客户对账

3. 销售与收款循环内部控制应用包括（　　）。
   A. 正确的授权审批　　　　　　B. 充分的凭证和记录
   C. 内部核查程序　　　　　　　D. 适当的职责分离

4. 正确的授权审批应做到（　　）。
   A. 在销货发生之前，赊销业务经过正确审批
   B. 非经正当审批，不得发出货物
   C. 销售价格、销售条件、运费、折扣等必须经过审批
   D. 审批人应当根据销售与收款授权制度规定，在授权范围内进行审批，不得超越审批权限

5. 了解被审计单位的内部控制可选择的方法有（　　）。
   A. 观察　　　　　　　　　　　B. 审阅
   C. 询问　　　　　　　　　　　D. 重新执行

6. 下列情况下，审计人员需要实施控制测试的有（　　）。
   A. 在评估认定层次重大错报时，预期控制的运行是有效的
   B. 在评估认定层次重大错报时，预期控制的运行是无效的
   C. 仅实施实质性程序不足以提供认定层次充分、适当的审计证据

D. 任何情况下都要实施控制测试

7. 实施控制测试可使用的审计程序包括（　　）。
A. 审阅　　　　　　　　　　　B. 观察
C. 重新执行　　　　　　　　　D. 穿行测试

8. 实施销售的截止期测试，可以选择的三条测试路线有（　　）。
A. 以账簿记录为起点　　　　　B. 以发运凭证为起点
C. 以财务报表为起点　　　　　D. 以销售发票为起点

9. 在销售与收款循环中，为了正确记录销售发票，使销货交易归属于正确的会计期间，企业需要设计并执行的控制程序有（　　）。
A. 控制所有实现连续编号的销售发票
B. 根据已授权批准的商品价目表编制销售发票
C. 独立检查销售发票计价和计算的正确性
D. 将装运凭证上的商品总数与对应的销售发票上的商品总数进行比较

10. 在进行特定期间主营业务收入审计时，注册会计师应当注意与主营业务收入联系密切的三个日期有（　　）。
A. 发票开具日期　　　　　　　B. 签订合同日期
C. 发货日期　　　　　　　　　D. 记账日期

11. 就销售与收款交易和相关余额而言，下列各项中，通常需要运用实质性分析程序的有（　　）。
A. 销售交易　　　　　　　　　B. 收款交易
C. 营业收入项目　　　　　　　D. 应收账款项目

12. 销售交易计价的准确性包括（　　）。
A. 按订货数量发货
B. 按发货数量准确开具账单
C. 将账单上数额准确记入会计账簿
D. 按记账凭证准确填写主营业务收入明细账

13. 主营业务收入的审计目标包括（　　）。
A. 确定本期已入账的主营业务收入是否确实发生
B. 确定对销售退回、销售折扣、折让的处理是否适当
C. 确定已实现的主营业务收入是否全部入账
D. 确定主营业务收入的披露是否正确

14. 应收账款函证对象包括（　　）。
A. 大额或账龄较长的项目　　　B. 余额为零或非正常的项目
C. 与债务人发生纠纷的项目　　D. 关联方项目

15. 消极函证的适用范围有（　　）。
A. 重大错报风险水平评估为低
B. 预期不存在大量的错误
C. 欠款小的债务人数量很多

D. 注册会计师有理由相信大多数函证者能认真对待询证函

16. 函证程序更多地用于审查应收账款的高估而不是低估，其主要原因有（ ）。
A. 函证是以账户记录为依据的，若账中无记录，则难以发函
B. 被审计单位对账户余额的低估，常常采取低估的手法
C. 被审计单位对账户余额的高估，常常采取不入账的手法
D. 客户也可以从低估中获益，因而不愿配合函证

17. 对于产品销售收入确认的审查，主要采用的方法包括（ ）。
A. 函证法   B. 抽查法
C. 核对法   D. 验算法

18. 应收账款的审计目标包括（ ）。
A. 确定应收账款是否存在，是否归被审计单位所有
B. 确定应收账款增减变动的记录是否完整
C. 确定应收账款是否可回收，坏账准备计提是否恰当
D. 确定应收账款期末余额是否正确，在会计报表中的披露是否恰当

19. 坏账准备的审计目标包括（ ）。
A. 确定坏账准备的方法和比例是否恰当，坏账准备的计提是否充分
B. 确定坏账准备增减变动的记录是否完整
C. 确定坏账准备期末余额是否正确
D. 确定坏账准备的披露是否恰当

20. 不能全额提取坏账准备的情况有（ ）。
A. 当年发生的应收款项，以及未到期的应收款项
B. 计划对应收款项进行债务重组，或以其他方式进行重组的
C. 与关联方发生的应收款项，特别是母子公司交易事项产生的应收款项
D. 其他已逾期但无确凿证据不能收回的应收款项

三、名词解释

1. 业务循环审计   2. 分项审计方法
3. 销售与收款循环   4. 截止测试
5. 账龄分析法   6. 应收账款函证
7. 肯定式函证   8. 否定式函证

四、简答题

1. 销售与收款循环中的主要内部控制有哪些？
2. 销售与收款循环中对职责分离有何要求？
3. 主营业务收入审计的目标有哪些？

4. 简述应收账款函证的询证函寄发要求、函证范围。

5. 应收账款的函证对象主要有哪些？何时运用肯定式函证？何时运用否定式函证？

6. 什么是应收账款的账龄分析？

7. 如何审查未函证的应收账款？

8. 什么情况下不能全额提取坏账准备？

9. 应交税费审计要点有哪些？

五、业务分析题

1. A 注册会计师负责对吉财公司 2017 年 12 月 31 日的财务报告内部控制进行审计。A 注册会计师了解到，吉财公司将客户验货签收作为销售收入确认的时点。部分与销售相关的控制内容摘录如下：

（1）每笔销售业务均需与客户签订销售合同。

（2）赊销业务需由专人进行信用审批。

（3）仓库只有在收到经批准的发货通知单时才能供货。

（4）负责开具发票的人员无权修改开票系统中已设置好的商品价目表。

（5）财务人员根据核对一致的销售合同、客户签收单和销售发票编制记账凭证并确认销售收入。

（6）每月末，由独立人员对应收账款明细账和总账进行调节。

【要求】

（1）针对上述第（1）~（6）项所列控制，逐项指出是否与销售收入的发生认定直接相关。

（2）从所选出的与销售收入的发生认定直接相关的控制中，选出一项最应当测试的控制，并简要说明理由。

2. 长税会计师事务所首次接受委托审计吉财公司 2017 年度财务报表，委派 A 注册会计师担任项目合伙人。A 注册会计师在了解了吉财公司及其环境后，在审计工作底稿中记录了所了解的有关销售与收款循环的控制程序，部分内容摘录如下：

（1）企业在接受客户订单之后，首先由赊销部门决定是否接受某客户的订购单。

（2）对于赊销业务的批准是由信用管理部门根据管理层的赊销政策在每个客户的已授权的信用额度内进行，对于超过信用额度的赊销，应由更高一级管理人员审批。

（3）仓库在收到经过批准的销售单后备货，发运部门的职员在装运前，独立对所装运的货物进行检查，确保所装运的货物与销售单一致。

（4）发运部门发出货物后，将发运单返还给仓库部门，将其中一联送交财务部门开具发票，财务部门根据核对无误的发运单，开具销售发票。

(5) 期末，由负责应收账款的人员汇总每个客户的信息，向客户寄送对账单，以核对账目。

(6) 在收到客户的回函后，如发现存在核对不符的事项，应当由负责主营业务收入的人员进行及时核对，并编制对账情况汇总表提交管理层审阅。

【要求】

针对上述事项（1）~（6），逐项判断吉财公司的相关内部控制是否存在缺陷，并简要说明理由。

3. 吉财公司是长税会计师事务所的常年审计客户，拥有东银公司和财贸公司两家联营公司。吉财公司主要从事建材的生产、销售以及建筑安装工程。A注册会计师负责审计吉财公司2016年度财务报表，拟于2017年4月1日出具审计报告。财务报表整体的重要性为25万元。

A注册会计师在审计工作底稿中记录了吉财公司销售与收款循环的内部控制，部分内容摘录如下表所示。

序号	风险	控制
（1）	向客户提供过长信用期而增加坏账损失风险	客户的信用期由信用管理部审核批准。如长期客户临时申请延长信用期，由销售部经理批准
（2）	已记账的收入未发生或不准确	财务人员将经批准的销售订单、客户签字确认的发运凭单及发票所载信息相互核对无误后，编制记账凭证（附上述单据），经财务部经理审核后入账
（3）	应收账款记录不准确	每季度末，财务部向客户寄送对账单。如客户未及时回复，销售人员需要跟进；如客户回复表明差异超过该客户欠款余额的5%，则进行调查

【要求】

针对上述资料第（1）~（3）项，假定不考虑其他条件，逐项指出上述资料所列控制的设计是否存在缺陷。如认为存在缺陷，需要说明理由。将答案直接填入表格内。

事项序号	控制测试是否存在缺陷（是/否）	理由

4. 上市公司吉财公司是长税会计师事务所的常年审计客户，从事肉制品加工和销售。A注册会计师负责审计吉财公司2017年的财务报表，财务报表整体的重要性水平为100万元，财务报表的批准报告日为2018年4月30日。

资料一：2017年3月15日，媒体曝光甲公司某批次产品存在问题。在审计计划阶段A注册会计师就此事项与管理层进行沟通。

（1）受食品安全影响，吉财公司出现滞销，为恢复市场占有率，吉财公司未因本年度成本大幅上涨而提高售价，当年销量回升。

（2）吉财公司每年向母公司支付商标使用权费300万元，2017年母公司豁免该费用。

资料二：A注册会计师在审计工作底稿中记录了吉财公司的财务数据，部分内容摘录如下：

金额单位：万元

项目	未审数 2017年	已审数 2016年
营业收入	7 200	7 500
营业成本	4 900	5 000
管理费用——商标使用费	300	300
营业外收入——母公司豁免商标使用费	300	0

【要求】

针对资料一第（1）、（2）事项，结合资料二，假定不考虑其他条件，逐项指出资料一所列事项是否可能表明存在重大错报风险，如果认为可能表明存在重大错报风险，简要说明理由，并说明该风险主要与哪些财务报表项目的哪些认定相关（不考虑税务影响）。

事项序号	是否可能表明存在重大错报风险（是/否）	理由	财务报表项目名称及认定
（1）			
（2）			

5．吉财公司是长税会计师事务所的常年审计客户，拥有东银公司和财贸公司两家联营公司。吉财公司主要从事建材的生产、销售以及建筑安装工程。A注册会计师负责审计吉财公司2017年度财务报表，拟于2018年4月1日出具审计报告。财务报表整体的重要性为25万元。

资料一：A注册会计师在审计工作征稿中记录了所了解的吉财公司情况及其环境，部分内容摘录如下：

（1）吉财公司采用经销商买断方式销售a产品和b产品。2017年度，a产品的建议市场零售价、出厂价和单位生产成本较2016年基本没有变化。b产品是吉财公司2017年2月推出的新产品，其建议市场零售价比a产品高20%。a产品和b产品的单位生产成本接近，其出厂价分别低于各自建议市场零售价的10%和20%。

（2）a产品于2017年11月停产。2017年末，某经销商采用交款提货方式购买最后一批 a 产品。吉财公司已收到货款 200 万元,并已开具发票和发运凭单。经销商在验收时发现该批产品质量不符合合同要求,双方尚未就解决方案达成一致意见。

(3) 吉财公司于 2016 年起从事建筑安装工程,截至 2017 年末仅承揽一项业务,建造合同约定,工程建设期为 18 个月,工程总价为 500 万元,如果工程提前 3 个月完工,并且质量符合设计要求,客户另付 100 万元奖励款,工程于 2016 年 10 月 1 日开工,于 2017 年 12 月末基本完工。经监理人员认定,工程质量未达到设计要求,还需进一步施工。

资料二:A 注册会计师在审计工作底稿中记录了吉财公司的财务数据,部分内容摘录如下表所示。

金额单位:万元

项目	2017 年(未审数)				2016 年(已审数)			
	产品销售			建造合同	产品销售			建造合同
	a 产品	b 产品	c 产品		a 产品	b 产品	c 产品	
营业收入	100	50 000	840	500	20 000	0	0	100
营业成本	905	4 600	820	320	1 800	0	0	75
投资收益	(100)				(200)			
税前利润	500				400			
	a 产品	b 产品	c 产品		a 产品	b 产品	c 产品	
存货——产成品	0	1 000	7 380		400	0	0	
存货跌价准备	0	0	0		0	0	0	

【要求】

针对资料一第(1)~(3)项,结合资料二,假定不考虑其他条件,逐项指出资料一所列事项是否可能表明存在重大错报风险。如果认为存在重大错报风险,简要说明理由,并说明该风险主要与哪些财务报表项目(仅限于营业收入、营业成本、资产减值损失、财务费用、存货、长期应收款、长期股权投资和在建工程)的哪些认定相关。将答案填入下表内。

事项序号	是否可能表明存在重大错报风险(是/否)	理由	财务报表项目名称及认定
(1)			
(2)			
(3)			

6. 吉财公司是长税会计师事务所的常年审计客户,拥有东银公司和财贸公司两家联营公司。吉财公司主要从事建材的生产、销售以及建筑安装工程。A 注册会计师负责审计吉财公司 2017 年度财务报表,拟于 2018 年 4 月 1 日出具审计

报告。财务报表整体的重要性为 25 万元。

A 注册会计师在审计工作底稿中记录了实施的控制测试和实质性程序及其结果，部分内容摘录如下表所示。

序号	控制	控制测试和实质性程序及其结果
（1）	产品送达后，吉财公司要求客户的经办人员在发运凭单上签字。财务部将客户签字确认的发运凭单作为收入确认的依据之一	A 注册会计师对控制的预期偏差率为零，从收入明细账中抽取 25 笔交易，检查发运凭单是否经客户签字确认。经检查，有 2 张发运凭单未经客户签字。销售人员解释，这 2 批货物在运抵客户时，客户的经办人员出差。由于以往未发生过客户拒绝签收的情况，经财务部经理批准后确认收入。 A 注册会计师对上述客户的应收账款实施函证，回函结果表明不存在差异
（2）	如需对 ERP 系统中设定的生产成本计算方法和公式进行变更，财务部将系统变更申请在当月提交至信息技术部，由其在月末前完成变更	在检查信息技术部是否及时、恰当处理收到的申请时，A 注册会计师发现自 2017 年 11 月财务部提交的系统变更申请未在当月处理。 信息技术部解释当月由于工作繁忙，未及时更改，已通知财务部。财务人员解释，自 2017 年 11 月起，生产过程中新添加了某种辅料，因 ERP 系统尚未变更，财务人员通过手工计算调整生产成本。 A 注册会计师进行了相关测试，未发现生产成本计算错误
（3）	现金销售通过收银机集中收款，并自动生成销售小票和每日现金销售汇总表。财务人员将每日现金销售汇总表金额和收到的现金核对一致。除财务部经理批准外，出纳应在当日将收到的现金存入指定银行	注册会计师对控制的预期偏差率为零，抽取 25 张银行现金缴款单回单与每日现金销售汇总表进行核对，发现有 3 张银行现金缴款单回单的日期比每日现金销售汇总表的日期晚一天。 财务人员解释，由于当日核对工作结束较晚，银行已结束营业，经财务部经理批准，出纳将现金存入公司保险柜，并于次日存入银行。 A 注册会计师检查了财务部经理签字批准的记录，未发现异常

【要求】

针对资料第（1）~（3）项，假定这些控制的设计有效，根据控制测试和实质性程序及其结果，逐项指出内部控制运行是否有效，如认为运行无效，简要说明理由。将答案填入下表内。

事项序号	控制运行是否有效（是/否）	理由
（1）		
（2）		
（3）		

7. 吉财公司 2017 年 12 月 31 日应收账款总账余额为 20 000 万元，其所属明

细账中借方余额的合计数为 21 000 万元，贷方余额的合计数为 1 000 万元；其他应收款总账余额为 3 000 万元，该公司采用余额百分比法计提坏账准备，计提比例为 1%，计提金额为 230 万元。坏账准备的账户记录详见下表。

坏账准备明细账（简式）　　　　　　　　　　　　　单位：万元

日期	凭证字号	摘要	借方	贷方	余额
1~1		上年结转			100（贷方）
5~6	转字 37	核销坏账	50		50（贷方）
8~11	转字 87	核销坏账	60		-10（借方）
12~31	转字 98	计提本年的坏账准备		230	220（贷方）

【要求】

根据上述资料，指出坏账准备计提中存在的问题并进行纠正。

8. 长税会计师事务所 A 注册会计师在对吉财股份有限责任公司（上市公司）2017 年度会计报表进行审计的过程中，获取的该公司 2017 年 12 月 31 日的相关会计记录资料如下表所示。

金额单位：万元

项目名称	金额
银行存款	5 000
短期投资	600
应收票据	12 000
应收账款（净额）	75 000
其他应收款	24 000
存货	84 000
固定资产（净值）	97 800
应付账款	34 570
银行存款（抵押借款部分）	56 800
实收资本（内部职工及社会公共股）	18 000

【要求】

(1) 上述项目中适用函证程序的有哪些？

(2) 接受函证的对象有哪些？

(3) 函证的主要内容是什么？

(4) 可以选用的函证方式是什么？

填入下表。

项目名称	接受函证对象	函证的主要内容	函证方式

第十章 购货与付款循环审计

【**本章主要知识点**】通过本章的学习,了解购货与付款循环的内容和相关的内部控制;掌握购货与付款循环的控制测试和实质性测试程序,熟练掌握应付账款审计的重点、方法和固定资产及累计折旧的审计要点。

一、单项选择题

1. 下列活动中不属于购货与付款循环的是（   ）。
   A. 编制订购单
   B. 储存已验收的商品存货
   C. 确认记录与负债
   D. 办理和记录现金、银行存款收入

2. 下列各项中,不属于购货与付款循环的交易和账户的是（   ）。
   A. 应付账款   B. 销售费用
   C. 固定资产   D. 库存商品

3. 企业验收商品时,首先应与所收商品核对的是（   ）。
   A. 请购单的记录   B. 订购单的要求
   C. 运输凭单的数量   D. 付款单的金额

4. 下列单据中无须连续编号的是（   ）。
   A. 请购单   B. 订购单
   C. 验收单   D. 发运凭证

5. 企业编制付款凭单时,附上的单据不包括（   ）。
   A. 请购单   B. 订购单
   C. 验收单   D. 供应商发票

6. 应付账款部门要求记录现金支出的人员不得经手现金、有价证券和其他资产,体现的控制措施是（   ）。
   A. 职责的适当分离   B. 内部核查程序
   C. 正确的授权审批   D. 充分的凭证和记录

7. 在支票结算方式下,下列有关支票的控制表述中正确的是（   ）。
   A. 可以签发无记名的支票
   B. 已签署的支票后附的支持性凭证无须加盖印戳或打洞等方式注销

C. 为方便随时使用，销售人员可以一次性取若干空白支票

D. 应独立检查已签发支票的金额与其后附支持性凭证的总额的一致性

8. 下列关于记录现金、银行存款支出的有关控制，表述不恰当的是（　　）。

A. 通过定期比较银行存款日记账记录的日期与支票副本的日期，独立检查入账的及时性

B. 负责记录银行存款日记账的人员定期检查银行存款日记账与应付账款明细账的一致性

C. 会计主管定期检查银行存款日记账与支票汇兑记录的一致性

D. 独立编制银行存款余额调节表

9. 将本年实际销售毛利与以前年度和预算进行比较，这一程序属于（　　）。

A. 细节测试　　　　　　　　B. 控制测试

C. 分析程序　　　　　　　　D. 数字测试

10. 下列情况中，通常不需要函证应付账款的是（　　）。

A. 控制风险较高　　　　　　B. 存在大量余额较小的应付账款

C. 金额较大的应付账款账户　　D. 被审计单位处于财务困难阶段

11. 为了审查应付账款的计价与分摊认定，下列做法中最无效的是（　　）。

A. 对本期期末应付账款与上期期末余额进行比较，分析其波动原因

B. 分析长期挂账的应付账款，并要求被审计单位作出解释

C. 检查应付账款明细账对应的记账凭证是否附有原始凭证

D. 利用存货、主营业务收入和主营业务成本的增减变动幅度，判断应付账款增减变动的合理性

12. 下列对于固定资产期初余额进行审计的说法中，正确的是（　　）。

A. 在被审计单位以往未经审计情况下，注册会计师应抽取一部分固定资产进行仔细审计

B. 在被审计单位变更委托会计师事务所时，后任注册会计师借调、查阅前任注册会计师的有关审计底稿后，只需对固定资产实施一般性复核

C. 在连续审计的情况下，应注意与上期审计工作底稿中的固定资产和累计折旧的期末余额审定数核对相符

D. 注册会计师只需与被审计单位进行沟通，无须实施其他审计程序审查固定资产期初余额

13. 结合固定资产清理和待处理固定资产净损失科目，抽查固定资产账面转销额是否正确，与固定资产的（　　）认定有关。

A. 准确性　　　　　　　　　B. 真实性

C. 完整性　　　　　　　　　D. 计价与分摊

14. 审查固定资产的存在认定，注册会计师可采取的最有效的做法是（　　）。

A. 审阅法　　　　　　　　　B. 实地观察

C. 函证法　　　　　　　　　D. 分析法

15. 下列审计程序中,最难以证明固定资产所有权的是（   ）。
    A. 检查所有运输车辆的维护保养记录
    B. 检查融资租赁注入生产设备的租赁合同
    C. 检查所有建筑物的产权证明文件
    D. 检查本期外购办公设备的卖方发票
16. 在对应付账款进行函证时一般采用（   ）。
    A. 积极函证   B. 消极函证
    C. 积极或消极函证   D. 积极函证和消极函证结合
17. 下列说法中正确的是（   ）。
    A. 会计报表附注中不需要分类披露累计折旧在本期的增减情况
    B. 函证预付账款一般选金额较大的账户,不需考虑零账户
    C. 在建工程审计中,对于借款费用资本化,不需结合长期应付款进行审计
    D. 被审计单位是上市公司,会计报表附注不需披露对持有5%（不含5%）以下股份的股东单位应付票据内容

二、多项选择题

1. 购货与付款循环中购货环节主要的业务活动有（   ）。
   A. 编制购货计划   B. 储存已验收的商品
   C. 确认与记录负债   D. 维护供应商清单
2. 购货与付款循环主要涉及的单据和会计记录有（   ）。
   A. 卖方发票   B. 供应商对账单
   C. 转账凭证   D. 库存现金日记账
3. 下列属于付款业务内部控制应用的有（   ）。
   A. 购货与付款业务相关岗位及人员的设置情况
   B. 定期与供应商核对应付账款、应付票据、预付账款等往来款项
   C. 建立退货管理制度,对退货条件、退货手续、货物出库、退货货款回收等做出明确规定
   D. 严格管理有关单据、凭证、文件的使用和保管,促使凭证的登记、领用、传递、保管、注销手续健全
4. 应付账款的审计目标包括（   ）。
   A. 确定应付账款的发生和偿还记录是否完整
   B. 确定应付账款是否存在
   C. 确定应付账款的期末余额是否正确
   D. 确定应付账款的披露是否恰当
5. 固定资产的审计目标包括（   ）。
   A. 审查固定资产是否存在,是否归被审计单位所有
   B. 确定固定资产及其累计折旧的增减变动是否完整

C. 确定固定资产的计价和折旧政策是否恰当

D. 确定固定资产在会计报表中的披露是否正确

6. 寻找未记录的负债，可采取的做法有（　　）。

A. 复核供应商付款通知和供应商对账单，获取发票被遗失或未计入正确的会计期间的证据

B. 调查关于订购单、商品验收单和发票不符的例外报告，识别遗漏的交易或计入不恰当会计期间的交易

C. 符合截止审计外勤结束日记录在期后的付款，查找其是否在年底前发生的证据

D. 询问审计外勤结束时仍未支付的应付账款

7. 下列属于固定资产内部控制制度的有（　　）。

A. 授权批准制度　　　　　　　B. 账簿记录制度

C. 定期盘点制度　　　　　　　D. 调查制度

8. 为防止企业低估负债，注册会计师可以（　　）。

A. 检查被审计单位在资产负债表日未处理的不相符的购货发票

B. 检查被审计单位在资产负债表日有相关材料入库账凭证但未收到购货发票的经济业务

C. 检查应付账款明细账对应的记账凭证是否附有原始凭证

D. 检查资产负债表日后应付账款明细账贷方发生额的相应凭证，确认其入账时间是否正确

9. 购货与付款循环中常见的错弊和重大错报风险有（　　）。

A. 材料购货的计划和审批不严格

B. 材料验收和入库制度不严格

C. 已验收入库但发票未到的材料未按暂估价入账

D. 长期不与供货单位核对应付账款或预付账款

10. 下列属于固定资产实质性测试审计程序的有（　　）。

A. 获取或编制固定资产及其累计折旧分类汇总表，复核加计是否正确

B. 比较固定资产本期各月之间、本期与以前各期之间的修理及维护费用

C. 审计固定资产的增加和减少

D. 审查固定资产的所有权

11. 审查固定资产的所有权，下列表述正确的有（　　）。

A. 对外购的机器设备等固定资产，审核购货发票、购货合同等

B. 对于房地产类固定资产，查阅有关的合同、产权证明、财产税单、抵押贷款的还款凭证、保险单等文件

C. 对融资租入的固定资产，验证有关融资租赁合同，证实并非经营租赁

D. 对受留置权限制的固定资产，应审核被审计单位的有关负债项目等予以验证

12. 累计折旧的审计目标有（　　）。

A. 审查折旧政策和方法是否符合国家有关的财务会计制度

B. 确定累计折旧增减变动的记录是否完整

C. 审查累计折旧是否存在跨期现象

D. 确定折旧费用的计算、分摊，是否正确、合理和一贯

13. 注册会计师审查固定资产时应当调查（　　）。

A. 被审计单位是否有已完工的尚未交付使用的新增固定资产

B. 被审计单位是否有因改扩建等原因暂停使用的固定资产

C. 被审计单位是否有近期打算购置的固定资产

D. 被审计单位是否有多余或不适用的需要进行处理的固定资产

14. 购货与付款循环涉及的不相容职务分离包括（　　）。

A. 请购与审批

B. 询价与确定供应商

C. 购货、验收与会计记录

D. 付款审批与付款执行

15. 在购货与付款循环审计中，下列与内部控制设计合理的情况有（　　）。

A. 请购单既有仓库人员填制的，也有由车间、管理部门填制的

B. 请购应经公司预算部门批准

C. 验收人员出差期间，可由购货人员与仓储人员一起执行

D. 订购单预先编号并经过被授权的购货人员签名

16. 审查被审计单位是否存在高估固定资产数额时，审计人员可以采取的验证程序是（　　）。

A. 被审计单位新增加的固定资产替换原有固定资产，原有固定资产是否未做记录

B. 分析营业外收支账户

C. 向资产管理部门查询本年有无未作会计记录的固定资产减少业务

D. 复核固定资产保险

17. 审计人员针对融资租入固定资产实施审计程序时，除可以参照经营租赁相关审计程序外，还应审查（　　）。

A. 租入固定资产折旧的计提是否正确

B. 租入固定资产计价是否正确

C. 租入的固定资产是否属于企业必需

D. 租入固定资产是否已登入备查簿

三、名词解释

1. 购货与付款循环　　　　　　2. 融资租赁

3. 经营租赁

四、简答题

1. 购货与付款循环中常见哪些错弊和重大错报风险？
2. 购货与付款循环中内部控制主要有哪些内容？
3. 购货与付款循环的控制测试包括哪两个部分？
4. 固定资产内部控制制度及注册会计师实施控制测试评价的内容有哪些？
5. 如何识别采购与付款交易的差异并调查异常数据关系？
6. 应付账款审计的目标是什么？
7. 应付账款函证与应收账款函证有何异同？
8. 如何查找被审计单位低计或漏计的应付账款行为？
9. 对固定资产实施分析性复核测试审计程序的方法有哪些？
10. 固定资产的增加和减少的审计要点是什么？
11. 累计折旧的审计目标是什么？
12. 如何对累计折旧进行分析性复核？

五、业务分析题

1. 注册会计师在审查吉财公司应付账款项目时，分别实施了下表所示的审计程序，请分析每个程序，指出与程序相应的除了总体合理性、完整性之外一项最恰当的一般审计目标及其相应的管理当局认定。

代码	程序说明	审计目标与认定
A	获取或编制应付账款明细表，复核加计正确，并与明细账、总账、报表核对相符	机械准确性 估价或分摊
B	向在资产负债表日金额不大，但为被审计单位重要供货人的债权人发出肯定式函证	真实性 存在或发生
C	结合存货监盘，检查在资产负债表日是否存在有材料入库凭证但未收到购货发票的经济业务	截止 估价或分摊
D	检查应付账款是否存在借方余额，检查有无无法支付的应付账款，如有，查明原因	分类 表达与披露
E	对于用非记账本位币结算的应付账款，检查其采用的折算汇率是否正确	估价 估价或分摊

2. A 和 B 注册会计师对吉财股份有限公司 2017 年度会计报表进行审计。该公司 2017 年度未发生购并、分立和债务重组行为，供产销形势与 2016 年相当。公司提供的未经审计的 2017 年度合并会计报表附注的部分内容如下表所示。

固定资产原价和累计折旧项目附注

2017 年年末固定资产原值：49 580　　　　　　　　　　　　　　　金额单位：人民币万元

固定资产	年初余额	本年减少额	本年增加额	年末数
房屋建筑	20 930	2 655	21	23 564
通用设备	8 612	1 158	62	9 708
专用设备	10 008	3 854	121	13 741
运输工具	1 681	460	574	1 567
土地	472			472
其他设备	389	150	11	528
合计	42 092	8 277	789	49 580

2017 年累计折旧：11 296　　　　　　　　　　　　　　　　　　　金额单位：人民币万元

固定资产	年初余额	本年减少额	本年增加额	年末数
房屋建筑	3 490	898	31	4 357
通用设备	863	865	34	1 694
专用设备	3 080	1 041	20	4 101
运输工具	992	232	290	934
土地		15		15
其他设备	115	83	3	195
合计	8 540	3 134	378	11 296

【要求】

假定上述附注内容中的年初数和上年比较数均已审定无误，你作为 A 和 B 注册会计师，在审计计划阶段，请运用专业判断，必要时运用分析性复核的方法，分别指出上述附注内容中存在或可能存在的不合理之处，并简要说明理由。

3. 长税会计师事务所的 A 注册会计师负责审计吉财公司 2017 年度财务报表，审计工作底稿中与负债审计相关的部分内容摘录如下：

(1) 吉财公司各部门使用的请购单未连续编号，请购单由部门经理批准，超过一定金额还需总经理批准。A 注册会计师认为该项控制设计有效，实施了控制测试，结果满意。

(2) 为查找未付账的应付账款，A 注册会计师检查了资产负债表日后应付账款明细账贷方相关凭证，并结合存货监盘程序，检查了吉财公司资产负债表日前后的存货入库资料，结果满意。

(3) 由于 2018 年人员工资和维修材料价格连续上涨，吉财公司实际发生的产品质量保证支出大幅增加，A 注册会计师要求管理层就该差异进行追溯调整。

(4) 吉财公司有一笔账龄三年以上金额重大的其他应付款，因 2017 年度未发生变动，A 注册会计师未实施进一步审计程序。

【要求】

逐项指出 A 注册会计师的做法是否恰当，如不恰当，简要说明理由。

第十章 购货与付款循环审计

4. 审计人员审查某工厂固定资产时,发现该工厂将报废出售的某项固定资产的变价收入5 000元冲减"固定资产"账户(借:银行存款,贷:固定资产),并将发生的固定资产清理费用3 000元直接列入营业外支出(借:营业外支出,贷:银行存款)。同时了解到该项固定资产原始价值为50 000元,预计使用5年,预计残值2 000元,采用双倍余额递减法计提折旧,已使用3年并将其报废售给一家乡镇企业。

【要求】

(1) 指出该业务的财务处理是否正确,计算出有关数据并编制正确的会计分录。

(2) 指出该项业务的错误所在及其影响。

5. 审计人员在审查吉财股份有限公司2017年度固定资产折旧时,发现本年度1月初新增已投入生产使用的机床一台,原价为100 000元,预计净残值为10 000元,预计使用年限为5年,使用年数总和法对该项固定资产进行折旧,其余各类固定资产均用直线折旧法折旧,且该公司对这一事项在报表中未作揭示。

【要求】

根据上述情况,指出这一事项对被审计单位财务报表的影响,说明应如何处理。

6. 2018年1月,审计人员审查了吉财公司上年12月基本生产车间设备计提折旧情况。在审阅固定资产明细账和制造费用明细账时,发现如下记录。

(1) 1月末该车间设备计提折旧额12 000元,年折旧率为6%。

(2) 11月份购入设备一台,原值20 000元,已安装完工交付使用。

(3) 11月份将原来未使用的一台设备投入车间使用,原值10 000元。

(4) 11月份交外单位大修设备一台,原值50 000元。

(5) 11月份进行技术改造设备一台,当月交付使用,该设备原值为200 000元。技改支出50 000元,变价收入20 000元。

(6) 12月份该车间设备计提折旧21 000元。

【要求】

假定吉财公司2017年11月末计提折旧数正确,验证该企业该年12月份计提折旧数是否正确,如不正确,请做出调整分录。

7. 吉财公司是长税会计师事务所的常年审计客户。A注册会计师负责审计吉财公司2017年度财务报表,确定财务报表整体的重要性为240万元。

(1) A注册会计师在审计工作底稿中记录了所了解的吉财公司情况及其环境,部分内容摘录如下:吉财公司原租用的办公楼月租金为50万元。自2017年10月1日起,吉财公司租用新办公楼,租期一年,月租金80万元,免租期3个月。

(2) A注册会计师在审计工作底稿中记录了有关财务数据,部分内容摘录如下表所示。

金额单位：万元

项目	2017 年（未审数）	2016 年（已审数）
管理费用——污水处理	150	100
管理费用——租赁费	450	600
管理费用——研发费	0	200

【要求】

针对（1），结合（2），假定不考虑其他条件，指出（1）所列事项是否可能表明被审计单位存在重大错报风险，如果认为可能表明存在重大错报风险，简要分析理由，并说明该风险主要与哪些财务报表项目的认定相关（不考虑税务影响）。

事项序号	是否可能表明存在重大错报风险（是/否）	理由	财务报表项目名称及认定
（1）			

第十一章 生产与存货循环审计

【本章主要知识点】通过本章的学习，了解生产与存货循环审计的主要内容和相关的内部控制以及所涉及的账户；掌握生产与存货循环的实质性测试程序；掌握存货监盘的步骤、范围和方法，能进行存货成本审计、存货计价审计及存货的分析性复核。

一、单项选择题

1. 仓库部门发出原材料的依据是生产部门开出来的（　　）。
   A. 生产通知单　　B. 领料单　　C. 出库单　　D. 验收单
2. 生产部门将生产任务分配给生产工人的凭证依据是（　　）。
   A. 生产通知单　　　　　　　B. 产量统计记录表
   C. 生产统计报告　　　　　　D. 原材料通知单
3. 为了正确地核算产成品成本，对在产品进行有效控制，要控制好生产循环的两个系统，即（　　）。
   A. 加工流程和人员流程　　　　B. 实物流程和收付流程
   C. 人员流程和成本、价值流程　D. 实物流程和成本、价值流程
4. 下列业务活动中做法恰当的是（　　）。
   A. 生产工人完成生产工作后，直接将完成的产品交由检验人员办理入库手续
   B. 产成品入库由仓库部门直接签收并将入库数量通知会计部门
   C. 产成品的发出必须由独立的发运部门进行
   D. 出库单一式三联，分别交送至仓库部门、顾客以及发运部门留存
5. 注册会计师在对存货进行审计时，必不可少的一项审计程序是（　　）。
   A. 盘点　　B. 监盘　　C. 观察　　D. 函证
6. 下列关于存货盘点的说法正确的是（　　）。
   A. 存货盘点必须在临近会计期末时进行
   B. 注册会计师认为被审计单位盘点准备不足可以拒绝实地观察盘点
   C. 注册会计师对存货进行复盘可以抽取存货总量的5%
   D. 作废和空白的盘点标签不必归总回收

7. 存货计价审计的样本应当是（　　）。
   A. 结存余额较大的存货项目
   B. 数量较多的存货项目
   C. 流动频繁的存货项目
   D. 结存余额较大且价格变化频繁的项目
8. 与存货截止审计相关的认定是（　　）。
   A. 发生　　　　　B. 完整性　　　　　C. 计价与分摊　　　　D. 准确性
9. 在被审计单位盘点存货前，注册会计师实施的工作为（　　）。
   A. 跟随被审计单位的盘点人员对存货状况进行检查
   B. 观察存货盘点计划的执行状况
   C. 观察盘点现场存货的排列情况以及是否附有盘点标识
   D. 确定存货数量和状况记录的准确性
10. 对于被审计单位 A 寄放在 B 企业保管的 C 材料，注册会计师在制定存货监盘计划时不应当（　　）。
    A. 将 C 材料纳入存货的监盘范围
    B. 直接利用 A 企业的账簿记录确认该材料的账面价值
    C. 向 B 企业进行函证
    D. 当 C 材料占流动资产的比例较大时，应当考虑实施存货监盘或利用其他注册会计师的工作
11. 注册会计师由于天气原因无法赶到被审计单位实施现场监盘时，应当优先考虑的替代程序是（　　）。
    A. 另择日期实施监盘，并对间隔期发生的交易实施审计程序
    B. 通过评价被审计单位有关存货盘点的内部控制，来判断是否信赖被审计单位的存货盘点结果
    C. 在审计报告中说明审计范围因不可预见的情况受到限制
    D. 如果替代程序无法获取有关存货存在和状况的充分且适当的审计证据，则考虑是否发表非无保留意见
12. 在生产与存货循环的分析性复核中，注册会计师常运用的比率主要是（　　）。
    A. 存货周转率和毛利率　　　　　　B. 存货周转率和成本利润率
    C. 销售利润率和毛利率　　　　　　D. 营业利润率和存货周转率
13. 关于存货监盘设计，下列表述中正确的是（　　）。
    A. 监盘的理想时间是临近会计期末
    B. 如果企业有条件进行期中盘点，注册会计师可授权被审计单位管理层在盘点时代以监督，同时对盘存日和期末间的永续记录加以测试
    C. 如果企业的盘点在会计期末以后的时间进行，可根据实际情况编制从盘点日到期末的存货余额调节表
    D. 监盘的样本量可根据项目的数量来确定

14. 下列关于被审计单位储存产成品的说法中，不正确的是（　　）。
A. 产成品的保管由验收部门负责
B. 仓库部门在签收产成品后，将实际入库数量通知会计部门
C. 根据签收记录，仓库部门确立了其应承担的责任，并对验收部门的工作进行验证
D. 仓库部门应根据产成品的品质特征分类存放，并填制标签

15. 注册会计师在具体实施存货监盘程序时不应选择的做法是（　　）。
A. 针对因性质特殊而无法实施监盘的存货，应向客户或供应商进行函证
B. 注册会计师在被审计单位相关人员完成存货盘点后，进入存货存放地点对已盘点存货实施检查程序
C. 针对已质押存货，应向被审计单位债权人函证与被质押存货相关的内容
D. 针对受托代存的存货，应向存货所有权人进行函证

16. 下列有关对存货实施抽盘程序的说法中，错误的是（　　）。
A. 抽盘时如果发现抽盘差异，注册会计师应当考虑错误的潜在范围和重大程度，在可能的情况下，扩大检查范围以减少错误的发生
B. 注册会计师应尽可能地让被审计单位了解自己将测试的存货项目，以便双方协调提高效率
C. 抽盘的目的主要是获取有关盘点记录准确性和完整性的审计证据
D. 获取管理层完成的存货盘点记录的复印件有助于注册会计师日后实施审计程序，以确定被审计单位的期末存货记录是否准确地反映了存货的实际盘点结果

二、多项选择题

1. 领料单通常一式三联，分别用于（　　）。
A. 领料部门领料　　　　　　　B. 会计部门收发核算
C. 生产部门核对原料　　　　　D. 会计部门成本核算

2. 下列控制中属于成本费用管理控制的有（　　）。
A. 制定成本控制目标和成本计划　　B. 制定各项消耗定额
C. 定期进行成本费用考核与评价　　D. 定期检查费用预算执行情况

3. 对生产与存货循环实施控制测试，注册会计师可采取的做法有（　　）。
A. 检查不相容职责的分离
B. 抽查部分存货的入库和出库业务
C. 抽查盘点记录
D. 审查存货合同和业务程序

4. 存货盘点的参与人员通常有（　　）。
A. 审计人员　　　　　　　　　B. 被审计单位财务负责人
C. 被审计单位生产部门有关人员　D. 被审计单位管理层

5. 注册会计师同企业制订盘点计划的目的有（   ）。
   A. 使企业更加了解审计对存货盘点的要求
   B. 有利于注册会计师掌握企业存货管理情况
   C. 有利于注册会计师掌握企业对存货盘点的初步安排
   D. 方便被审计单位知道监盘的具体存货

6. 下列属于存货监盘程序的主要有（   ）。
   A. 参与存货实地盘点前的工作
   B. 调查企业存货盘点组织与准备工作
   C. 实施观察与抽点
   D. 撰写盘点备忘录，编制审计工作底稿

7. 存货监盘主要针对下列认定中的（   ）。
   A. 发生   B. 完整性
   C. 存在   D. 权利和义务

8. 确定监盘耗费时间长短时，注册会计师应当考虑（   ）。
   A. 有关实地盘点、永续记录的可靠性   B. 存货的总金额及种类
   C. 盘点存货项目的多少   D. 重要存货位置及数量

9. 在观察盘点和抽点过程中，注册会计师应当（   ）。
   A. 检查有无代人保存和来料加工的存货
   B. 有无未作账务处理而置于他处的存货
   C. 观察存货的残次冷背情况
   D. 将被审计单位存放或寄销在外的存货也纳入盘点范围

10. 在生产与存货循环的分析性复核中，注册会计师通常进行的简单比较包括（   ）。
    A. 比较前后各期及本年度各个月份存货余额及其构成，以评价期末存货余额及其构成的总体合理性
    B. 对每月存货成本差异率进行比较，以确定是否存在调节成本的现象
    C. 将存货余额与现有订单、资产负债表日后各期的销售额和下一年度的预测销售额进行比较，以评估存货滞销和跌价的可能性
    D. 比较前后各期各项费用及待处理流动资产损失，以评价其总体合理性

11. 下列有关生产与存货循环涉及的控制活动与其相关认定的对应关系的表述中，恰当的有（   ）。
    A. 产成品验收单连续编号的控制，与存货以及营业成本的完整性认定最相关
    B. 原材料出库单连续编号的控制，与存货以及营业成本的完整性认定最相关
    C. 生产通知单必须经授权审批的控制，与存货以及营业成本的完整性认定最相关
    D. 产成品发运通知单连续编号的控制，与营业成本的认定最相关

12. 注册会计师调查被审计单位内部控制现状常用的方法有（　　）。

A. 询问被审计单位有关人员

B. 查阅相关内部控制文件

C. 检查内部控制生成的文件和记录

D. 观察被审计单位的生产与存货业务活动和内部控制的运行情况

13. 存货周转率的波动可能意味着被审计单位存在（　　）。

A. 有意或无意地减少存货储备

B. 存货成本项目发生变动

C. 存货核算方法发生变动

D. 存货跌价准备计提基础或冲销政策发生变动

14. 毛利率的波动可能意味着被审计单位存在（　　）。

A. 销售价格发生变动

B. 固定制造费用比重较大时销售数量发生变动

C. 单位产品成本发生变动

D. 存货核算方法发生变动

15. 下列关于存货盘点的说法正确的有（　　）。

A. 为保证存货数量的准确，盘点时，企业各库房、各车间的存货必须停止流动，分类摆放

B. 编制连续编号的盘点标签或填写盘点清单，有条件的还应绘制存货摆放示意图，规划盘点路线

C. 盘点前召开盘点预备会议，将盘点计划或指令贯彻到每一位参与人员

D. 盘点开始前，注册会计师应亲临现场，密切注意企业的盘点现场及盘点人员的操作程序和盘点过程

16. 在被审计单位盘点结束之前，注册会计师应完成的工作有（　　）。

A. 复核盘点结果汇总记录，评估其是否正确反映了盘点结果

B. 再次观察盘点现场，以确定所有应纳入盘点范围内的存货是否均已盘点

C. 取得并检查已填用、作废及未使用盘点表单的号码记录，确定其是否连续编号，查明已发放的表单是否已全部收回，并与存货盘点的汇总记录进行核对

D. 如果存货盘点日不是资产负债表日，注册会计师应当实施适当的程序，确定盘点日与资产负债表日之间的存货变动是否已正确记录

三、名词解释

1. 存货监盘　　　　　　　　2. 存货截止审计

四、简答题

1. 生产循环中的主要内部控制有哪些？

2. 生产与存货循环常见的重大错报风险有哪些？
3. 生产与存货循环控制测试要点有哪些？
4. 存货的审计目标是什么？
5. 存货分析性复核常用哪些方法？
6. 为什么存货监盘是必不可少的一项审计程序？
7. 如何确定存货监盘的样本量？
8. 主营业务成本审计的要点有哪些？
9. 应付工资审计的要点有哪些？
10. 存货跌价准备实质性测试的审计程序有哪些？
11. 如何查核库存商品的计价方法？

五、业务分析题

1. A、B 注册会计师负责对常年审计客户吉财公司 2017 年度财务报表进行审计。吉财公司从事商品零售业，存货占其资产总额的 60%。除自营业务外，吉财公司还将部分柜台出租，并为承租商提供商品仓储服务。根据以往的经验和期中测试的结果，A、B 注册会计师认为，吉财公司有关存货的内部控制比较有效，计划于 2017 年 12 月 30 日实施存货监盘程序。A、B 注册会计师编制的存货监盘计划部分内容摘录如下。

（1）在到达存货盘点现场后，监盘人员观察代柜台承租商保管的存货是否已经单独存放并予以标明，确定其未被纳入存货盘点范围。

（2）在吉财公司开始盘点存货前，监盘人员在拟检查的存货项目上做出标识。

（3）对以标准规格包装箱包装的存货，监盘人员根据包装箱的数量及每箱的标准容量直接计算确定存货的数量。

（4）在存货监盘过程中，监盘人员除关注存货的数量外，还需要特别关注存货是否出现毁损、陈旧、过时及残次等情况。

【要求】

（1）逐项指出是否存在不当之处。如果存在，简要说明理由。

（2）假设因雪灾导致监盘人员于原定存货监盘日未能到达盘点现场，指出注册会计师应当采取何种补救措施。

2. 吉财公司是一定专营商品零售的股份公司。长税会计师事务所在接受其审计委托后，派 L 注册会计师担任该审计的项目外勤负责人，并将签署审计报告。经过审计预备调查，L 注册会计师确定存货项目为重点审计领域，同时决定根据会计报表认定确定存货项目的具体审计目标，并选择相应的具体审计程序以保证审计目标的实现。

【要求】

假定下列表格中的具体审计目标已经被 L 注册会计师选定，L 注册会计师应当确定的与各具体审计目标最相关的会计报表认定和最恰当的审计程序分别是什么？（根据表后列示的会计报表认定及审计程序，分别选择一项，并将选择结果的编号填入表格中。对每项会计报表认定和审计程序，可以选一次、多次或不选。）

会计报表认定	具体审计目标	审计程序
	公司对存货均拥有所有权	
	记录的存货包括了公司所有的在库存货	
	已按成本与可变现净值孰低法调整期末存货的价值	
	存货成本计算准确	
	存货的主要类别和计价基础已在会计报表恰当披露	

会计报表认定	审计程序
(1) 完整性 (2) 存在或发生 (3) 表达和披露 (4) 权利和义务 (5) 估价或分摊	(6) 检查现行销售价目表 (7) 审阅会计报表 (8) 在监盘存货时，选择一定样本，确定其是否包括在盘点表内 (9) 选择一定样本量的存货会计记录，检查支持记录的购货合同和发票 (10) 在监盘收货时，选择盘点内一定样本量的存货记录，确定存货是否在库 (11) 测试直接人工费用的合理性

3. 注册会计师 A 在对吉财公司的存货项目的相关内容控制制度进行评价研究后，发现该公司存在以下六种可能导致错误的情况：

（1）所有存货都未经认真盘点。

（2）接近资产负债表日前入库的产成品可能已计入存货项目，但可能未进行相关的会计记录。

（3）由东银公司代管的 M 材料可能并不存在。

（4）东银公司存放在该公司仓库内的 N 材料可能已计入该公司的存货项目中。

（5）存货计价方法已作变更。

（6）吉财公司以前年度未曾接受审计。

【要求】

按照下列要求，将答案填列在表格中。

情况	审计程序	审计目标	证据种类
(1)			
(2)			
(3)			
(4)			
(5)			
(6)			

4. 吉财股份有限公司 2016 年度的会计报表由长税会计师事务所的注册会计师甲和乙进行审计，并发表了无保留意见审计报告。之后，长税会计师事务所与吉财股份有限公司续签了 2017 年度会计报表的业务约定书。在关于 2017 年会计报表审计的计划阶段，甲和乙注册会计师已确定了会计报表的重要性水平为 400 万元，其中存货项目的重要性水平为 80 万元。2018 年 4 月 7 日，甲和乙注册会计师在审查吉财股份有限公司 2017 年度的生产成本等项目前，经符合性测试认为公司关于成本项目的内部控制制度可以高度信赖。下表是甲和乙注册会计师收集的该公司上期及本期的有关资料（单位：万元）。

年份	年末存货余额	主营业务成本	主营业务收入	存货周转率	毛利率
2017	8 111	31 967	40 480	3.94	21%
2016	7 993	31 892	39 977	3.99	20%

【要求】

假定近两年市场情况平稳，吉财股份公司的生产经营情况平稳，并且甲和乙注册会计师通过对成本项目的实质性测试已合理确认主营业务成本的数额，请指出存货项目、主营业务收入项目可能存在的问题，并说明理由。

5. 注册会计师郑直与宫允对吉财公司下属的小企业 2017 年 12 月生产费用明细账和产品成本计算单进行审计，发现下列问题（账簿记录显示在产品投料程度为 100%，加工程度为 50%）。

（1）12 月 31 日曾以假投料办法多转材料 20 000 元。

（2）本月多摊低值工具用具费 2 400 元。

（3）本月多计生产工人的福利费 10 320 元。

（4）根据账面资料，12 月生产产品 1 000 件，月末在产品盘存 200 件。

产品成本计算单
2017 年 12 月
单位：元

成本项目	月初在产品成本	本月生产费用	生产费用合计	产成品成本	月末在产品成本
直接材料	29 400	94 600	124 000	100 000	24 000
直接人工	7 560	32 760	40 320	36 000	4 320
制造费用	17 640	76 440	94 080	84 000	10 080
合计	54 600	203 800	258 400	220 000	38 400

【要求】

根据上述资料，纠正有关错误，重编产品成本计算单，并指出该公司存在的问题。

6. 注册会计师 B 负责审计吉财公司 2017 年度的财务报表，该公司为一家生产彩电的企业，共有职工 1 000 名。2017 年 2 月，公司以其生产成本为每台 5 000

元的超大型平板彩电和外购的每台不含税价格为 500 元的电暖气作为春节福利发放给公司职工。该型号超大型平板彩电售价每台为 7 000 元，该公司适用的增值税税率为 17%。该公司购买电暖气出具了增值税专用发票，增值税税率为 17%。1 000 名职工中 850 名为直接参加生产的职工，150 名为总部管理人员。该公司年末对上述事项未作账务处理。

（资料来源：秦荣生等主编，《审计学》，中国人民大学出版社 2014 年版）

【要求】
请代注册会计师 B 指出上述行为存在的问题，并指明正确的账务处理。

7. 吉财公司是长税会计师事务所的常年审计客户，拥有东银公司和财贸公司两家联营公司。吉财公司主要从事建材的生产、销售以及建筑安装工程。A 注册会计师负责审计吉财公司 2017 年度财务报表，拟于 2018 年 4 月 1 日出具审计报告。财务报表整体的重要性为 25 万元。

资料一：A 注册会计师在审计工作征稿中记录了所了解的吉财公司情况及其环境，部分内容摘录如下。

（1）a 产品于 2017 年 11 月停产。2017 年末，某经销商采用交款提货方式购买最后一批 a 产品。甲公司已收到货款 200 万元。并已开具发票和发运凭单。经销商在验收时发现该批产品质量不符合合同要求，双方尚未就解决方案达成一致意见。

（2）吉财公司的记账本位币为人民币。2017 年 9 月，吉财公司与某德国客户签订合同，按固定销售价格定制 10 000 件 c 产品，以欧元计价和结算。吉财公司一次性投料生产该批产品，并于 2017 年 10 月 1 日销售 1 000 件，其余 9 000 件按合同约定于 2018 年 1 月销售。吉财公司未生产其他批次 c 产品（假定 2017 年 10 月 1 日即期汇率为：1 欧元 = 8.4 元人民币，2017 年 12 月 31 日即期汇率为：1 欧元 = 8 元人民币）。

资料二：A 注册会计师在审计工作底稿中记录了吉财公司的财务数据，部分内容摘录如下表所示。

金额单位：万元

项目	2017 年（未审数）				2016 年（已审数）			
	产品销售			建造合同	产品销售			建造合同
	a 产品	b 产品	c 产品		a 产品	b 产品	c 产品	
营业收入	100	50 000	840	500	20 000	0	0	100
营业成本	905	4 600	820	320	1 800	0	0	75
投资收益	(100)				(200)			
税前利润	500				400			
	a 产品	b 产品	c 产品		a 产品	b 产品	c 产品	
存货——产成品	0	1 000	7 380		400	0	0	
存货跌价准备	0	0	0		0	0	0	

【要求】

针对资料一第（1）和第（2）项，结合资料二，假定不考虑其他条件，逐项指出资料一所列事项是否可能表明存在重大错报风险。如果认为存在重大错报风险，简要说明理由，并说明该风险主要与哪些财务报表项目（仅限于营业收入、营业成本、资产减值损失、财务费用、存货、长期应收款、长期股权投资和在建工程）的哪些认定相关。将答案填入表格内。

事项序号	是否可能表明存在重大错报风险（是/否）	理由	财务报表项目名称及认定
（1）			
（2）			

8. 长税会计师事务所注册会计师于 2018 年 3 月 15 日对吉财公司 2017 年会计报表进行审计。注册会计师在审查公司管理费用明细账时，发现下列情况：

（1）支付职工暑期降温费 60 000 元；

（2）租入包装抵押金 50 000 元；

（3）在建工程领用材料 80 000 元；

（4）车间耗用水电费 30 000 元；

（5）支付税收滞纳金及罚金 40 000 元。

【要求】

指出上述情况存在的问题，并做出相应调整的会计分录。

9. 注册会计师闫戈在观察被审计单位存货实地盘点时，注意到下列特殊项目：

（1）产成品储存室有数台电动机没有悬挂盘点单，经查询，据说是被审计单位的承销品；

（2）验收部门有切片机一台（为被审计单位的主要产品之一），盘点单上标明"重做"字样；

（3）运输部门有一台已装箱的切片机，没有悬挂盘点单，据称该机已售给 A 公司；

（4）一小型仓库内存有 5 种布满灰尘的原材料，每种原材料均挂有盘点单，经注册会计师闫戈抽点，与盘点单的记录相符。

【要求】

分别指出对这些项目应进一步实施哪些审计程序？

10. 吉财公司系长税会计师事务所的常年审计客户，主要从事电子产品的生产和销售。长税会计师事务所委派 X 注册会计师担任吉财公司 2017 年度财务报表审计项目合伙人。在审计存货时，X 注册会计师编制了相关工作底稿，部分内容摘录如下表所示。

资料一：

金额单位：万元

吉财公司					索引号：B1-1
原材料审计表		编制：（略）		日期：2018年3月5日	
截至2017年12月31日		审核：（略）		日期：2018年3月5日	
	索引	2017年			2016年
		未审数	审计调整	审定数	已审数
A原材料	注释1	40		40	100
B原材料	注释2	200	50	250	450
C原材料	注释3	50	-20	30	200
……（略）	（略）	……（略）	……（略）	……（略）	……（略）
减：存货跌价准备	B1-3	0	0	0	0
合计		2 000	-60	1 940	1 800

注释1：A原材料主要用于生产A产品。
A原材料2017年末结存数量与2016年末基本保持一致，但结存金额比2016年末有所减少。主要原因是：A原材料供应商从2017年初开始向甲公司提供采购折扣（年末一次性结算）。甲公司在2017年12月31日收到A原材料供应商支付的2017年度采购折扣60万元，并相应冲减A原材料2017年末结存成本60万元。我们检查了采购合同、供应商出具的采购折扣结算明细表以及相关的银行进账单据，没有发现异常。审计处理建议：无须提出审计调整建议。
注释2：B原材料主要用于生产B产品。
根据B原材料盘点结果，2017年末结存金额未包括于2017年12月31日已入库但尚未收到采购发票的50万元B材料。审计处理建议：已提出审计调整建议，于2017年末补计已入库的B原材料50万元。
注释3：C原材料主要用于生产C产品。
根据C原材料盘点结果，2017年末结存金额中有20万元的C原材料在2017年12月31日收到采购发票，但于2018年1月1日才实际收到入库。审计处理建议：已提出审计调整建议，于2017年末冲回尚未收到入库的C原材料20万元。
注释……：（略）

资料二：

金额单位：万元

吉财公司					索引号：B1-2
产成品审计表		编制：（略）		日期：2018年3月5日	
截至2017年12月31日		审核：（略）		日期：2018年3月5日	
	索引	2017年			2016年
		未审数	审计调整	审定数	已审数
A产品	注释1	450		450	150
B产品	注释2	280	40	320	500
C产品	注释3	170	20	190	300
……（略）	（略）	……（略）	……（略）	……（略）	……（略）
减：存货跌价准备	B1-3	0	0	0	0
合计		3 000	100	3 100	2 800

续表

> 注释1：A产品是甲公司目前最畅销的产品，2017年平均每月销售量约20 000件，并且预计2018年的售价和销量都将有所上升。
> 根据A产品盘点结果，2017年末结存金额中未包括已于2017年12月31日对外开具销售发票但未发货的1 000件A产品（成本30万元）。据吉财公司销售经理介绍，客户实际于2017年12月31日向甲公司采购共计2 000件A产品，吉财公司已于2017年12月31日向客户开具2 000件的销售发票，并确认销售收入。其中1 000件已于2017年12月31日交付客户。由于吉财公司仓库于2017年末工作繁忙，剩余1 000件实际于2018年1月10日交付客户。吉财公司销售经理表示客户知道吉财公司延迟发货的安排，且未提出异议。我们检查了吉财公司于2017年12月31日开具的销售发票，以及于2018年1月10日的交货记录，没有发现异常。审计处理建议：无须提出审计调整建议。
> 注释2：B产品曾经是吉财公司的主要产品之一，但随着A产品的推出，月销量已由2017年1月的约10 000件下降至2017年12月的约3 000件，并且预计2018年的售价和销量都将继续下跌。事实上，吉财公司已于2018年2月初宣布B产品降价10%。
> 2017年12月末销售的1 000件B产品（成本为40万元）在2018年1月5日被退回。吉财公司相应冲减了2018年1月的主营业务收入。我们检查了相关销货退回协议以及2018年1月5日的入库记录，没有发现异常。审计处理建议：已提出审计调整建议，冲回该1 000件B产品于2017年度所确认的相关主营业务收入、主营业务成本和应收账款，并相应调整增加2017年末B产品余额40万元。
> 注释3：C产品已于2018年2月起停产。
> 我们对C产品于2017年12月31日的发出计价进行了测试（索引号（略）），注意到C产品于2017年12月结转主营业务成本所用的单位成本计算有误，导致多转主营业务成本20万元。审计处理建议：已提出审计调整建议，冲回C产品于2017年度多结转的主营业务成本20万元，并相应调整增加2017年末C产品余额20万元。
> 注释……：（略）

资料三：

金额单位：万元

吉财公司					索引号：B1-2	
存货跌价准备审计表			编制：（略）		日期：2018年3月5日	
截至2017年12月31日			审核：（略）		日期：2018年3月5日	
	索引	结存成本	可变现净值	应计提的跌价准备	账面已计提的跌价准备	差异
A原材料	注释1	40	120	0	0	0
B原材料	注释1	200	210	0	0	0
C原材料	注释1	50	55	0	0	0
……（略）	（略）	……（略）	……（略）	……（略）	……（略）	……（略）
小计		2 000		0	0	0
A产品	注释2	450	590	0	0	0
B产品	注释2	280	290	0	0	0
C产品	注释2	170	180	0	0	0
……（略）	（略）	……（略）	……（略）	……（略）	……（略）	……（略）
小计		3 000		0	0	0

续表

注释1：原材料可变现净值按照于2017年12月31日的相关原材料市场价格扣除对外转让原材料的预计销售费用和相关税费确定。 我们核对了相关原材料供应商于2017年12月31日的报价、预计销售费用和税费的计算表（索引号（略）），没有发现差异。审计处理建议：无须提出审计调整建议。 注释2：产成品可变现净值按照于2017年12月31日的相关产品销售价格扣除必要销售费用和相关税费确定。 我们核对了吉财公司相关产品于2017年12月31日的售价目录以及预计销售费用和税费的计算表（索引号（略）），没有发现差异。审计处理建议：无须提出审计调整建议。 注释……：（略）

【要求】

（1）针对资料一的注释1至注释3，假定不考虑其他条件，逐项指出相关审计处理建议是否存在不当之处，并简要说明理由。如果存在不当之处，简要提出改进建议。

资料一的注释	审计处理建议是否存在不当之处（是/否）	理由	改进建议
注释1			
注释2			
注释3			

（2）针对资料二的注释1至注释3，假定不考虑其他条件，逐项指出相关审计处理建议是否存在不当之处，并简要说明理由。如果存在不当之处，简要提出改进建议。

资料二的注释	审计处理建议是否存在不当之处（是/否）	理由	改进建议
注释1			
注释2			
注释3			

（3）针对资料三，结合资料一和资料二，假定不考虑其他条件，指出资料三所列的存货跌价准备审计表的内容存在哪些不当之处。

（4）针对资料三，结合资料一和资料二，假定不考虑其他条件，针对A原材料、B原材料和C原材料，以及A产品、B产品和C产品，逐项指出是否存在需要建议吉财公司计提存货跌价准备的情况，并简要说明理由。

存货项目	是否存在需要建议吉财公司计提存货跌价准备的情况（是/否）	理由
A 原材料		
B 原材料		
C 原材料		
A 产成品		
B 产成品		
C 产成品		

第十二章 筹资与投资循环审计

【本章主要知识点】通过本章的学习,了解筹资与投资循环的业务活动和相关的内部控制及所有者权益的内部控制;熟悉筹资与投资循环的控制测试和实质性测试程序,掌握借款审计、所有者权益审计、投资审计的方法与技能。

一、单项选择题

1. 企业发行股票每次必须经过授权批准的部门是（　　）。
   A. 管理层
   B. 董事会
   C. 企业最高权力机构及国家有关管理部门
   D. 监事会

2. 关于应付债券的内部控制,下列表述中正确的是（　　）。
   A. 应付债券的发行要有正式的授权程序,每次均要由总经理授权
   B. 申请发行债券时,应履行审批手续,向有关机关递交相关文件
   C. 记录应付债券业务的会计人员可以参与债券发行
   D. 不是每种债券发行都必须签订债券契约

3. 注册会计师拟对被审计单位与借款活动相关的内部控制进行测试,下列程序中不属于控制测试程序的是（　　）。
   A. 索取借款的授权批准文件,检查批准的权限是否恰当、手续是否齐全
   B. 观察借款业务的职责分工,并将职责分工的有关情况记录于审计工作底稿
   C. 计算短期借款、长期借款在各个月份的平均余额,选取使用的利率匡算利息支出总额,并与财务费用等项目的相关记录核对
   D. 抽取借款明细账的部分会计记录,按照原始凭证到明细账再到总账的顺序核对有关会计处理过程,以判断其是否合规

4. 在筹资与投资活动中,注册会计师应索取被审计单位合同、协议,这主要是为了证实投资与筹资业务的哪项认定（　　）。
   A. 存在　　　　　　　　　　　B. 分类
   C. 完整性　　　　　　　　　　D. 准确性

5. 筹资与投资循环的特征是,年内交易笔数少、每笔金额较大、出现错弊

影响大，针对这个特点，在审计时可以采用的审计方法是（　　）。

　　A. 抽样方法　　　　　　　　　　B. 实质性分析程序

　　C. 大量的控制测试　　　　　　　D. 细节测试

6. 对于筹资与投资循环的内部控制测试，如果企业的应付债券、发行股票等业务不多，注册会计师应当采用（　　）。

　　A. 实质性方案　　　　　　　　　B. 控制测试

　　C. 综合性方案　　　　　　　　　D. 实质性分析程序

7. 注册会计师检查一年内到期的长期负债是否列示于流动负债类下，为了验证筹资与投资循环的认定是（　　）。

　　A. 完整性　　　　　　　　　　　B. 存在或发生

　　C. 列报　　　　　　　　　　　　D. 权利与义务

8. 为确定"长期借款"账户余额的真实性，注册会计师函证的对象是（　　）。

　　A. 公司的律师　　　　　　　　　B. 金融监管机关

　　C. 银行或其他有关债权人　　　　D. 公司的主要股东

9. 当发现记录的债券利息费用大大超过相应的应付债券账户余额与票面利率乘积时，注册会计师应当怀疑（　　）。

　　A. 应付债券的折价被低估　　　　B. 应付债券被高估

　　C. 应付债券被低估　　　　　　　D. 应付债券的折价被高估

10. 企业发生的下列事项中，影响"投资收益"的是（　　）。

　　A. 交易性金融资产持有期间收到不属于包含在买价中的现金股利

　　B. 期末交易性金融资产的公允价值大于账面价值

　　C. 期末交易性金融资产的公允价值小于账面价值

　　D. 交易性金融资产持有期间收到包含在买价中的现金股利

11. 对盈余公积的使用，注册会计师应主要审查（　　）。

　　A. 是否合规　　　　　　　　　　B. 是否经过批准

　　C. 有无效益　　　　　　　　　　D. 是否合规和是否经过批准

12. 下列行为中，不需要办理有关资本变动法定审批手续的是（　　）。

　　A. 转让资本　　　　　　　　　　B. 对外投资

　　C. 增加资本　　　　　　　　　　D. 减少资本

13. 计算投资收益占利润总额的比例，并将其与各年比较，可以看出被审计单位（　　）。

　　A. 投资的真实性　　　　　　　　B. 投资会计处理是否正确

　　C. 投资是否为被审计单位所有　　D. 投资的增减变动是否完整

14. 注册会计师对资本公积进行实质性测试的内容不包括（　　）。

　　A. 检查拨款转入　　　　　　　　B. 检查股票发行溢价

　　C. 检查在税后利润中的提取情况　D. 检查外币资本折算差额

二、多项选择题

1. 下列属于筹资与投资循环的特点的有（　　）。
   A. 审计年度内筹资与投资循环的交易次数较多
   B. 审计年度内筹资与投资循环的每笔交易金额较大
   C. 漏记或不恰当地对一笔业务进行处理，将会导致重大错报
   D. 筹资与投资循环交易必须遵守国家的法律法规以及契约的规定
2. 对外投资不相容岗位包括（　　）。
   A. 对外投资预算的编制与审批
   B. 对外投资项目的分析论证与评估
   C. 对外投资的决策与执行
   D. 对外投资处置的审批与执行
3. 下列属于筹资的主要业务活动的有（　　）。
   A. 融资审批授权
   B. 签订融资合同或协议
   C. 取得投资收益
   D. 记录和保管有价证券
4. 下列属于投资的主要业务活动的有（　　）。
   A. 取得证券或其他投资
   B. 转让证券或收回其他投资
   C. 计算利息或股利
   D. 偿还本息或发放股利
5. 下列属于筹资与投资循环常见的重大错报风险的有（　　）。
   A. 在筹资计划环节预算失误，造成资金流量短缺或冗余
   B. 随意改变长期股权投资会计核算方法
   C. 投资收益与投资不配比
   D. 借款费用的会计处理不恰当，费用化和资本化混淆
6. 投资活动的内部控制主要内容包括（　　）。
   A. 合理的职责分工
   B. 健全的资产保管制度
   C. 严格的记名登记制度
   D. 完善的定期盘点制度
7. 对于筹资与投资循环的控制测试，注册会计师可用（　　）。
   A. 抽查法　　B. 审阅法　　C. 追踪法　　D. 详查法
8. 筹资活动控制测试主要有（　　）。
   A. 检查企业的筹资活动是否经过授权批准
   B. 检查筹资活动的授权、执行、记录和实物保管是否严格分离，是否存在由一人同时执行两项以上业务
   C. 确认被审计单位所有借款的会计处理是否正确
   D. 查明筹资活动是否建立了严密的账簿体系和记录制度，并进行定期检查
9. 投资活动控制测试主要有（　　）。
   A. 审查长期借款的增加和减少
   B. 投资业务的核算是否符合有关财务制度的规定，投资收益的会计处理是

否正确

C. 检查对投资收益的监控是否适当

D. 检查控制执行留下的轨迹

10. 对投资活动内部控制检查、评价，注册会计师可以采取的程序有（   ）。

A. 审查单位是否建立对外投资决策环节的控制制度，对外投资预算的编制和审批，投资建议的提出、分析与论证，项目立项，可行性研究，评估，决策等

B. 审查单位是否加强对外投资资产投出业务的控制，对投资合同的签订、投资计划的编制和实施、资产投出等有无做出明确规定

C. 检查单位是否加强对外投资处置的控制，对投资收回、转让、核销等的授权批准程序有无做出明确规定

D. 审查单位是否建立健全对外投资内部控制的监督检查制度，明确监督检查部门和人员的职责权限，定期或不定期地进行检查

11. 注册会计师对借款进行实质性测试时，一般应获取的审计证据包括（   ）。

A. 银行存款信用情况

B. 借款的合同和授权批准文件

C. 相关抵押资产的所有权证明文件

D. 重大借款的函证回函和逾期借款的展期协议

12. 为测试期末长期借款余额的完整性，下列程序中可能有效的有（   ）。

A. 了解银行对 C 公司的授信情况

B. 检查长期银行借款名字张忠本年新增借款的银行进账单

C. 向提供长期银行借款的银行寄发银行询证函

D. 重新计算并分析当期长期借款利息

13. 要审查债券交易的有关原始凭证，验证其合法性，注册会计师可采取的做法有（   ）。

A. 审查被审计单位现有债券副本，确定其发行是否合法，各项内容是否同相关的会计记录相一致

B. 审查被审计单位发行债券所收入现金的收据、汇款通知单、送款登记簿及相关的银行对账单

C. 审查用以偿还债券的支票存根，并审查利息费用的计算

D. 如有抵押或担保，还应审查相关契约的履行情况

14. 下列属于投资审计的目标的有（   ）。

A. 审查投资是否归被审计单位所有

B. 确认投资的增减变动及其收益或损失的记录是否完整

C. 审查确认投资的计价方法是否正确、投资的年末余额是否正确

D. 审查投资在会计报表中的披露是否恰当

15. 下列属于对投资的分析性复核程序的有（   ）。
    A. 审查投资的入账价值是否符合投资合同、协议的规定，会计处理是否正确
    B. 计算短期股票投资、长期股权投资、期货等高风险投资所占的比例，分析短期投资和长期投资的安全性
    C. 通过核对被审计单位有关货币资金账户和"长期投资——投资收益"账户，审查被审计单位所获得的股利收入是否得到适当、正确的记录
    D. 将重大投资项目与以前年度进行比较，分析是否存在异常变动

16. 注册会计师在审查投资的入账价值是否符合投资合同、协议的规定，会计处理是否正确时，应当明确（   ）。
    A. 短期投资以企业取得短期投资时实际支付的全部价款数入账，包括税金、手续费等相关费用，但不包括在取得一项短期投资时实际支付的价款中包含的已宣告而尚未发放的现金股利和已到期尚未领取的债券利息
    B. 如果企业以实物或无形资产折价入股形式进行长期股权投资，注册会计师应查阅有关评估报告或协议文件等来验证长期股权投资入账价值的适当性
    C. 如果是以货币资金购买股票，应以所支付的价款作为长期股权投资的入账价值。若企业实际支付的价款中含有已宣告尚未发放的股利，则应按认购股票实际支付价款扣除已宣告尚未发放的股利作为长期股权投资的入账价值
    D. 企业以认购债券的形式进行长期投资，无论是按面值认购债券还是按溢价或折价认购债券，均应以企业实际支付的价款作为长期债权投资的入账价值

17. 下列各项中属于投资实质性测试的审计程序的有（   ）。
    A. 实地盘点投资资产，并审查账实是否相符
    B. 审查投资收益反映得是否真实、充分
    C. 审查长期投资业务是否符合国家的限制性规定
    D. 审查长期投资与短期投资在分类上相互划转的会计处理是否正确

18. 所有者权益审计主要包括（   ）。
    A. 实收资本审计   B. 资本公积审计
    C. 盈余公积审计   D. 未分配利润审计

19. 由于所有者权益增减变动的业务较少、金额较大的特点，注册会计师在审计了被审计单位的资产和负债之后，往往只花费相对较少的时间对所有者权益进行审计，通常采用（   ）。
    A. 详查法   B. 抽查法
    C. 控制测试   D. 实质性测试

20. 下列属于股本的实质性测试审计程序的有（   ）。
    A. 审阅公司章程、实施细则和股东大会、董事会会议记录，以确定被审计

单位股本的交易是否符合有关的法规规定及股东大会或董事会的决议
B. 检查股东是否按照公司章程、合同、协议规定的出资方式出资,各种出资方式的比例是否符合规定
C. 审查股票的发行、收回及有关的原始凭证和会计记录,验证股票发行、收回是否确实存在
D. 索取或编制股本明细表,作为永久档案存档,以供本年和以后年度审查股本时使用

三、名词解释

1. 筹资活动　　　　　　　　　　　　　　2. 投资活动

四、简答题

1. 筹资与投资循环常见的重大错报风险有哪些?
2. 筹资活动中的主要内部控制有哪些?
3. 投资活动中的主要内部控制有哪些?
4. 筹资与投资循环审计的特点及审计对策是什么?
5. 简述短期借款实质性测试审计的要点。
6. 简述长期借款实质性测试审计的要点。
7. 简述应付债券实质性测试的审计要点。
8. 投资审计的目标是什么?
9. 简述所有者权益审计的特点和常用的方法。
10. 如何审查实收资本的增减变动?

五、业务分析题

1. 注册会计师在审查吉财股份有限公司2017年12月31日资产负债表中的"应付债券"项目时,收集到下列资料:
(1) 本年度该公司发行为期5年的公司债券,债券合同中规定,凡违反合同内任何条款,所有公司债券立即自动到期;
(2) 公司应保持不低于1∶1的速动比率,如果低于该比率,该年度中公司高级管理人员的工资应低于60万元;
(3) 该公司应将为公司债券担保的财产,按其实际价值向保险公司投保;
(4) 该公司提供担保的财产,应按规定及时纳税。
【要求】
针对上述情况,注册会计师除评价应付债券的内部控制系统外,还应审查哪些内容?

2. 注册会计师郑直在审查吉财公司 2017 年度会计报表时，列示了针对投资业务项目目标，见下表。请根据管理当局对投资业务的认定、注册会计师对投资业务的一般审计及项目审计目标之间的关系，指出与每个一般目标相对应的管理当局认定及一个项目目标。将你所确定的与一般目标相对应的管理当局认定列示在本题第二张表的第一列相应位置上，并将对应的项目目标的代码填列在表中第三列相应位置上。注意：每个项目目标必须且只能选择一次。

注册会计师郑直针对投资业务列示的项目目标如下表所示。

代码	项目审计目标
A	投资业务中是否存在已转让但尚未记录的情况
B	投资业务的入账时间与完成投资交易的时间属于同一个适当的会计期间
C	已计提减值准备的投资业务市价回升后，是否已进行及时的会计处理
D	向客户索取的投资明细表与客户的投资明细账、总账核对一致
E	投资业务已恰当地按股票投资、债券投资和其他投资分别反映
F	投资收益的核算方法与具体情况相适应，如有改变，都是适当、合理的
G	投资收益占利润总额比例适当，盈利能力稳定
H	资产负债表日，股票、债券的市价与成本价的差异是否明显
I	除无记名证券外，购入股票或证券时是否已在购入当日登记于企业名下

与一般审计目标对应的管理当局认定及项目审计目标如下表所示。

管理当局认定	一般审计目标	投资业务的项目审计目标
	总体合理性	
	真实性	
	完整性	
	所有权	
	估价	
	截止	
	机械准确性	
	分类	
	披露	

3. A 和 B 注册会计师对吉财股份有限公司 2017 年度的会计报表进行审计。该公司 2017 年度未发生购并、分立和债务重组行为，供、产、销形势与 2016 年相当。该公司提供的未经审计的 2017 年度合并会计报表附注的部分内容如下。

长期借款项目附注：2017 年年末余额 13 730 万元。

贷款单位	金额（万元）	借款期限	年利率（%）	借款条件
A 银行第一营业部	1 800	2015.8～2019.7	9.72	抵押借款
B 银行第一营业部	11 650	2014.9～2018.8	7.65	抵押借款
C 银行第二营业部	280	2017.1～2019.1	5.925	担保借款
合计	13 730			

【要求】

假定上述附注内容中的年初数和上年比较数均已审定无误，你作为 A 和 B 注册会计师，在审计计划阶段，请运用专业判断，必要时运用分析性复核的方法，分别指出上述附注内容中存在或可能存在的不合理之处，并简要说明理由。

4. B 注册会计师 2018 年 3 月审查吉财股份有限公司应收票据时，发现 2017 年 12 月 20 日贴现一张票面金额为 200 000 元，利率为 8%，90 天到期的带息应收票据，该公司已持有 60 天，按 10% 的贴现率进行贴现，该公司账户资料记载所得贴现款为 198 300 元，无银行出具的有关凭证，账务处理为：

借：银行存款　　　　　　　　　　　　　　　　　　　198 300
　　财务费用　　　　　　　　　　　　　　　　　　　　1 700
　　贷：应收票据　　　　　　　　　　　　　　　　　　　　　200 000

（资料来源：秦荣生等主编，《审计学》，中国人民大学出版社 2014 年版）

【要求】

根据上述资料，审查该笔贴现业务的公允性，指出存在的问题，并作调整分录。

5. 2017 年 5 月 1 日，吉财公司从股票二级市场以每股 15 元（含已宣告发放但尚未领取的现金股利 0.2 元）的价格购入东银公司发行的股票 2 000 000 股，占东银公司有表决权股份的 5%，对东银公司无重大影响，吉财公司将该股票划分为可供出售金融资产。其资料如下：

（1）2017 年 5 月 10 日，吉财公司收到东银公司发放的上年现金股利 400 000 元。

（2）2017 年 12 月 31 日，该股票的市场价格为每股 13 元。东银公司预计该股票的价格下跌是暂时的。

吉财公司年末的账务处理为：

借：可供出售金融资产　　　　　　　　　　　　　　26 000 000
　　投资收益　　　　　　　　　　　　　　　　　　　4 000 000
　　贷：可供出售金融资产　　　　　　　　　　　　　　　30 000 000

【要求】

请代注册会计师 A 指出上述账务处理中存在的问题，并指明正确的账务处理。

6. 吉财公司 2017 年度财务报表净利润为 1 800 万元，审计师严戈审计吉财公司 2017 年度会计报表时发现：

（1）由于验资后吉财公司长期占用被投资单位 N 公司的资金，公司根据占用资金数额冲减了长期股权投资——N 公司的账面价值。

（2）E 公司系吉财公司于 2017 年 1 月 1 日在国外投资设立的联营公司，其 2017 年度会计报表反映的净利润为 3 600 万元。吉财公司占 E 公司 45% 的股权比例，对其财务和经营政策具有重大影响，故在 2017 年度会计报表中采用权益法确认了该项投资收益 1 620 万元。E 公司 2017 年度会计报表未经任何审计师审计。

(3) 吉财公司拥有 K 公司一项长期股权投资，账面价值 500 万元，持股比例 30%。2017 年 12 月 31 日，吉财公司与 Y 公司签署投资转让协议，拟以 450 万元的价格转让该项长期股权投资，已收到价款 300 万元，但尚未办理产权过户手续。吉财公司以该项长期股权投资正在转让之中为由，不再计提减值准备。

(4) 吉财公司 2017 年 7 月 1 日以资金 1 500 万元投资于 M 公司，拥有 30% 股份。12 月 31 日吉财公司根据 M 公司的报表（净利润 750 万元，所有者权益为 2 250 万元，免缴所得税）确认了 225 万元的投资收益。审计师审计时发现 M 公司经审计报表为净利润 −750 万元，所有者权益为 750 万元。

(5) 吉财公司于 2017 年 9 月 1 日和 H 公司签订并实施了金额为 5 000 万元、期限为 3 个月的委托理财协议，该协议规定 H 公司负责股票投资运作，吉财公司可随时核查。2017 年 12 月 1 日，吉财公司对上述委托理财协议办理了展期手续，并于同日收到 H 公司汇来的标明用途为投资收益的 3 000 万元款项，吉财公司据此确认投资收益 3 000 万元。

(6) 吉财公司对 I 公司长期股权投资（无市价）为 5 000 万元，I 公司在 2017 年 8 月已经进入清算程序。在编制 2017 年度会计报表时，吉财公司对该项长期股权投资计提了 1 000 万元的减值准备。

(资料来源：李晓慧，《审计学：理论与案例》（第三版），中国人民大学出版社 2017 年版)

【要求】

针对事项 (1)，审计师应当提出什么建议？

针对事项 (2)，审计师应当考虑发表什么意见类型？为什么？

针对事项 (3)，审计师下一步应当采取什么措施？

针对事项 (4)，判断吉财公司已经确认的投资收益能否确认，若尚不能确认，请列出调整分录。

针对事项 (5)，判断吉财公司已经确认的投资收益能否确认，若尚不能确认，请指出审计师应进一步实施哪些审计程序？

针对事项 (6)，讨论吉财公司对此长期股权计提的减值准备是否适当，为什么？如何进行查证？

第十三章 货币资金审计

【本章主要知识点】通过本章的学习,了解货币资金的内部控制要求,熟悉货币资金的控制测试程序和实质性测试程序;掌握库存现金盘点方法、银行存款账户余额的核对方法。

一、单项选择题

1. 下列企业内部控制中恰当的是( )。
   A. 出纳负责登记现金日记账和收入类账目
   B. 直接从当日的现金收入中支出,在收入类账目中登记净额
   C. 为方便使用支票,由支票保管人员保管支票印章
   D. 由独立人员核对银行存款日记账和银行对账单,调节未达账项

2. 盘点库存现金主要是用来证实资产负债表所列现金的( )。
   A. 真实性   B. 存在
   C. 完整性   D. 计价与分摊

3. 针对被审计单位而言,应当参加库存现金监盘的人员是( )。
   A. 出纳员和应收账款记账员   B. 出纳员和总会计师
   C. 出纳员和会计总管   D. 财务总监和内部审计人员

4. 现金盘点的最佳时间是( )。
   A. 上午上班时   B. 下午上班时
   C. 上午上班前或下午下班后   D. 任意时间点

5. 企业盘点的现金存放部门有两处或两处以上的时候,下列说法中错误的是( )。
   A. 可以同时盘点
   B. 可以分别安排时间盘点
   C. 对没有同时盘点处先封存
   D. 没有同时盘点处根据账簿记录确定

6. 在被审计单位内部控制制度较为薄弱的情况下,注册会计师要确定银行存款余额是否真实存在,最有效的审计程序是( )。
   A. 查阅被审计单位的银行存款日记账
   B. 查看被审计单位编制的银行存款余额调节表

C. 函证银行存款余额

D. 查看被审计单位的银行存款单

7. 企业将一年以上定期存款或限定用途存款纳入银行存款违反了的认定是（　　）。

　　A. 分类　　　　　　　　　　　B. 存在

　　C. 完整性　　　　　　　　　　D. 准确性

8. 关于外币现金的折算，企业下列做法中错误的是（　　）。

　　A. 对外币银行存款的收支按所规定的汇率折合为记账本位币金额

　　B. 外币银行存款期末余额按期末市场汇率折合为记账本位币金额

　　C. 外币银行存款期末余额按市场平均汇率折合为记账本位币金额

　　D. 外币折合差额按规定记入相关账户

9. 银行存款实质性测试的审计程序不包括（　　）。

　　A. 审查外币银行存款的折算是否正确

　　B. 对银行存款进行分析性复核

　　C. 取得或编制银行存款余额调节表，查明银行存款余额是否正确

　　D. 实地盘点来验证账实相符

10. 关于出纳人员岗位分工的理解中，恰当的是（　　）。

　　A. 出纳人员负责会计档案保管和稽核工作

　　B. 出纳人员兼任固定资产明细账或者总账登记工作

　　C. 出纳人员负责账务处理与会计档案保管工作

　　D. 出纳人员负责账务处理与稽核工作

11. 下列程序能够证明银行存款权利与义务的是（　　）。

　　A. 检查大额在途存款和未付票据

　　B. 抽查大额银行存款收支的原始凭证

　　C. 检查非记账本位币银行存款的折算汇率及折算金额是否正确

　　D. 关注是否存在质押、冻结等对变现有限制或存在境外的款项

12. 要证明银行存款存在，下列程序中最有效的是（　　）。

　　A. 函证银行存款余额

　　B. 检查银行存款的付款授权审批手续

　　C. 测试银行存款的内部控制

　　D. 获取和编制银行存款余额明细表，复核加计金额

13. 为了证实2017年12月31日签发的支票是否已登记入账，下列程序中最有效的是（　　）。

　　A. 检查2017年12月31日的银行存款日记账和支票存根

　　B. 检查2017年12月31日的银行存款余额调节表

　　C. 函证2017年12月31日的银行存款余额

　　D. 检查2017年12月31日的银行存款对账单

14. 下列控制活动中最能够防止员工挪用现金收入的是（   ）。
    A. 会计主管每日复核现金或总表与现金日记账是否相符
    B. 每一笔应收账款在作为坏账处理前均由董事会审批
    C. 负责现金收支的岗位与应收账款记账岗位职责分离
    D. 会计主管审查出纳员记录的每一笔现金收入

15. 假设 A 注册会计师负责审计甲公司 2017 年财务报表。在审查甲公司编制的某开户银行账户的银行存款余额调节表时，A 注册会计师注意到以下事项：该银行账户的银行对账单金额为 8 585 000 元，甲公司已收、银行尚未入账的销货款 200 000 元；甲公司已付、银行尚未入账的预付的材料款 150 000 元；银行已代付、甲公司尚未入账的水电费 225 000 元。假定不考虑审计重要性水平，A 注册会计师审计后确认该账户的银行存款日记账余额是（   ）元。
    A. 8 615 000   B. 8 635 000
    C. 8 575 000   D. 8 595 000

二、多项选择题

1. 货币资金收支过程中常见重大错报风险有（   ）。
   A. 超限额保管现金，坐支现金，扩大现金开支范围
   B. 贪污、挪用库存现金
   C. 从银行提取的现金用途不合法、不合理
   D. 开立"黑户"，截留收入

2. 货币资金内部控制应用主要有（   ）。
   A. 岗位分工及授权批准   B. 现金和银行存款的管理
   C. 票据及有关印章的管理   D. 监督检查

3. 对于企业货币资金管理中的岗位分工及授权批准，下列说法中正确的有（   ）。
   A. 严格不相容职责分离制度，出纳人员不得兼任稽核、会计档案保管和收入、支出、费用、债权债务账目的登记工作
   B. 建立严格的授权批准制度，特殊情况下可以越权审批
   C. 单位办理货币资金支付业务要经过申请、审批、支付三个环节
   D. 重要货币资金支付业务应当实行集体决策和审批，并建立责任追究制度

4. 对于企业货币资金管理中的现金和银行存款的管理，下列说法中正确的有（   ）。
   A. 超过库存限额的现金应及时存入银行
   B. 因特殊情况需坐支现金的，应事先报经开户银行审查批准
   C. 不准签发没有资金保证的票据或远期支票，但可以签发远期支票
   D. 单位应当指定专人每月至少核对一次银行存款，并根据银行存款余额调节表调整账目

5. 对于企业货币资金管理中的票据及有关印章的管理,说法正确的是( )。
   A. 明确与货币资金相关的票据的各种使用环节的职责权限和程序
   B. 专设登记簿进行记录与货币资金相关的票据的使用
   C. 财务专用章应由专人保管,个人名章必须由本人保管
   D. 严禁一人保管支付款项所需的全部印章
6. 对于企业货币资金管理中的监督检查内容,下列说法中正确的有( )。
   A. 对于货币资金业务相关岗位及人员的设置情况,重点检查是否存在货币资金业务不相容职务混岗的现象
   B. 对于货币资金授权批准制度的执行情况,重点检查货币资金支出的授权批准手续是否健全,是否存在越权审批行为
   C. 对于支付款项印章的保管情况,重点检查是否存在办理付款业务所需的全部印章交由一人保管的现象
   D. 对于票据的保管情况,重点检查票据的购买、领用、保管手续是否健全,票据保管是否存在漏洞
7. 要了解被审计单位货币资金内部控制制度的设计和实际执行情况,注册会计师可以( )。
   A. 检查被审计单位有关内部控制制度的手册、流程图
   B. 询问被审计单位会计、出纳等相关人员
   C. 观察被审计单位货币资金收支情况
   D. 执行被审计单位的货币资金内部控制制度
8. 要记录被审计单位的货币资金内部控制,注册会计师可以使用( )。
   A. 文字描述   B. 流程图
   C. 调查表   D. 录音
9. 货币资金的控制测试主要有( )。
   A. 抽取并检查收款凭证
   B. 抽取并检查付款凭证
   C. 抽取一定期间的现金、银行存款日记账与总账核对
   D. 取一定期间银行存款余额调节表,查验其是否按月正确编制并经复核
10. 为测试货币资金收款的内部控制,注册会计师应选取适当样本的收款凭证检查( )。
    A. 核对收款凭证与存入银行账户的日期和金额是否相符
    B. 核对货币资金、银行存款日记账的收入金额是否正确
    C. 核对收款凭证与应收账款等相关明细账、银行对账单的有关记录是否相符
    D. 核对实收金额与销货发票等相关凭据是否一致
11. 为测试货币资金付款内部控制,注册会计师应选取适当样本的付款凭证检查( )。
    A. 付款的授权批准手续是否符合规定

B. 核对货币资金、银行存款日记账的付出金额是否正确

C. 核对付款凭证与银行对账单、应付账款等相关明细账的记录是否一致

D. 核对实付金额与购货发票等相关凭证是否相符

12. 现金的审计目标有（　　）。

A. 审查被审计单位资产负债表中的现金在会计报表日是否确实存在，是否为被审计单位所拥有

B. 确定被审计单位在特定期间内发生的现金收支业务是否均已记录完毕，有无遗漏

C. 审查现金余额是否正确

D. 确定现金在财务会计报表中的披露是否恰当

13. 现金实质性测试的审计程序有（　　）。

A. 核对现金收支的正确截止日期、现金日记账与总账的余额是否相符

B. 盘点库存现金

C. 抽查大额现金收支、外币现金的折算是否合理正确

D. 审查现金是否在资产负债表中恰当披露

14. 银行存款的审计目标有（　　）。

A. 审查被审计单位资产负债表中的银行存款在会计报表日是否确实存在，是否为被审计单位所拥有

B. 审查被审计单位在特定期间内发生的银行存款收支业务是否记录完整、正确

C. 审查确定银行存款的余额是否正确

D. 确定银行存款在财务会计报表中的披露是否恰当

15. 下列属于银行存款实质性测试的审计程序有（　　）。

A. 核对银行存款日记账与总账的余额是否相符

B. 审查一年以上定期存款或限定用途存款

C. 函证银行存款余额，确定其是否真实存在

D. 审查外币银行存款的折算是否正确

16. 其他货币资金包括（　　）。

A. 外埠存款   B. 银行汇票存款

C. 应收账款   D. 信用证存款

17. 其他货币资金的审计目标有（　　）。

A. 审查确定被审计单位资产负债表中的其他货币资金在会计报表日是否确实存在，是否为被审计单位所拥有

B. 审查被审计单位在特定期间内发生的其他货币资金收支业务是否均已记录，有无错漏

C. 审查其他货币资金的余额是否正确

D. 确定其他货币资金在财务会计报表中的披露是否恰当

18. 下列属于其他货币资金实质性测试的审计程序有（　　）。
    A. 抽查一定样本量的原始凭证进行测试，检查其经济内容是否完整，有无适当的审批授权，并核对相关账户的进账情况
    B. 对抽取资产负债表日后的大额收支凭证进行截止测试，如有跨期收支事项，应作适当调整。对于非记账本位币的其他货币资金，检查其折算汇率是否正确
    C. 结合银行存款的函证，查明外埠存款户、银行汇票存款户、银行本票存款户期末余额是否真实、正确
    D. 审查外币银行存款的折算是否正确

三、名词解释

1. 现金盘点　　　　　　　　　　2. 银行存款余额调节表
3. 未达账项

四、简答题

1. 货币资金收支过程中有哪些常见的重大错报风险？
2. 货币资金的岗位分工有什么要求？
3. 货币资金监督检查的内容包括什么？
4. 如何测试货币资金收款内部控制？
5. 如何测试货币资金付款内部控制？
6. 现金的审计目标是什么？
7. 库存现金盘点对象、人员、时间和方式、范围分别是什么？
8. 现金盘点的要点是什么？
9. 银行存款实质性测试的内容有哪些？
10. 银行存款函证的要点是什么？
11. 其他货币资金包括哪些？审计目标是什么？

五、业务分析题

1. A 注册会计师在对吉财公司 2017 年度会计报表进行审计时，对吉财公司的银行存款实施的部分审计程序为：
   （1）取得 2017 年 12 月 31 日银行存款余额调节表；
   （2）向开户银行寄发银行询证函，并直接收取寄回的询证函回函；
   （3）取得开户银行 2018 年 1 月 31 日的银行对账单。
   【要求】
   （1）请问 A 注册会计师向开户银行询证的作用有哪些？

（2）请问 A 注册会计师应采取什么方式才能直接收回开户银行的询证函回函？目的是什么？

（3）请问 A 注册会计师取得银行存款余额调节表后，应检查哪些内容？

（4）请问 A 注册会计师索取开户银行 2018 年 1 月 31 日的银行对账单，能证实 2017 年 12 月 31 日银行存款余额调节表的哪些内容？

2. 对吉财公司银行存款进行审计时，12 月 31 日银行存款日记账账面余额是 67 875 元，开户银行送来的对账单中银行存款余额是 64 500 元，经查发现以下几笔未达账项：

（1）12 月 30 日，委托银行收款 7 250 元，银行已记入吉财公司账户，收款通知尚未送达吉财公司。

（2）12 月 29 日，吉财公司开出现金支票一张，计 1 200 元，吉财公司已经入账，银行尚未入账。

（3）12 月 30 日，银行已代付吉财公司电费 1 125 元，银行已经入账，吉财公司尚未收到付款通知。

（4）12 月 30 日，吉财公司收到外单位的转账支票一张，计 9 000 元，吉财公司已收款入账，银行尚未入账。

【要求】

假定银行对账单所列吉财公司银行存款余额正确无误。

（1）在编制银行存款余额调节表时发现的错误金额是多少？属于什么性质的错误？

（2）12 月 31 日吉财公司银行存款日记账账面的正确余额是多少？

3. 审计人员审查吉财公司库存现金，吉财公司现金库存数经银行核定为 2 000 元。2017 年 1 月 20 日审查吉财公司现金日记账上的现金结余数为 3 380 元。经过清点，实际库存情况如下：

（1）现金实有数 2 002 元。

（2）已付款而未入账的支出凭证 3 张，计 930 元，均经有关人员核签。但其中一张，金额 580 元，未经受领人签收。

（3）已收款而未入账的收入凭证两张，计 780 元。

（4）采购员出差向出纳员暂支 500 元，已过半个月未办报销转账手续。

（5）邮票 55 元，是财务科购入，作寄发邮件用，已在管理费用中列支。

【要求】

根据上述清点结果，编制一张现金清点表，并指出吉财公司现金管理中存在的问题，提出处理意见。

4. 2018 年 1 月 17 日，审计人员闫戈对吉财公司 2017 年 12 月 31 日资产负债表审计中，查得"货币资金"项目中的库存现金额为 2 062.10 元。1 月 18 日上午 8 时，审计人员对吉财公司出纳员关情所管的现金进行了清点。吉财公司 1 月 17 日现金日记账余额是 832.10 元，清点结果如下：

（1）现金实有数 2 827.34 元，其中有出差人员未领工资 2 200 元。

（2）在保险柜中有下列单据已收、付款但未入账：

A. 职工熊大 10 月 14 日预借差旅费 500 元，已经领导批准。

B. 职工熊二借据一张，金额 140 元，未经批准，也没说明用途。

C. 在保险柜中，有已收款但未记账的凭证 4 张，金额 435.24 元。

（3）银行核定吉财公司现金限额 800 元。

（4）经核对 1 月 1 日至 17 日的收付款凭证和现金日记账，核实 1 月 1 日至 17 日收入现金数为 2 350 元，支出现金 2 580 元正确无误。

【要求】

（1）核实库存现金实有数，调整核实 2017 年 12 月 31 日资产负债表所列的数字是否真实。

（2）对现金收支、留存管理的合规性提出审计建议。

5. 长税会计师事务所负责审计吉财公司 2017 年度财务报表，审计项目组认为货币资金的存在和完整性认定存在舞弊导致的重大错报风险，审计工作底稿中与货币资金审计相关的部分内容摘录如下：

（1）2018 年 2 月 2 日，审计项目组要求甲公司管理层于次日对库存现金进行盘点，2 月 3 日，审计项目组在现场实施了监盘，并将结果与现金日记账进行了核对，未发现差异。

（2）因对吉财公司管理层提供的银行账户清单的完整性存有疑虑，审计项目组前往当地中国人民银行查询并打印了吉财公司已开立银行结算账户清单，结果满意。

（3）因对吉财公司提供的银行对账单的真实性存有疑虑，审计项目组要求吉财公司管理层重新取得了所有银行账户的对账单，并现场观察了被审计单位打印对账单的过程，未发现异常。

（4）审计项目组未对年末余额小于 10 万元的银行账户实施函证，这些账户年末余额合计小于实际执行的重要性，审计项目组检查了银行对账单原件和银行存款余额调节表，结果满意。

（5）针对年末银行存款余额调节表中企业已开支票银行尚未扣款的调节项，审计项目组通过检查相关的支票存根和记账凭证予以确认。

（6）审计项目组发现东北银行询证函回函上的印章与以前年度的不同，吉财公司管理层解释东北银行于 2014 年年中变更了印章样式，并提供了 X 银行的收款回单，审计项目组通过比对印章样式，认可了吉财公司管理层的解释。

【要求】

针对上述（1）~（6）项，逐项指出审计项目组的做法是否恰当。如不恰当，提出改进建议。

6. A 注册会计师确定吉财公司 2017 年度财务报表整体的重要性为 200 万元，明显微小错报的临界值为 10 万元。A 注册会计师实施了银行存款及应收账款项目函证程序，相关审计工作底稿的部分内容摘录如下表所示。

金额单位：万元

询证函编号	是否回函（是/否）	账面余额	回函金额	差异	审计说明
银行询证函：					（1）
Y1	是	3 500	3 500	0	（2）
……（略）	……（略）	……（略）	……（略）	……（略）	……（略）

审计说明：
（1）对吉财公司2017年12月31日有往来余额的银行账户实施函证程序。
（2）吉财公司为该银行重要客户，有业务专员上门办理各类业务。2018年2月18日，A注册会计师在吉财公司财务经理陪同下将函证资料交予上门办理业务的银行业务专员。银行业务专员当场盖章回函，对函证结果满意。

【要求】

针对上述审计说明第（1）项和第（2）项，逐项指出A注册会计师的做法是否恰当。如不恰当，简要说明理由。

第十四章 完成审计工作与审计报告

【本章主要知识点】通过本章的学习，了解完成审计工作阶段的主要内容，熟悉期初余额审计、期后事项审计和或有事项审计的方法及对审计意见的影响；掌握财务报表审计中注册会计师发表审计意见的类型和条件。

一、单项选择题

1. 财务会计报表审计的最后阶段是（　　）。
   A. 完成审计工作　　　　　　　B. 确定审计意见
   C. 期后事项审计　　　　　　　D. 出具审计报告

2. 下列属于注册会计师必然要对财务会计报表的期初余额进行审计的情形是（　　）。
   A. 上期由该注册会计师对该企业出具非未保留意见
   B. 企业在上期实行了业务的大扩展
   C. 被审计单位首次接受或上期财务报表由前任注册会计师审计
   D. 该企业属于高风险行业

3. 如果期初余额存在的错报不足以改变或影响本期财务会计报表使用者进行决策判断，则注册会计师的正确做法是（　　）。
   A. 与管理层进行口头沟通
   B. 提出恰当的审计调整表或披露建议
   C. 要求被审计单位必须调整账目后再继续审计
   D. 无须对此予以特别关注和处理

4. 上期期末余额不直接结转至本期的情形不包括（　　）。
   A. 金融资产会计处理方式变化
   B. 上期营业收入存在重大错报，差错额可以确定
   C. 编制合并报表时的期初余额
   D. 上期存货余额不存在重大错报

5. 如果认为期初余额存在对本期财务报表产生重大影响的错报，且错报的影响未能得到恰当的会计处理或适当的列报与披露，注册会计师应当（　　）。
   A. 解除审计业务约定　　　　　B. 保留意见或无法表示意见
   C. 出具否定意见　　　　　　　D. 只对本期业务发表意见

6. 关于注册会计师对期后事项的责任，下列说法不正确的是（   ）。
   A. 在审计报告日前，注册会计师有责任主动实施审计程序或进行专门询问，以发现截至审计报告日发生的期后事项
   B. 在审计报告日后，注册会计师没有义务针对财务报表实施审计程序或进行专门查询以识别期后事项
   C. 如果管理层在财务报表报出日前告知注册会计师发生了可能对财务报表产生重大影响的事实，注册会计师就应当考虑是否需要提请被审计单位修改财务报表，并与管理层讨论，同时根据具体情况采取适当的措施
   D. 财务报表报出以后，注册会计师知悉审计报告日前漏查了在审计报告日已经存在的、可能对财务报表产生重大影响的期后事项，注册会计师没有义务对财务报表实施审计程序或进行专门查询以识别期后事项

7. 下列关于注册会计师期后事项审计说法中不正确的是（   ）。
   A. 注册会计师应当获取充分、适当的审计证据，以确定财务报表日至审计报告日之间发生的、需要在财务报表中调整或披露的事项是否已经按照适用的财务报告编制基础在财务报表中得到恰当反映
   B. 注册会计师应当恰当应对在审计报告日后注册会计师知悉的且如果在审计报告日知悉可能导致注册会计师修改审计报告的事实
   C. 期后事项可能会影响被审计单位财务报表的公允性，进而影响注册会计师对财务报表的审计意见
   D. 注册会计师没有责任主动实施审计程序或进行专门询问，以发现截至审计报告日发生的期后事项

8. 对于企业发生的资产负债表日后非调整事项，注册会计师应当（   ）。
   A. 考虑对审计报告意见的影响
   B. 提请被审计单位调整年度财务报表
   C. 提请被审计单位在财务报表附注中作相关的披露
   D. 不需要作任何处理

9. 注册会计师通常可以结合对财务报表项目执行的实质性程序审计期后事项，与此相关的审计程序是（   ）。
   A. 函证   B. 分析程序
   C. 截止测试   D. 监盘

10. 或有事项是一种（   ）。
    A. 现时义务
    B. 由未来的交易或事项形成的事项
    C. 结果由某些未来事项的发生或不发生决定的事项
    D. 完全不可预测的事项

11. 如果运用持续经营假设是适当的，但存在重大不确定性，且财务报表对重大不确定性已作出充分披露，注册会计师应当（   ）。
    A. 发表否定意见   B. 发表无保留意见

C. 恰当发表保留意见或否定意见　　D. 发表无法表示意见

12. 关于注册会计师向被审计单位的律师进行函证，下列说法正确的是(　　)。
   A. 选取部分曾为被审计单位提供法律咨询或代理的所有律师寄发审计询证函
   B. 函证内容包括被审计单位叙述和评价与该律师业务相关的期后事项和或有事项等情况
   C. 律师的责任在于声明被审计单位对有关期后事项和或有事项等的叙述是真实的
   D. 律师无须对被审计单位就有关期后事项和或有事项等情况的说明做出评价

13. 若律师声明书或暗示律师拒绝提供信息，或隐瞒信息，或对被审计单位叙述的情况应予修正而不加修正，注册会计师应当（　　）。
   A. 发表无保留意见　　　　　　B. 发表保留意见
   C. 发表无法表示意见　　　　　D. 发表非无保留意见

14. 管理层书面声明的日期是（　　）。
   A. 临近资产负债表日　　　　　B. 临近审计报告报出日
   C. 审计报告日后　　　　　　　D. 临近财务报表报出日

15. 对于被审计单位的核算错误和重分类错误，注册会计师在审计工作底稿中通常的反映形式是（　　）。
   A. 文字描述　　　　　　　　　B. 流程图
   C. 会计分录　　　　　　　　　D. 问卷表格

16. 在审计结束或临近结束时，为了确定审计调整后的财务报表整体是否与其对被审计单位的了解一致，注册会计师必须实施的审计程序是（　　）。
   A. 观察　　　　　　　　　　　B. 询问
   C. 控制测试　　　　　　　　　D. 分析性程序

17. 注册会计师应当直接与治理层沟通的事项不包括（　　）。
   A. 注册会计师的责任　　　　　B. 治理层的责任
   C. 计划的审计范围和时间　　　D. 注册会计师的独立性

18. 会计师事务所对审计工作底稿复核建立的制度是（　　）。
   A. 联合复核制度　　　　　　　B. 分级复核制度
   C. 独立复核制度　　　　　　　D. 自我审核制度

19. 按照审计工作性质和报告目的，审计报告可分为（　　）。
   A. 外部审计报告和内部审计报告
   B. 标准审计报告和非标准审计报告
   C. 公布目的审计报告和非公布目的审计报告
   D. 一般目的审计报告和特殊目的审计报告

20. 关于审计报告的要求,下列说法中不正确的是（　　）。
   A. 审计人员要对审计报告的真实性、合法性负责
   B. 审计人员对被审计单位经济活动的真实性、合法性、效益性负责
   C. 审计报告的真实性,是指审计报告应如实反映审计范围、审计依据、实施的审计程序和应发表的审计意见
   D. 审计报告的合法性,是指审计报告的编制和出具必须符合审计准则与有关法规的规定

21. 下列不属于注册会计师审计报告必须要素的是（　　）。
   A. 形成审计意见的基础
   B. 按照相关法律法规的要求报告的事项
   C. 管理层对财务报表的责任
   D. 报告日期

22. 在审计报告中,关键事项应当（　　）。
   A. 单设"关键审计事项"标题
   B. 逐项描述所有对本期财务报表审计重要的事项
   C. 对关键审计事项单独发表意见
   D. 关键事项的应对以单独审计关键事项为背景

23. 下列情况中,注册会计师将出具否定审计意见报告的是（　　）。
   A. 审计范围被客户施加限制
   B. 例外事项很重要,"除了……之外"的意见还不足以表达
   C. 不能执行充分的审计程序,以形成对于财务报表整体的意见
   D. 关于被审计单位的未来,存在重大不确定性

24. 包含其他报告责任段,但不含有强调事项段或其他事项段的无保留意见的审计报告被视为（　　）。
   A. 标准审计报告　　　　　　　B. 非标准审计报告
   C. 通用审计报告　　　　　　　D. 特殊审计报告

25. 审计报告的收件人应该是（　　）。
   A. 审计业务的委托人　　　　　B. 社会公众
   C. 被审计单位的治理层　　　　D. 被审计单位的管理层

26. 下列有关审计报告理解正确的是（　　）。
   A. 审计报告的收件人为被审计单位的管理层
   B. 审计报告中提及的管理层责任应当与在审计业务约定书中约定的责任在表述上完全一致
   C. 为特定目的编制的财务报表如果是按照通用目的编制基础编制的,审计报告可增加其他事项段说明该报告仅供特定的财务报表使用者使用
   D. 如果一些法律法规提及管理层应对会计账簿和记录或会计系统的适当性负责的,在审计报告的管理层对财务报表的责任段中需特别提及其责任

27. 甲注册会计师负责 A 上市公司 2016 年度财务报表审计工作,如果甲注册会计师拟出具标准意见的审计报告,甲注册会计师在编写审计报告的意见段

时，下列表述中正确的是（　　）。

A. 我们认为，A 公司财务报表在所有重大方面按照企业会计准则的规定编制，公允反映了 A 公司 2016 年 12 月 31 日的财务状况以及 2016 年度的经营成果和现金流量

B. 我们相信，A 公司财务报表在所有重大方面按照企业会计准则的规定编制，公允反映了 A 公司 2016 年 12 月 31 日的财务状况以及 2016 年度的经营成果和现金流量

C. 我们认为，A 公司财务报表在所有重大方面公允反映了 A 公司 2016 年 12 月 31 日的财务状况以及 2016 年度的经营成果和现金流量

D. 我们认为，A 公司财务报表在所有重大方面按照企业会计准则的规定编制，公允反映了 A 公司 2016 年 12 月 31 日的财务状况以及 2016 年度的经营成果

28. 下列关于审计报告的叙述中，正确的是（　　）。

A. 审计报告必须由两名注册会计师签名盖章，且其中一位必须是主任会计师

B. 注册会计师如果出具非无保留意见的审计报告，应当在审计意见段前增加导致非无保留意见的事项段

C. 审计报告的日期是编写完成审计报告的日期

D. 审计报告的收件人是指被审计单位管理层

29. A 与 B 注册会计师于 2017 年 2 月 8 日进驻甲公司审计其 2016 年度财务报表。3 月 10 日注册会计师与甲公司进行沟通，3 月 15 日甲公司正式签署 2016 年度财务报表，3 月 20 日对外公布其财务报表，通常情况下审计报告日是（　　）。

A. 2017 年 2 月 8 日　　　　　　　　B. 2017 年 3 月 10 日
C. 2017 年 3 月 15 日　　　　　　　　D. 2017 年 3 月 20 日

30. 如果注册会计师无法就关联方和关联方交易获取充分、适当的审计证据，应视同审计范围受到限制，并根据其对财务报表的影响程度，出具（　　）。

A. 无保留意见或保留意见　　　　　　B. 否定意见或无法表示意见
C. 保留意见或否定意见　　　　　　　D. 保留意见或无法表示意见

31. 下列事项中，不会导致注册会计师增加强调事项段的是（　　）。

A. 在允许的情况下，提前使用对财务报表有广泛影响的新会计准则

B. 所审计财务报表采用特殊编制基础

C. 含有已审计财务报表的文件中的其他信息与财务报表存在重大不一致，并且需要对其他信息进行修改，但管理层拒绝修改

D. 存在已经或持续对被审计单位财务状况产生重大影响的特大灾难

32. 如果拟在审计报告中增加强调段，注册会计师应当就该事项和拟使用的措辞与相关人员沟通，他们是（　　）。

A. 管理层　　　　　　　　　　　　　B. 治理层
C. 监管机构　　　　　　　　　　　　D. 专家

二、多项选择题

1. 完成审计工作的主要内容包括（ ）。
   A. 期初余额审计、期后事项审计、或有事项审计、评价持续经营假设，取得管理层书面声明与律师声明书
   B. 编制审计差异调整表和试算平衡表，评价审计结果
   C. 复核审计工作底稿，与被审计单位治理层沟通
   D. 确定审计意见，提交审计报告

2. 对首次接受委托的业务，注册会计师期初余额审计目标是，获取充分、适当的审计证据以确定（ ）。
   A. 期初余额是否含有对本期财务报表产生重大影响的错报
   B. 期初余额反映的恰当的会计政策是否在本期财务报表中得到一贯运用
   C. 会计政策的变更是否已按照适用的财务报告编制基础作出恰当的会计处理
   D. 会计政策的变更是否已按照适用的财务报告编制基础作出充分的列报与披露

3. 注册会计师对期初余额的审计程序通常包括（ ）。
   A. 阅读最近期间的财务报表和前任注册会计师出具的审计报告及底稿，获取与期初余额相关的信息，包括披露
   B. 分析被审计单位上期运用的会计政策是否恰当，以及这些会计政策是否在本期财务报表中得到一贯运用
   C. 若前任注册会计师出具了非标准审计报告，查清影响前任注册会计师审计意见的原因，并特别关注与本期财务会计报表有关的部分
   D. 如果上期财务会计报表未经过审计，或与前任注册会计师沟通后仍不能得出满意的结论，注册会计师应对期初余额实施更详细的查阅、分析、函证等程序

4. 财务报表日后的时期段包括（ ）。
   A. 资产负债表日至审计报告日
   B. 审计报告日至财务报表报出日
   C. 财务报表报出日至下期资产负债表日
   D. 财务报表报出日至下期财务报表报出日

5. 下列属于资产负债表日后调整事项的有（ ）。
   A. 资产负债表日后诉讼案结案，法院判决证实了被审计单位在资产负债表日已经存在现实义务，需要强调原先确认的与该诉讼案件相关的预计负债，或确认一项新负债。
   B. 资产负债表日后取得确凿证据，表明某项资产在资产负债表日发生了减值或者需要调整该项资产原先确认的减值金额

C. 资产负债表日后进一步确定了资产负债表日前购入资产的成本或售出资产的收入
D. 资产负债表日后发现了财务报表舞弊或差错

6. 下列属于资产负债表日后发生的非调整事项通常包括（　　）。
   A. 重大诉讼、仲裁、承诺　　　　B. 发生企业合并或处置子公司
   C. 发行股票和债券以及其他巨额举债　　D. 资本公积金转增资本

7. 对审计报告日后至财务报表报出日前知悉的可能对财务报表产生重大影响的期后事项的处理，下列说法中正确的有（　　）。
   A. 注册会计师可以修改审计报告或者出具新的审计报告
   B. 若注册会计师认为需要修改财务报告而管理层未修改且审计报告尚未提交给被审计单位，注册会计师可以按审计准则规定修改审计意见后再提交审计报告
   C. 若注册会计师认为需要修改财务报告且审计报告已经提交给被审计单位，注册会计师应当通知管理层和治理层在财务报表作出必要修改前不要向第三方报出
   D. 如果财务报表在未经必要修改的情况下仍被报出，注册会计师应当采取适当措施，以设法防止财务报表使用者信赖该审计报告

8. 注册会计师对或有事项进行审计所要达到的审计目标一般包括（　　）。
   A. 确定或有事项是否存在和完整
   B. 确定或有事项的确认和计量是否符合企业会计准则的规定
   C. 确定或有事项的列报是否恰当
   D. 确定或有事项对企业的影响程度

9. 注册会计师向管理层获取书面声明的内容主要有（　　）。
   A. 管理层认可其对财务报表的编制责任以及设计、实施和维护内部控制以防止或发现并纠正错报的责任
   B. 管理层认为注册会计师在审计过程中发现的未更正错报，无论是单独还是汇总起来考虑，对财务报表整体均不具有重大影响
   C. 管理层按照审计业务约定条款，已向注册会计师提供所有相关信息，并允许注册会计师不受限制地接触所有相关信息以及被审计单位内部人员和其他相关人员
   D. 所有交易均已记录并反映在财务报表中，包括对财务报表产生重大影响的事项

10. 关于注册会计师对书面声明的疑虑及管理层拒绝提供书面声明的处理，下列说法正确的有（　　）。
    A. 如果对管理层的胜任能力、诚信、道德价值观或勤勉尽责存在疑虑，注册会计师应当确定这些疑虑对书面或口头声明和审计证据总体的可靠性可能产生的影响
    B. 如果书面声明与其他审计证据不一致，注册会计师应当实施审计程序以

设法解决这些问题

C. 如果管理层不提供要求的一项或多项书面声明,注册会计师应当考虑审计范围受限制并发表无法表示意见

D. 当管理层拒绝提供书面声明或注册会计师对管理层的诚信产生重大疑虑,以至于认为其作出的书面声明不可靠时,按照审计准则注册会计师应当对财务报表发表无法表示意见

11. 关于注册会计师划分建议调整的不符事项与未调整不符事项,下列说法正确的有(   )。

A. 对于单笔核算错误超过所涉及财务会计报表项目(或账项)层次重要性水平的,应视为建议调整的不符事项

B. 对于单笔核算错误大大低于所涉及财务会计报表项目(或账项)层次重要性水平但性质重要的,应视为建议调整的不符事项

C. 对于单笔核算错误大大低于所涉及财务会计报表项目(或账项)层次重要性水平并且性质不重要的,应视为未调整不符事项

D. 注册会计师确定了建议调整的不符事项和重分类错误后,书面通知被审计单位并根据其是否采纳取得书面同意或考虑在审计报告中反映

12. 注册会计师与治理层沟通的主要目的有(   )。

A. 就财务报表审计相关的责任、计划的审计范围和时间安排的总体情况,与治理层进行清晰沟通,取得相互了解

B. 向治理层获取与审计相关的信息

C. 及时向治理层通报审计中发现的与治理层对财务报告过程的监督责任相关的重大事项

D. 推动注册会计师和治理层之间有效的双向沟通

13. 关于注册会计师与治理层进行沟通,下列说法中正确的有(   )。

A. 注册会计师就沟通涉及治理层责任的事项,应当确信沟通的事项已记录于讨论纪要或审计工作底稿

B. 对于已知的未更正的重大错报,注册会计师应逐条与治理层沟通,并再次提请予以更正

C. 注册会计师无须再与治理层沟通已与管理层讨论或书面沟通的、审计中发现的重大事项

D. 对于审计中发现的与审计报告相关的事项,包括注册会计师对被审计单位会计处理质量的看法,应在最终完成审计报告前进行沟通

14. 会计师事务所审计工作底稿复核包括(   )。

A. 审计项目组员自我审核　　　　B. 审计项目经理的现场复核
C. 项目合伙人的复核　　　　　　D. 独立的项目质量控制复核

15. 项目质量控制复核的内容主要有(   )。

A. 评价在编制审计报告时得出的结论,并考虑拟出具审计报告的恰当性

B. 检查审计工作中发现的问题及其对财务报表和审计报告的影响,审计项

目组对这些问题的处理是否恰当
C. 复核选取的与项目组作出的重大判断和得出的结论相关的审计工作底稿
D. 评价已完成的审计工作、所获取的证据和工作底稿编制人员形成的结论

16. 审计报告的作用有（   ）。
   A. 鉴证作用　　　　　　　　　　B. 保护作用
   C. 促进作用　　　　　　　　　　D. 证明作用

17. 审计报告的意义有（   ）。
   A. 提出审计报告是审计规范的要求
   B. 审计报告是审计意见的载体，审计人员通过审计报告来发表审计意见
   C. 审计报告是有关管理机构、国家主管部门提高工作效率和进行决策的重要参考文件，也是社会有关方面进行决策的一份重要的参考资料
   D. 审计报告也是一项重要文件，是国家档案资料的重要组成部分

18. 下列关于沟通关键事项说法中正确的有（   ）。
   A. 旨在通过提高已执行审计工作的透明度增加审计报告的沟通价值
   B. 沟通关键审计事项能够为财务报表预期使用者提供额外的信息，以帮助其了解注册会计师根据职业判断认为对本期财务报表审计最为重要的事项
   C. 沟通关键审计事项还能够帮助财务报表预期使用者了解被审计单位，以及已审计财务报表中涉及重大管理层判断的领域
   D. 能够为财务报表预期使用者就与被审计单位、已审计财务报表或已执行审计工作相关的事项进一步与管理层和治理层沟通提供基础

19. 同时符合下列（   ）时注册会计师应当出具无保留意见的审计报告。
   A. 财务报表在所有重大方面按照使用的会计准则和相关会计准则制度的规定编制，公允地反映了被审计单位的财务状况、经营成果和现金流量
   B. 注册会计师已经按照中国注册会计师独立审计准则的要求计划和实施审计工作，在审计过程中未受限制
   C. 财务报表已经按照适用的会计准则和相关会计制度的规定编制，在所有方面公允反映了被审计单位期末的财务状况、经营成果和现金流量
   D. 注册会计师已经按照中国注册会计师审计准则的规定计划和实施审计工作，在审计过程中未受到限制

20. 下列情况中，注册会计师可能对乙公司财务报表出具无法表示审计意见的有（   ）。
   A. 乙公司管理层拒绝向注册会计师出具管理层说明书
   B. 在有疑虑的情况下，注册会计师不能就乙公司持续经营假设的合理性获取必要的审计证据
   C. 审计范围受到限制
   D. 乙公司财务报表在整体上没有按照企业会计准则进行编制

21. 审计报告的引言段应当说明被审计单位的名称和财务报表已经过审计，

并包括以下内容（　　）。
  A. 支出构成整套财务报表的每张财务报表的名称
  B. 提及财务报表附注（包括重要会计政策概要和其他解释性信息）
  C. 指明财务报表公允反映了财务状况、经营成果和现金流量
  D. 指明构成整套财务报表的每一财务报表的日期和涵盖的时间
22. 注册会计师的责任段应该说明的内容有（　　）。
  A. 注册会计师的责任是在执行审计工作的基础上对财务报表发表意见
  B. 审计工作涉及实施审计程序，以获取有关财务报表金额和披露的审计证据
  C. 注册会计师相信其已获取的审计证据是充分的、适当的，为其发表审计意见提供了基础
  D. 注册会计师审计的目的是对内部控制的有效性发表意见
23. 有限责任会计师事务所出具的审计报告的签名盖章人有（　　）。
  A. 主任会计师或其授权的副主任会计师　　B. 一名负责该项目的会计师
  C. 项目质量控制负责人　　　　　　　　　D. 会计师事务所审计部经理

三、名词解释

1. 完成审计工作 　　　　2. 首次审计业务
3. 期初余额　　　　　　　4. 期后事项
5. 资产负债表日后调整事项　6. 资产负债表日后非调整事项
7. 或有事项　　　　　　　8. 管理层书面声明
9. 核算错误　　　　　　　10. 重分类错误
11. 试算平衡表　　　　　　12. 审计报告
13. 关键审计事项　　　　　14. 无保留意见
15. 带有强调事项段的无保留意见　16. 保留意见
17. 否定意见　　　　　　　18. 无法表示意见

四、简答题

1. 完成审计工作的内容包括哪些？
2. 首次接受委托的期初余额审计目标是什么？
3. 什么是期后事项？期后事项有哪些种类？
4. 什么是或有事项？或有事项的审计目标是什么？
5. 律师声明书的作用是什么？如何对其进行分析？
6. 管理层书面声明的基本作用是什么？
7. 如何运用审计重要性原则来划分建议调整的不符事项与未调整不符事项？
8. 注册会计师与治理层沟通的主要目的是什么？

9. 什么是审计报告？撰写审计报告有何意义？
10. 审计报告有哪些作用？
11. 审计报告的主要类别有哪些？
12. 审计报告总的要求是什么？
13. 什么是审计意见书和审计决定？
14. 政府审计的审计报告的主要内容和形式有哪些？
15. 什么是注册会计师审计报告？注册会计师审计报告有哪些要求？
16. 民间审计报告的审计意见有几种类型？
17. 在什么条件下，出具无保留意见的审计报告？
18. 什么是关键审计事项？沟通关键审计事项的价值是什么？
19. 在什么条件下，注册会计师应当在审计报告中增加强调事项段？
20. 在什么条件下，出具保留意见的审计报告？
21. 出具否定意见审计报告的情形有哪些？
22. 什么情形下注册会计师会出具无法表示意见的审计报告？

五、业务分析题

1. 吉财公司举办 2017 年展览会，公司的出纳员在会场专设的售票室负责销售内控入场券，收款工作，每日各场次所出售入场券均事先连续编号。顾客一手交钱，出纳员一手交票。顾客买票后须将入场券交给收票员才能进入剧院，收票员将入场券沿分割线撕成两部分，正券交还给顾客，副券则投入加锁的票箱中。

【要求】
（1）请问本例中在现金收入方面采取了哪些内部控制措施？
（2）假设售票员与收票员串通窃取现金收入，他们将采取哪些行动？
（3）对串通舞弊行为，采取何种措施可以揭发？
（4）吉财公司负责展览会的经理可采取哪些手段使其现金内部控制达到最佳的效果？

2. A、B 注册会计师负责审计上市公司吉财公司 2017 年度财务报表，审计完成阶段的部分工作底稿内容摘录如下：

（1）吉财公司持续经营假设适当但存在重大不确定性，财务报表附注中对此未作充分披露，拟在审计报告中增加强调事项段。

（2）发现含有已审计财务报表的公司年度报告中披露的年度营业收入总额与已审计财务报表中列示的营业收入金额存在重大不一致，并确定需要修改公司年度报告而非已审计财务报表，管理层却拒绝修改公司年度报告。A 注册会计师认为，上述情形不会影响审计意见，因此无须采取任何行动。

（3）吉财公司 2016 年度财务报表经其他会计师事务所审计并发表了无保留意见。A 注册会计师拟在审计报告中增加其他事项段说明该事项。

【要求】

（1）针对上述第（1）和第（2）项，分别指出A、B注册会计师采取的应对措施是否恰当。如不恰当，简要说明正确的应对措施。

（2）针对上述第（3）项，指出A注册会计师应在其他事项段中说明的内容。

3. 长税会计师事务所注册会计师郑直、宫允对10家公司的2017年度财务报表进行审计。这10家公司除了下述情况外，没有其他的事项影响注册会计师发表审计意见，审计工作是按照中国注册会计师审计准则的要求进行的。

（1）当注册会计师郑直、宫允审计A公司长期投资时，发现一笔数额较大的长期投资是A公司持有甲公司15%的股权，甲公司已经连续发生亏损三年，2017年末每股净资产已为负数，因A公司采用成本法核算长期投资，所以A公司没有确认任何损失。

（2）当注册会计师郑直、宫允完成对B公司审计后，发现有三项错报，这三项错报每项都小于可容忍误差，但三项错报之和高于所设定的重要性水平。因其每项错报都小于可容忍误差，所以B公司认为不必作任何调整。

（3）C公司因财务状况恶化，于2017年年初向法院申请进行债务重整，债务重整是否成功影响C公司能否继续经营，目前尚无法预测重整的结果，管理当局提出改善计划。

（4）D公司2017年12月31日有一笔数额很大的应收账款客户，占D公司流动资产的23%。该客户2017年中期发生火灾且没有进行保险，指示该公司无力偿还对D公司的债务，D公司不愿在2017年度单项计提较大的坏账准备，只愿意在财务报表附注中说明。

（5）E公司2017年度的销售收入中有80%是对关联人的销售，经注册会计师审计后并未发现有任何异常现象。

（6）F公司于2018年初委托对2017年度财务报表进行审计，注册会计师郑直、宫允未能对期末存货进行盘点，且无法采用其他替代程序审计。该公司年末存货占总资产总价值的65%。

（7）G公司在2017年发生两笔数额很大的融资租赁业务，但该公司却按经营租赁进行会计核算，致使G公司当年利润减少25%，G公司拒绝进行调整。

（8）H公司所编制的财务报表中缺少股东权益变动表，该公司认为股东权益变动表是辅助报表，所以拒绝提供。

（9）K公司持股90%的子公司是由丙会计师事务所进行的，该子公司的资产和利润占K公司合并报表相应项目的50%和60%，注册会计师郑直、宫允无法进行审计，丙会计师事务所出具的是标准审计报告。

（10）注册会计师郑直、宫允完成对M公司2017年度财务报表审计后，该公司管理层拒绝提供年度经营管理报告。

【要求】

针对上述情况，请你指出注册会计师郑直、宫允对每一种情况应发表什么类型的审计意见报告，并简要说明理由；并结合前三种情况，假定是一个被审计上市公司 A，写出一份审计报告。

4. 长税会计师事务所接受吉财股份有限公司的委托，对其 2017 年度会计报表进行审计，已于 2018 年 2 月 10 日完成了外勤审计工作。长税会计师事务所注册会计师 A、B 现正草拟审计报告，有以下事项需要考虑：

（1）吉财公司于 2016 年 10 月被 X 公司起诉侵权，至今仍未结案，且该公司律师对此拒绝提供任何有关诉讼情况。2016 年年报的审计报告为保留意见。

（2）资产负债表日后，吉财公司持有的短期有价证券 2 000 万元，市价下跌，若此时转让，将导致 500 万元的损失。

（3）2017 年 12 月 31 日公司的其他应收款中有 1 000 万元的账龄已超过 3 年，并有迹象表明该款项收回的可能性极小，公司未对其他应收款计提坏账准备。

【要求】

假定注册会计师确定的重要性水平为 100 万元。吉财公司不接受对注册会计师的任何调整建议，请代为注册会计师发表审计意见，说明理由，并归纳审计报告要点。

5. 长税会计师事务所的 A 注册会计师担任多家被审计单位 2017 年度财务报表审计的项目合伙人，遇到下列导致出具非标准审计报告的事项：

（1）甲公司为 ABC 会计师事务所 2017 年度承接的新客户。前任注册会计师由于未就 2015 年 12 月 31 日存货余额获取充分、适当的审计证据，对甲公司 2016 年度财务报表发表了保留意见。审计项目组认为，导致保留意见的事项对本期数据本身没有影响。

（2）2017 年 10 月，上市公司乙公司因涉嫌信息披露违规被证券监管机构立案稽查。截至审计报告日，尚无稽查结论。管理层在财务报表附注中披露了上述事项。

（3）丙公司管理层对固定资产实施减值测试，按照未来现金流量现值与固定资产账面净值的差额确认了重大减值损失。管理层无法提供相关信息以支持现金流量预测中假设的未来 5 年营业收入，审计项目组也无法作出估计。

（4）2018 年 2 月，丁公司由于生产活动产生严重污染，被当地政府部门责令无限期停业整改。截至审计报告日，管理层的整改计划尚待董事会批准。管理层按照持续经营假设编制了 2017 年度财务报表，并在财务报表附注中披露了上述情况。审计项目组认为管理层运用持续经营假设符合丁公司的具体情况。

（5）戊公司于 2017 年 9 月起停止经营活动，董事会拟于 2018 年内清算戊公司。2017 年 12 月 31 日，戊公司账面资产余额主要为货币资金、其他应收款以及办公家具等固定资产，账面负债余额主要为其他应付款和应付工资。管理层认为，如采用持续经营编制基础，对上述资产和负债的计量并无重大影响，因此，仍以持续经营假设编制 2017 年度财务报表，并在财务报表附注中披露了清算计划。

(6) 2017年1月1日，戊公司通过收购取得子公司M公司。由于M公司账目混乱，戊公司管理层决定在编制2017年度合并财务报表时不将其纳入合并范围。M公司2017年度的营业收入和税前利润约占戊公司未审合并财务报表相应项目的30%。

【要求】

针对上述第（1）~（6）项，假定不考虑其他条件，逐项指出A注册会计师应当出具何种类型的非标准审计报告，并简要说明理由。

第十五章　内部控制评价与审计及其他鉴证业务

【本章主要知识点】 通过本章的学习，了解预测性财务信息审核，清楚财务报表审阅的性质特点及审阅报告的撰写，掌握内部控制评价与审计的要求及内部控制审计的意见类型。

一、单项选择题

1. 为了应对安然财务丑闻及随后的一系列上市公司财务欺诈事件所造成的美国股市危机，重树投资者对股市的信心，2002年7月26日，美国国会以绝对多数通过了关于会计和公司治理一揽子改革的（　　）。
   A.《企业内部控制基本规范》　　B.《证券交易法》
   C.《萨班斯法案》　　　　　　　D.《证券法》

2. 2008年5月和2010年4月，我国财政部会同证监会、审计署、国资委、银监会、保监会发布了构建成了中国企业内部控制规范体系的两部内控相关文件，是指（　　）。
   A.《企业内部控制基本规范》和《企业内部控制配套指引》
   B.《企业内部控制应用指引》和《内部控制审计指引》
   C.《企业内部控制基本规范》和《内部控制评价指引》
   D.《内部控制评价指引》和《内部控制审计指引》

3. 关于中国企业内部控制规范体系的要求，下列表述中不正确的是（　　）。
   A. 执行的企业必须对本企业内部控制的有效性进行自我评价，披露年度自我评价报告
   B. 企业可以委托中介机构实施内部控制评价
   C. 为企业提供内部控制审计服务的会计师事务所，可以同时为同一企业提供内部控制评价服务
   D. 会计师事务所的注册会计师要对财务报告内部控制的有效性进行审计，出具审计报告

4. 关于我国规定的内部控制评价部门必须具备的设置条件，下列表述中不正确的是（　　）。
   A. 能够独立行使对内部控制系统建立与运行过程及结果进行监督的权力

B. 具备与监督和评价内部控制系统相适应的专业胜任能力和职业道德素养

C. 与企业其他职能机构就监督与评价内部控制系统保持沟通协调，在工作中相互配合、相互制约，在效率上满足企业对内部控制系统进行监督与评价所提出的有关要求

D. 能够得到监事会的支持，有足够的权威性来保证内部控制评价工作的顺利开展

5. 企业内部控制系统趋于成熟后，内部控制评价工作方案一般会倾向于（　　）。

  A. 全面评价   B. 重点评价或专项评价

  C. 全面评价或者专项评价   D. 全面评价与专项评价并重

6. 内控评价工作小组在进行内部控制评价时，对被评价单位进行现场测试可使用的方法不包括（　　）。

  A. 调查问卷   B. 穿行测试

  C. 函证   D. 抽样和比较分析

7. 内部控制缺陷按其影响程度分类不包括（　　）。

  A. 重大缺陷   B. 重要缺陷   C. 一般缺陷   D. 其他缺陷

8. 汇总内部控制评价结果时，最终确定企业内部控制重大缺陷的是（　　）。

  A. 总经理   B. 董事会   C. 注册会计师   D. 财务总监

9. 在对企业进行内部控制评价时，可以通过抽取一份全过程的文件来了解整个业务流程执行情况。这种方法是（　　）。

  A. 审阅法   B. 穿行测试法   C. 流程图法   D. 调查法

10. 下列关于内部控制评价的一般方法表述中正确的是（　　）。

  A. 询问的总体目的是收集管理政策是什么

  B. 调查表不具有适用性，加大了评价工作量

  C. 执行实地查验程序之前需要与被审计单位预先沟通好审查时间及对象，以提高工作效率

  D. 流程图可以形象直观地将各项控制措施与功能完整地显示出来，利于识别系统中的不足之处

11. 下列各项中对于内部控制审计的说法中正确的是（　　）。

A. 内部控制审计是由内部审计人员与管理人员共同参与的

B. 内部控制审计多以建设性为主

C. 内部控制审计的结果大多提交给与其有领导隶属或业务指导关系的治理层或管理层及外部机构

D. 内部控制审计运用的方法通常有专题讨论会、问卷调查及管理分析等

12. 审计人员实施内部控制审计工作时应当（　　）。

A. 按照自下而上的方法实施审计工作

B. 可以将企业层面控制和业务层面控制的测试结合进行

C. 测试企业层面控制，应当把握全面性原则

D. 测试业务层面控制，应当把握全面性原则

13. 注册会计师测试内部控制设计与运行的有效性时，下列判断中正确的是（   ）。

   A. 某项控制由拥有必要授权和专业胜任能力的人员按照规定的程序与要求执行，能够实现控制目标，表明该项控制的运行是有效的
   B. 某项控制正在按照设计运行，执行人员拥有必要授权和专业胜任能力，能够实现控制目标，表明该项控制的设计是有效的
   C. 询问程序可以单独提供充分、适当的证据
   D. 在连续审计中，注册会计师在确定测试的性质、时间安排和范围时，应当考虑以前年度执行内部控制审计时了解的情况

14. 标准内部控制审计报告不包括（   ）。

   A. 企业对内部控制的责任段
   B. 财务报告内部控制重大缺陷描述段
   C. 内部控制固有局限性的说明段
   D. 非财务报告内部控制重大缺陷描述段

15. 财务报表审阅主要使用的审计程序是（   ）。

   A. 询问和分析程序
   B. 测试内部控制和实质性测试
   C. 穿行测试和检查
   D. 函证和询问

16. 在财务报表审阅业务中，要求注册会计师（   ）。

   A. 将审阅风险降至该业务环境下低于财务报表审计中可接受的水平；对审阅后的财务报表提供高于高水平的保证
   B. 将审阅风险降至该业务环境下高于财务报表审计中可接受的水平；对审阅后的财务报表提供高于高水平的保证
   C. 将审阅风险降至该业务环境下高于财务报表审计中可接受的水平；对审阅后的财务报表提供低于高水平的保证
   D. 将审阅风险降至该业务环境下低于财务报表审计中可接受的水平；对审阅后的财务报表提供低于高水平的保证

17. 下列各项中关于无保留意见的审阅报告的结论段的表述正确的是（   ）。

   A. 根据我们的审阅，我们相信财务报表按照《企业会计准则》的规定编制，在所有重大方面公允反映了被审阅单位的财务状况、经营成果和现金流量
   B. 根据我们的审阅，我们没有注意到任何事项使我们相信财务报表没有按照《企业会计准则》的规定编制，未能在所有重大方面公允反映被审阅单位的财务状况、经营成果和现金流量
   C. 根据我们的审阅，我们相信财务报表按照《企业会计准则》和《企业会计制度》的规定编制，在所有重大方面公允反映了被审阅单位的财务状况和经营成果

D. 根据我们的审阅,我们没有注意到任何事项使我们相信财务报表没有按照《企业会计准则》和《企业会计制度》的规定编制,未能在所有重大方面公允反映被审阅单位的财务状况、经营成果和现金流量

二、多项选择题

1. 内部控制自我评价中审计人员的主要责任有（　　）。
   A. 确定内部控制自我评价的主体以及所采用的方法
   B. 做好自我评价计划,在此基础上召集与该主体相关的管理人员进行自我评价
   C. 组织好自我评价整个过程,确定专题讨论会适当的时间与地点,并安排好会议议程
   D. 做好自我评价有关的记录工作

2. 下列各项中属于我国《企业内部控制评价指引》规定的内部控制评价一般程序的有（　　）。
   A. 制订评价工作方案并组成评价工作组　　B. 实施现场测试
   C. 认定控制缺陷　　　　　　　　　　　　D. 汇总评价结果并编报评价报告

3. 内部控制评价工作组根据评价工作方案确定的内部控制评价范围,入驻被评价单位,实施现场测试。现场测试一般包括（　　）。
   A. 评价工作组与被评价单位进行充分沟通,了解其经营业务范围与评价期间内生产经营计划和预算完成情况
   B. 评价工作组根据掌握的情况确定评价范围、检查重点和抽样数量,并结合评价人员的专业背景进行合理分工
   C. 充分收集被评价单位内部控制设计和运行是否有效的证据,按照评价的具体内容,如实填写评价工作底稿,研究分析内部控制缺陷
   D. 了解被审计单位评价期间内领导层成员构成及分工、财务管理及会计核算体制、内部控制工作概况、最近一次内部控制评价（或审计）发现问题的整改情况

4. 内部控制评价部门以汇总的评价结果和认定的内部控制缺陷为基础,综合内部控制工作整体情况,客观、公正、完整地编制内部控制评价报告,并报送(　　)。
   A. 企业经理层　　B. 董事会　　C. 监事会　　D. 股东大会

5. 下列各项关于内部控制审计中审计人员责任的表述中,正确的有(　　)。
   A. 建立健全和有效实施内部控制,评价内部控制的有效性是注册会计师的责任
   B. 在实施审计工作的基础上对内部控制的有效性发表审计意见是注册会计师的责任
   C. 注册会计师可以单独进行内部控制审计,也可将内部控制审计与财务报

表审计整合进行

D. 注册会计师应当对内部控制设计与运行的有效性进行测试，以获取充分、适当的证据，支持其在财务报表审计中对控制风险的评估结果

6. 下列各项中属于内部控制审计与内部控制评价的区别的有（　　）。
A. 从事的主体不同　　　　　　　B. 报告的方式不同
C. 提交的对象不同　　　　　　　D. 运用的方法不同

7. 在计划审计工作时，注册会计师应当评价（　　）对内部控制、财务报表以及审计工作的影响。
A. 与企业相关的风险
B. 企业组织结构、经营特点和资本结构等相关重要事项
C. 重要性、风险等与确定内部控制重大缺陷相关的因素
D. 可获取的、与内部控制有效性相关的证据的类型和范围

8. 关于内部控制审计工作，下列表述中正确的有（　　）。
A. 注册会计师应当对企业内部控制自我评价工作进行评估，判断是否利用企业内部审计人员、内部控制评价人员和其他相关人员的工作以及可利用的程度
B. 注册会计师利用企业内部审计人员、内部控制评价人员和其他相关人员的工作时，应当对其专业胜任能力和客观性进行充分评价
C. 与某项控制相关的风险越高，可利用程度就越低，注册会计师应当更多地对该项控制亲自进行测试
D. 注册会计师对发表的审计意见承担的责任可以因为利用企业内部审计人员、内部控制评价人员和其他相关人员的工作而减轻

9. 注册会计师测试企业层面控制，至少应当关注（　　）。
A. 企业生产经营活动中的重要业务与事项的控制
B. 针对董事会、经理层凌驾于控制之上的风险而设计的控制
C. 企业的风险评估过程以及对内部信息传递和财务报告流程的控制
D. 对控制有效性的内部监督和自我评价

10. 对内部控制中缺陷的严重性进行评估时应当考虑（　　）。
A. 某缺陷或缺陷汇总会导致某会计科目余额或披露事项产生错报的可能性
B. 某缺陷或多个缺陷造成的潜在错报的严重程度
C. 某缺陷或缺陷汇总会导致财务报表整体不公允的可能性
D. 某缺陷或缺陷汇总会导致企业重大经营风险的可能性

11. 注册会计师完成审计工作后，应当取得经企业签署的书面声明。书面声明应当包括（　　）。
A. 企业董事会认可其对建立健全和有效实施内部控制负责
B. 企业已向注册会计师披露识别出的所有内部控制缺陷，并单独披露其中的重大缺陷和重要缺陷
C. 企业已对内部控制的有效性做出自我评价，并说明评价时采用的标准以

及得出的结论

D. 企业在内部控制自我评价基准日后，内部控制是否发生重大变化，或者存在对内部控制具有重要影响的其他因素

12. 下列说法中正确的有（　　）。

A. 企业如果拒绝提供或以其他不当理由回避书面声明，注册会计师应当将其视为审计范围受到限制，从而解除业务约定或出具无法表示意见的内部控制审计报告

B. 注册会计师应当就审计过程中识别的主要控制缺陷与企业进行充分沟通，对于其中的重大缺陷和重要缺陷，还应当以书面形式与董事会和经理层沟通

C. 注册会计师认为审计委员会和内部审计机构对内部控制的监督无效的，应当就此以书面形式直接与董事会和经理层沟通

D. 书面沟通可以在注册会计师出具内部控制审计报告之后进行

13. 表明内部控制可能存在重大缺陷的迹象主要包括（　　）。

A. 注册会计师发现董事、监事和高级管理人员舞弊

B. 企业更正已经公布的财务报表

C. 注册会计师发现当期财务报表存在重大错报，而内部控制在运行过程中未能发现该错报

D. 企业审计委员会和内部审计机构对内部控制的监督无效

14. 下列各项中属于内部控制审计意见类型的有（　　）。

A. 无保留意见　　　　　　　　　B. 强调事项段的无保留意见
C. 保留意见　　　　　　　　　　D. 否定意见

15. 注册会计师对在审计过程中注意到的非财务报告内部控制缺陷，应当区别具体情况予以处理，下列表述中正确的有（　　）。

A. 注册会计师认为非财务报告内部控制缺陷为一般缺陷的，应当与企业进行沟通，提醒企业加以改进，但无须在内部控制审计报告中说明

B. 注册会计师认为非财务报告内部控制缺陷为重要缺陷的，应当以书面形式与企业董事会和经理层沟通，提醒企业加以改进，并在内部控制审计报告中说明

C. 注册会计师认为非财务报告内部控制缺陷为重大缺陷的，应当以书面形式与企业董事会和经理层沟通，提醒企业加以改进

D. 注册会计师认为非财务报告内部控制缺陷为重大缺陷的，应当在内部控制审计报告中增加非财务报告内部控制重大缺陷描述段，对重大缺陷的性质及其对实现相关控制目标的影响程度进行披露，提示内部控制审计报告使用者注意相关风险

16. 在企业内部控制自我评价基准日并不存在但在该基准日之后至审计报告日之前（简称期后期间）内部控制可能发生变化，或出现其他可能对内部控制产生重要影响的因素，注册会计师应当（　　）。

A. 询问是否存在这类变化或影响因素，并获取企业关于这些情况的书面声明
B. 注册会计师知悉对企业内部控制自我评价基准日内部控制有效性有重大负面影响的期后事项的，应当对财务报告内部控制发表否定意见
C. 注册会计师知悉对企业内部控制自我评价基准日内部控制有效性有重大负面影响的期后事项的，应当对财务报告内部控制发表保留意见
D. 注册会计师不能确定期后事项对内部控制有效性的影响程度的，应当出具无法表示意见的内部控制审计报告

17. 审阅报告的范围段应当说明审阅的性质，包括的内容有（　　）。
A. 审阅业务所依据的准则
B. 审阅主要限于询问和实施分析程序
C. 提供的保证程度低于审计
D. 没有实施审计，因而不发表审计意见

18. 下列关于审阅报告的说法中正确的有（　　）。
A. 根据注册会计师的审阅，如果没有注意到任何事项使其相信财务会计报表没有按照适用的会计准则和相关会计制度的规定编制，未能在所有重大方面公允反映被审阅单位的财务状况、经营成果和现金流量，注册会计师应当提出无保留的结论
B. 如果注意到某些事项使其相信财务会计报表没有按照适用的会计准则和相关会计制度的规定编制，未能在所有重大方面公允反映被审阅单位的财务状况、经营成果和现金流量，注册会计师应当在审阅报告的结论段前增设说明段，说明这些事项对财务会计报表的影响，并发表保留意见
C. 如果这些事项对财务会计报表的影响非常重大和广泛，以至于认为仅提出保留结论不足以揭示财务会计报表的误导性或不完整性，注册会计师应当对财务会计报表提出否定结论
D. 如果范围限制的影响非常重大和广泛，以至于注册会计师认为不能提供任何程度的保证时，应发表否定意见

三、名词解释

1. 内部控制评价
2. 内部控制审计
3. 财务报表审阅

四、简答题

1. 内部控制评价的一般方法有哪些？
2. 内部控制审计与内部控制评价的区别是什么？
3. 哪些迹象表明内部控制可能存在重大缺陷？

4. 内部控制审计报告的内容包括什么？
5. 什么是财务报表审阅？财务报表审阅和审计有什么区别？
6. 审阅业务约定书的内容包括什么？
7. 审阅报告的结论段有哪几种？
8. 什么是盈利预测审核？其目的是什么？
9. 简述盈利预测审核中的各方责任。
10. 盈利预测审核报告的主要内容有哪些？

五、业务分析题

长税会计师事务所的 A 注册会计师担任多家公司 2017 年财务报表审计和内部控制审计的项目合伙人，遇到下列非标准审计报告的事项：

（1）A 注册会计师认为甲公司财务报告内部控制存在一项重大缺陷，且不属于审计范围受到限制，因此对财务报告内部控制发表否定意见。

（2）A 注册会计师认为乙公司财务报告内部控制虽不存在重大缺陷，但仍存在一项重大事项需要提请内部控制审计报告使用人注意，因此在内部控制审计报告中关键事项段予以说明。

（3）A 注册会计师在审计过程中发现，某项控制对丙公司经营的效率效果控制目标的实现有重大不利影响，确定该项控制属于非财务报告内部控制缺陷为重大缺陷，因此在内部控制审计报告增加强调事项段，提示内部控制审计报告使用者注意相关风险。

（4）由于审计范围受到限制，A 注册会计师计划对丁公司出具保留意见或者无法表示意见的内部控制审计报告。

（5）A 注册会计师知悉戊公司对内部控制自我评价基准日内部控制有效性有重大负面影响的期后事项，因此对本年财务报告内部控制发表保留意见。

（6）针对内部控制审计，戊公司管理层拒绝提供书面声明，A 注册会计师出具了否定意见的内部控制审计报告。

【要求】

针对上述第（1）~（6）项，假定均为独立事项，不考虑其他条件，逐项指出 A 注册会计师的做法是否恰当。如不恰当，简要说明理由。

答案部分

第一章 审计概述

一、单项选择题

1. A 2. C 3. B 4. B 5. C 6. C 7. C 8. B 9. B 10. C 11. B 12. A
13. B 14. B 15. A 16. B 17. C 18. A 19. A 20. A 21. A 22. C 23. D

二、多项选择题

1. ABD 2. ACD 3. ACD 4. BD 5. ABD 6. BCD 7. ABCD 8. ABCD

三、名词解释

1. 审计是由专职机构或专业人员接受委托或授权，根据审计标准，采用相应的审计方法对被审计单位在一定时期内的会计资料的正确性和真实性及其所反映的财政财务活动的合法性、合理性及效益性进行监督、鉴证和评价，并出具审计报告，旨在确定或解除被审计单位的受托经济责任和促进其改善管理的一种独立性经济监督活动。

2. 民间审计是指注册会计师所执行的审计，是资本主义制度下的产物，随着资本主义商品经济的兴起得到迅速发展。

3. 内部审计是部门或单位内部专设的独立审计机构或审计人员对本部门、本单位的财务收支和经济活动所进行的审计。

4. 审计目标是指审查和评价审计对象所要达到的具体目的与要求。

四、简答题

1. 审计的含义是什么？何为审计？

【答】审计是由专职机构或专业人员接受委托或授权，根据审计标准，采用相应的审计方法对被审计单位在一定时期内的会计资料的正确性和真实性及其所反映的财政财务活动的合法性、合理性及效益性进行监督、鉴证和评价，并出具审计报告，旨在确定或解除被审计单位的受托经济责任和促进其改善管理的一种独立性经济监督活动。

审计由四个审计活动要素构成,包括三个关系人,也就是审计的授权人或委托人授权或委托审计人依据审计标准审计被审计人,并将审计结果传达给审计授权人或委托人,具体如图所示。

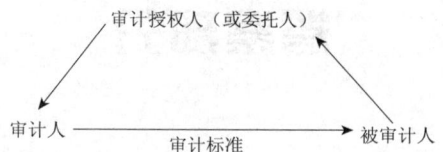

2. 审计的本质是什么?简述审计独立性的表现。

【答】审计的本质是一种具有独立性的经济监督活动,其本质特征集中体现于它的独立性方面。

审计的独立性表现在以下三个方面:

(1) 组织机构的独立。(这是保证审计工作独立性的关键)

(2) 审计人员精神上的独立。(自觉抵制各种干扰,做出客观公正的结论)

(3) 经济来源的独立。(这是保证审计组织独立和审计人员精神上独立的物质基础)

3. 审计具有哪些特征?

【答】审计作为一种具有独立性的经济监督活动,具有下列基本特征。

(1) 审计的独立性。独立性是审计的本质特征。(审计人员与被审计单位没有直接或间接的利害关系,从而使社会公众相信审计工作和审计报告是客观公正的)

(2) 审计的权威性。审计的权威性是保证有效行使审计权的必要条件。(各国国家法律对实行审计制度、建立审计机关以及审计机构的地位和权力都做了明确规定,这样使审计组织具有法律的权威性)

(3) 审计的客观性。审计的客观性是指审计人员的行为和所提供的审计报告具有客观公正性。(审计人员只有同时保持独立性、客观性,才能取信于审计授权人或委托人和社会公众)

(4) 审计的广泛性。审计的广泛性是指审计的范围十分广泛。

4. 简述审计是怎样产生的。

【答】生产力的发展,两权分离,经济责任关系的形成,基于对经济活动监督的客观需要产生了审计。

审计产生的最初形式是国家的政府审计。经过漫长的历史演变过程,逐渐深入民间,形成民间审计。后来,为了加强企业内部管理,又诞生了内部审计。

审计产生的社会基础:受托经济责任关系。

审计发展的动力:受托经济责任内容的复杂化和经济管理与控制的加强。

5. 简述政府审计的发展历程和我国政府审计的历史沿革。

【答】(1) 政府审计的历史发展过程,大体可以划分为从属国家监察职能阶段、专门审计职能阶段和独立审计职能阶段。

①从属国家监察职能阶段。在这一阶段，政府审计制度还包含在国家的政治经济监察制度之中，尚未独立，审计监督职能由从事政治经济监察的机构或人员来实现。

②专门审计职能阶段。在这一阶段，政府审计从监察机构中独立出来，形成了专门的审计监察机构，设置专司审计职责的官员。

③独立审计职能阶段。在这一阶段，政府审计机构从国家行政或财政部门独立出来，进入立法或司法序列，现代政府审计制度确立。

(2) 我国政府审计的历史沿革。

①西周初期初步形成阶段。我国政府审计起源于周朝，设置下大夫宰夫实施政府审计。

②秦汉时期最终确立阶段。秦汉时期实行御史监督制度，形成一个全国统一的审计监督系统。

③隋唐至宋日臻健全阶段。隋朝设置比部，行使审计职权。唐代比部成为独立于财会部门之外的专门审计机构。宋代审计院的设立，使"审计"一词成为财政监督的专门名词。

④元明清停滞不前阶段。元代取消比部。明朝初期设比部，不久即取消；清承明制，取消了独立审计组织，其财计监督和政府审计职能被严重削弱。

⑤中华民国演进阶段。中华民国于1912年在国务院下设审计处，1914年北洋政府将其改为审计院，同年颁布了《审计法》。

⑥新中国振兴阶段。1983年9月15日，国家审计署正式成立。1994年8月31日通过《中华人民共和国审计法》，1995年1月1日开始实施。

6. 简述民间审计的历史演变过程。

【答】民间审计是资本主义制度下的产物，民间审计的发展大致经历了错弊审计、财务会计报表审计和管理审计三个阶段：

①错弊审计阶段。查尔斯·斯耐尔是第一位受聘对股份公司的会计记录进行审查的会计师。1853年在苏格兰的爱丁堡成立了"爱丁堡会计师协会"，是世界上第一个职业会计师的专业团体。从1844年到20世纪初，是注册会计师审计的形成时期。这一阶段的审计也称为英国式审计。

②财务会计报表审计阶段。进入20世纪以后，在美国首先兴起了资产负债表审计。1887年美国会计师公会成立，1957年改名为美国注册会计师协会（AICPA）。20世纪20年代后，美国率先进入以损益表为重点的财务报表审计时代。这一阶段的审计也称为美国式审计。

③管理审计阶段。此阶段，外部审计与内部审计并重、事后审计与事前审计并重。出现了经营审计、管理审计、经济效益审计等概念。开展了以评价内部控制为基础的结合统计抽样方法的制度基础审计。国际性会计公司如毕马威、安永、永道、德勤、普华永道等相继出现，民间审计得到全面发展。

7. 简述我国民间审计的历史沿革。我国注册会计师审计经历了哪几个发展阶段？

【答】（1）1918年，开办了第一家会计师事务所——"正则会计师事务所"。

1980年，财政部发布《关于成立会计顾问处的暂行规定》，标志着我国注册会计师制度恢复。

1981年1月1日，上海会计师事务所宣告成立。

2007年1月1日，实施中国注册会计师执业准则体系。

2016年12月23日，财政部印发，从2017年1月1日开始，分批、分步骤实施新的审计报告准则。

（2）我国注册会计师审计经历了恢复起步阶段（1980～1986年）、创业阶段（1986～1988年）、全面发展阶段（1988～1993年）、进入腾飞阶段（1994年以后）。

8. 简述内部审计是怎样形成的。

【答】（1）国外内部审计发展历程。

①封建社会时期，内部审计主要采取寺院审计、城市审计、行会审计、银行审计等形式。

②19世纪末20世纪初，进入近代内部审计时期。1844年英国议会制定了《公司法》。1875年，德国的克虏伯公司实行了内部审计制度。20世纪初，美国的铁道部门开始了对铁路系统的内部财务审计与经营审计。

③20世纪40年代以后，现代内部审计兴起。1941年，美国最早建立了"内部审计师"协会。1974年该协会成为国际性内部审计组织——国际内部审计师协会（IIA）。

（2）我国内部审计的产生和发展。

①我国于1984年在部门、单位内部成立了审计机构，实施内部审计监督。

②1985年，国务院发布了《内部审计暂行办法》。

③1987年4月，中国内部审计协会在北京正式成立。

④1987年年底，中国内部审计协会作为团体会员加入国际内部审计师协会。

⑤1989年，审计署发布了《关于内部审计工作的规定》。

⑥从2003年4月开始，中国内部审计协会分批发布了内部审计准则。

⑦2013年，中国内部审计协会发布了新的《中国内部审计准则》。

9. 简述审计的对象和目标。

【答】（1）审计对象是指被审计单位的财政收支、财务收支和有关经济活动以及作为提供这些经济活动信息载体的会计资料和其他资料。

（2）审计目标是指审查和评价审计对象所要达到的具体目的与要求。对于审计目标的具体内容可从以下三个方面理解：

①真实性。

②合法性。

③效益性。

10. 审计有哪些职能和作用？

【答】（1）审计的职能是审计本身所固有的体现审计本质属性的内在功能，是审计能够适应社会经济生活的需要所具备的能力。目前，公认的审计职能有三个：

①经济监督职能。经济监督是最基本的职能，这是由审计的本质所决定的，是客观存在的，不进行监督就无所谓审计。

②经济鉴证职能。经济鉴证职能是民间审计发展到财务会计报表审计阶段由经济监督职能派生出来的。

③经济评价职能。经济评价也是从审计监督职能中派生出来的。

上述三种审计职能相互联系、互为因果，客观地存在于审计之中。

（2）审计的作用是指履行了审计的职能，实现审计目标，在审计工作实践中所体现出的效果和影响。审计的职能决定了审计的作用。一般来说，审计的作用主要有以下两种：

①防护性作用。

②促进性作用。

11. 建立和完善我国审计制度有何重大意义？

【答】（1）建立和完善审计监督制度是维护国家财政经济秩序的客观需要。

（2）建立和完善审计监督制度对健全社会经济法制具有重大意义。

（3）建立和完善审计监督制度，可以促使企业加强管理，提高经济效益。

（4）建立和完善审计监督制度，对进一步对外开放有重要促进意义。

（5）建立和完善审计监督制度，对开展我国环境审计和加快对碳排放治理有着重大现实意义。

第二章 审计组织体系和审计分类

一、单项选择题

1. B 2. C 3. B 4. D 5. C 6. D 7. D 8. D 9. D 10. B 11. C 12. A 13. A 14. B 15. D 16. D

二、多项选择题

1. ACD 2. AC 3. AD 4. ABD 5. ABC 6. AC 7. ABCD 8. BCD 9. ABCD 10. ABCD 11. ABD 12. AD 13. ACD 14. ABCD 15. ABCD 16. ABCD 17. ABCD 18. AD 19. ABD

三、名词解释

1. 经济责任审计是审计机关对国家机关、企事业单位等负责人在任职期间应负的经济责任进行监督和评价的一种审计。

2. 鉴证业务是指注册会计师对鉴证对象信息提出结论，以增强除责任方之外的预期使用者对鉴证对象信息信任程度的业务。

3. 内部审计是在部门或单位内部设置的专职的审计机构或审计人员对本部门或本单位进行的审计。

4. 经济效益审计是指审计机构对被审计单位的财政、财务收支及其经营管理活动的经济性、效率性和效益性所实施的审计。

5. 财务收支审计是指审计机构对被审计单位的财务会计报表及有关资料的公允性及其所反映的财政、财务收支的合法性和合规性所进行的审计，是一种传统的常规审计。

6. 合规审计是为查明和确定被审计单位财务活动或经营活动是否符合有关法律、法规、规章制度、合同、协议及有关控制标准而进行的审计。

7. 内部审计人员是指在部门或单位内部审计机构工作的领导人员和专业人员。内部审计机构设立主管人员一人和审计专业人员若干人。

8. 注册会计师是依法取得注册会计师证书并接受委托从事审计和会计咨询、相关服务业务的执业人员。

四、简答题

1. 简述我国的审计监督体系的构成及特点。

【答】（1）我国的审计监督体系由政府审计、内部审计和注册会计师审计构成。

（2）它们相互联系，各自独立，各司其职，泾渭分明地在不同的领域实施审计；它们各有特点，相互不可替代，不存在主导和从属的关系。

2. 政府审计机关的类型有哪几种？并对其做出评价。

【答】各国的政府审计机关按其隶属关系和地位不同可分为四种模式。

（1）立法型模式。立法型审计机关地位高、独立性强、权威性大，是一种较理想的政府审计机关的设置模式。

（2）司法型模式。司法型审计机关具有司法地位，可以直接行使司法权力，具有很高的权威性。

（3）行政型模式。行政型审计机关依据政府法规进行审计工作，其独立性相对低些。

（4）独立型模式。独立型审计机关只受法律约束，不受政府机关的直接干预。

3. 我国政府审计机关的组织情况如何？

【答】我国的政府审计机关分为国务院和地方两级，实行"统一领导，分级负责"的双重管理体制。

（1）最高国家审计机关设置在国务院，称为中华人民共和国审计署。审计署在国务院总理的领导下主管全国的审计工作，对国务院负责并报告工作。审计长是审计署的行政首长。

(2) 我国县级以上地方人民政府设立审计厅或审计局，接受本级人民政府和上一级审计机关的双重领导。审计组织的行政隶属关系在地方，其负责人的任免由各级地方人民代表大会决定。审计机关根据工作需要可以在其审计管辖范围内派出审计特派员。审计机关履行职责所必需的经费应当列入财政预算，由本级人民政府予以保证。

4. 我国政府审计机关有哪些职责和权限？

【答】（1）政府审计机关的主要职责：

①审计监督职责。

②经济责任审计职责。

③专项审计调查职责。

（2）政府审计机关的权限：

①要求报送资料权。②审计检查权。③审计调查权。④违规行为制止权。⑤审计建议权。⑥审计结果通报权。⑦请求协助权。⑧行政处罚权。⑨处罚处理建议权。⑩移送司法处理权。

5. 政府审计有哪些特征？

【答】政府审计是国家审计机关实施的审计，它与民间审计、内部审计相比有其自身的特征：

①政府审计监督的强制性。

表现为：执行审计任务的主体是专事国有财产监督的政府职能部门——审计机关，其监督客体是国有资产的管理和经营。审计机构对违反国家规定的财政收支或财务收支行为，可在法定的职权范围内，依法做出有法律效力的审计决定，责令被审计单位执行，并可依法对被审计单位进行处罚等。

②审计机构设置的系统性。

表现为：我国政府审计在国务院设审计署，在各级地方人民政府设立审计厅或审计局，地方各级政府的审计机构实行双重领导体制，审计业务以上级审计机构领导为主；审计署还可以向国务院各部委派驻执行各部委审计职能的审计局。

③审计工作的独立性。

表现为：政府审计在机构设置、经费使用、工作安排、处理与处罚方面都具有相当的独立性。不过，政府审计的这种独立性仅是针对被审计单位而言的一种单向的独立性。

④审计范围的广泛性。

表现为：政府审计对象多、业务面宽。与国有资产有关的财政收支或财务收支活动都是政府审计的范围，且涉及面很广。

6. 什么是民间审计组织？其组织形式有几种？

【答】（1）民间审计组织是由具有一定资格的专业人员，通过政府部门的批准，以一定的组织方式形成的审计机构，即注册会计师依法承办业务的机构。民间审计组织多称为会计师事务所或会计公司。

(2) ①独资会计师事务所。

优点：它对执业人员的需求不多，容易设立，执业灵活，能在代理记账、代理纳税等方面较好地满足小型企业对注册会计师服务的需求。

缺点：无力承担大型业务，缺乏发展后劲。

②普通合伙制会计师事务所。

优点：它在风险的牵制和共同利益的驱动下，促使事务所强化专业发展，扩大规模，提高规避风险的能力。

缺点：任何一个合伙人在执业中的错弊行为都可能给整个事务所带来灭顶之灾。

③股份有限公司制会计师事务所。

优点：它可以通过股份制形式迅速地聚集一批注册会计师，建立规模型大所，承办大型业务。

缺点：降低了风险责任对执业行为的高度约束，弱化了注册会计师的个人责任。

④有限责任合伙制会计师事务所。

它既融入了合伙制和股份有限公司制会计师事务所的优点，又摒弃了它们的不足，已成为当今注册会计师职业界组织形式发展的一大趋势。

7. 目前，我国会计师事务所的组织形式有哪几种？它们的设立条件是什么？

【答】我国会计师事务所的组织形式有普通合伙制、有限责任公司制和特殊普通合伙制。

（1）负有限责任的会计师事务所：

①不少于人民币 30 万元的注册资本；

②有 10 名以上在国家规定的职龄以内的专职从业人员，其中至少有 5 名注册会计师；

③有 5 名以上符合规定条件的发起人；

④有固定的办公场所；

⑤审批机关规定的其他条件。

（2）合伙会计师事务所：

①有 2 名以上符合规定的注册会计师为合伙人，由合伙人聘用一定数量符合规定条件的注册会计师和其他专业人员参加会计师事务所工作；

②有固定的办公场所和必要的设施；

③有能够满足执业和其他业务工作所需要的资金。

（3）特殊普通合伙会计师事务所：

①有 25 名以上符合规定的合伙人；

②50 名以上注册会计师；

③人民币 1 000 万元以上的注册资本。

8. 简述我国民间审计的业务范围。

【答】民间审计组织可接受委托承办审计业务和会计咨询、服务业务。此外，注册会计师还可以根据委托人的委托从事审阅业务、其他鉴证业务和相关服务业务。

（1）审计业务：

①审查企业财务会计报表，出具审计报告；

②办理企业合并、分立、清算事宜中的审计业务，出具有关报告；

③法律、法规规定的其他审计业务。

（2）审阅业务：主要指财务会计报表审阅。

（3）其他鉴证业务：

①预测性财务信息的审核；

②内部控制审计以及基建工程预算、结算、决算审核等。

（4）相关服务业务：

①管理咨询业务；

②税务服务业务；

③代编财务信息；

④会计服务；

⑤对财务信息执行商定程序等其他服务业务。

9. 我国注册会计师的执业规则有哪些？

【答】我国注册会计师的执业规则：

①注册会计师承办业务，由其所在的会计师事务所统一受理并与委托人签订委托合同。

②注册会计师从事业务，可以根据需要查阅委托人的有关会计资料和文件，查看委托人的业务现场和设施，要求委托人提供其他必要的协助。

③注册会计师与委托人有利害关系的，应当回避。

④对执行审计业务中知悉的商业秘密，负有保密义务。

10. 民间审计的特征是什么？

【答】（1）独立性。民间审计的独立性则表现为既独立于审计的委托人又独立于被审计单位。

（2）受托有偿审计。只能接受委托形成与被审计单位的审计关系，不可强制审计。其要以业务收入抵补其支出，只能进行有偿服务。

（3）审计内容依审计业务约定书而定。审计内容要视委托单位的需要依审计业务约定书的说明而定。若审计业务约定书没有说明，就不属于应审计的内容。

（4）审计结论为以审计报告形式表达的审计意见。根据大量的审计证据发表独立、客观、公正的审计意见，以合理保证审计报告使用人确定已审计的被审计单位会计报表的可靠程度，为审计委托者确立或解除被审计单位的经济责任提供参考。

11. 内部审计机构的类型有哪几种？

【答】内部审计机构是实施内部审计的主体。在企业内部设立内部审计部门，其领导类型可以归纳为三种类型：

（1）由本企业董事会或其所属审计委员会领导的内部审计部门。

(2) 由本企业总裁或总经理领导的内部审计部门。
(3) 由本企业主管财务的副总裁或总会计师领导的内部审计部门。
上述三种类型，从领导层次的权威性和独立性来看，层次越高，越能保证内部审计部门独立、有效地开展审计工作。

12. 简述我国内部审计机构的设立条件和业务范围。

【答】(1) 应当设立内部审计机构对本部门或本单位的经济活动进行审计监督：

①审计机关未设立派出机构、财政财务收支金额较大或者所属单位较多的政府部门；
②县级以上的国有金融机构；
③国有大中型企业；
④国家大型建设项目的建设单位；
⑤财政财务收支金额较大或者所属单位较多的国家事业单位等。

(2) 业务范围：
①财务计划或者单位预算的执行和决算；
②与财务收支有关的经济活动及其经济效益；
③国家和单位资产的管理情况；
④国家财经法纪的执行情况；
⑤承包、租赁经营的有关审计事项；
⑥所在单位领导人交办的和政府审计机关委托的其他审计事项。

13. 内部审计的特征是什么？

【答】(1) 审计服务的内向性。内部审计机构是为本部门、本单位服务的，它既是审计监督者，更是经济管理方面的参谋和助手。

(2) 审计业务的多样性。
①内部财务审计，经营、管理审计和风险审计、内控审计；
②事后审计，事前、事中审计；
③特定业务的审计调查和专项审计。

(3) 审计时间的经常性。内部审计机构可以进行经常性的监督和检查，一旦出现漏洞、弊端，及时予以补救，其审计效率远远高于外部审计。

(4) 审计效果的显著性。内部审计人员对本部门、本单位较为了解，做出的审计结论也较具针对性，提出的改进措施和审计建议易于被领导所采纳，寓监督于服务之中。

14. 我国审计的基本分类有哪些内容？

【答】(1) 按审计主体的性质分类：
①政府审计。②民间审计。③内部审计。
(2) 按审计的内容和目的分类：
①财务收支审计。②经济效益审计。③合规审计。④经济责任审计。

15. 我国审计的其他分类有哪些内容？

【答】(1) 按审计业务范围分类：①全部审计。②局部审计。

(2) 按审计实施时间分类：①事前审计。②事中审计。③事后审计。
(3) 按审计工作地点分类：①送达审计。②就地审计。
(4) 按审计执行方式分类：①强制审计。②非强制审计。
(5) 按审计是否定期分类：①定期审计。②不定期审计。
(6) 按审计组织程序分类：①计划内审计。②计划外审计。
(7) 按审计前是否通知被审计单位分类：①预告审计。②突击审计。
(8) 按审计对象的规模分类：①宏观审计。②微观审计。

五、业务分析题

【答】(1) 政府审计与民间审计有所不同，这是两种不同类型的审计，具体的差别体现在以下4个方面。

①设置的法律依据不同。

审计机关是依据宪法设置的。会计师事务所是依法批准的组织，具有法人资格。审计机关的任务，是代表国家实行外部审计监督。会计师事务所的任务，是向社会承办审计查证和咨询服务。

②组织机构的性质不同。

政府审计的主体是各级国家审计机关，属政府序列，审计机关是各级政府的组成部分，其所需经费纳入国家财政预算，由财政拨款解决。而民间审计组织的审计主体是经政府有关部门批准成立的会计师事务所，不是政府的职能部门，通过有偿服务取得收入，实行自收自支的独立核算。

③审计权限的行使不同。

政府审计是强制性审计监督，有权要求被审计单位报送有关资料，有检查权、调查权和临时处置权等。审计之后有权依法进行处理，包括经济处罚权、通报权、建议处分权等，被审计单位必须执行。而民间审计组织只能接受有权机关和单位委托，在被受命时才有检查权、建议权和处理权。所以，民间审计组织在审计过程中的职权是由委托方授予的，其范围不超过委托方的职权。

④职能履行的不同。

国家审计机关根据宪法与有关规定可以主动地制订审计计划，对被审计单位进行审计。而民间审计组织只有在接受委托之后承诺履行职责，不能像国家审计工作机关那样实行强制性审计，不能直接安排审计任务。所以，这种委托审计的方式形成了民间审计组织在履行职能上的被动性，同时还要向被审计单位的委托单位承担一定的义务和法律责任。

(2) 中国红十字会应该建立内部审计机构，因为内部审计与外部审计相比，具有如下特点：

①审计服务的内向性。

内部审计机构是部门、单位的职能管理部门，内部审计人员是部门、单位的工作人员，这就决定了内部审计机构是为本部门、本单位服务的，它既是本部门、本单位的审计监督者，更是本部门、本单位在经济管理方面的参谋和助手。

这就要求各部门、各单位要充分重视内部审计服务的内向性特征,从加强本部门、本单位的管理和控制入手,做好内部审计工作,使其在提高管理水平、提高经济效益方面充分发挥作用。

②审计业务的多样性。

内部审计本身的地位决定了审计业务非常灵活,即审计工作在很大程度上视单位领导和管理工作的需要而定。从其业务内容来看,它既可进行内部财务审计,也可进行经营、管理审计和风险审计、内控审计;既可以进行事后审计,也可以进行事前、事中审计;还可以根据单位的安排进行特定业务的审计调查和专项审计。

③审计时间的经常性。

内部审计机构作为部门、单位的一个专职审计机构,可以对本部门、本单位的经济活动进行经常性的监督和检查,一旦出现漏洞、弊端,内部审计机构可以及时组织力量进行专题审计,并对发现的问题提出针对性措施,及时予以补救,防止弊端的蔓延和问题的复杂化,其审计效率远远高于外部审计。

④审计效果的显著性。

由于内部审计是部门、单位的构成部分,内部审计人员对本部门、本单位的生产经营情况及管理状况较为了解,因此,内部审计可最为直接地确定经营管理的效率以及部门或单位的人、财、物等资源的利用情况,做出的审计结论也较具针对性,提出的改进措施和审计建议易于被领导所采纳,可真正发挥领导的参谋、助手作用,寓监督于服务之中。

因此,中国红十字会应建立内部审计部,其作用是对委托的外部审计公司的工作进行补充。

第三章 审计标准和审计准则

一、单项选择题

1. C 2. D 3. B 4. D 5. A 6. C 7. C 8. B 9. D 10. C 11. A 12. D 13. A 14. A 15. D

二、多项选择题

1. ABD 2. ABCD 3. AD 4. ABCD 5. AC 6. ABCD 7. ABCD 8. ABCD 9. ABD 10. ACD 11. ABD

三、名词解释

1. 审计标准也称审计依据,是指对被审计单位经济活动进行判断和评价的标准,是审计人员提出审计意见、做出审计结论的客观根据。

2. 注册会计师审计准则是用来规范注册会计师执行审计业务、获取审计证据、形成审计结论、出具审计报告的专业标准。

3. 注册会计师职业道德就是指注册会计师职业品德、职业纪律、专业胜任能力及职业责任等的总称。

4. 注册会计师职业后续教育是指注册会计师为保持和提高其专业胜任能力与执业水平，掌握和运用相关新知识、新技能、新法规所进行的学习与研究。

5. 职业道德是指某一职业组织以公约、守则等形式公布的其会员自愿接受的职业行为标准。

四、简答题

1. 什么是审计标准？审计标准在审计过程中的意义是什么？

【答】（1）审计标准也称审计依据，是指对被审计单位经济活动进行判断和评价的标准，是审计人员提出审计意见、做出审计结论的客观根据。

（2）审计标准在审计过程中的意义：

①审计是一种具有独立性的经济监督活动，为了能够进行监督，必须有遵循的标准和尺度，否则无法衡量被审计单位的经济活动是否真实、合法和有效。

②审计人员在对被审计单位的经济活动进行审查、鉴证和评价的过程中，不是凭审计人员的主观臆断自作主张，而只能是站在公正、客观的立场上，以被审计单位的经济事实为基础，以审计标准为准绳，实事求是地分析，客观地评价，从而得出公正的结论，提出恰如其分的处理意见和改进建议，这样才能取信于社会。

③审计标准是审计活动不可缺少的基本要素之一，是审计人员提出审计意见、做出审计结论的基础，没有审计标准，审计活动无法进行。

可见，审计标准的科学选用，对恰当地判断和评价被审计单位的经济活动，做出正确的审计结论，真正发挥审计的职能和作用，有着极其重要的意义。

2. 审计标准主要包括哪些内容？

【答】①法律、法规。法律如《宪法》《公司法》《经济合同法》《会计法》《审计法》《税法》《企业破产法》等。法规如《现金管理条例》《银行结算办法》等。

②会计准则和会计制度。如《企业会计准则》和《企业会计制度》等。

③各种规章制度。即被审计单位的主管部门或行业协会统一制定的规章制度，或者被审计单位自己制定的各项经营管理制度。

④预算、计划、合同。如总预算和单位预算；供应、生产、销售计划；投资合同、购销合同、承包合同等。

⑤业务规范、技术经济指标。如人员配备定额、原材料消耗定额、能源消耗定额、工时定额、设备利用定额以及各种质量标准和管理标准。

3. 审计标准有何特征？如何运用？

【答】（1）层次性。

层次越高,其所制定的审计标准越有权威性,效力越大,越能取得社会公认。审计人员实施审计时,应根据审计事项确定的审计任务,按照需要选用不同层次的审计标准,应尽可能用较高层次的标准。

(2) 相关性。

审计标准必须要与审计对象密切相关,是针对审计对象的标准。与审计对象不相关或关系不大,就不能作为审计标准。面临若干种审计标准,它们之间除相互联系外还会出现相互矛盾,找出最能反映事物本质、击中问题要害的审计标准以形成审计结论和意见。

(3) 时效性。

审计人员在从事审计业务的活动时,密切注意各种审计标准的变化,注意其时效性。审查过去的经济活动时,不能以新法规和制度规定来加以衡量;反之,审查目前的经济活动时,也不能以过去适用的而现在已经修订的法规和制度规定加以衡量。

(4) 地域性。

审计人员在判断和评价被审计事项时,必须要以本地区、本系统、本部门的有关法规或相应条款作为审计标准。

4. 什么是审计准则？它与审计标准有何不同？有什么作用？

【答】(1) 审计准则是审计人员进行审计工作时所必须遵循的行为规范和衡量审计工作质量的标准。

(2) 审计准则是对审计机构和审计人员本身素质及其工作质量的要求。在审计准则中,一般要规定审计人员应具备的条件以及审计人员执行审计业务和编写审计报告应遵循的程序与规范。它虽不具备法令的强制力,但审计人员从事审计时必须遵循。

而审计标准也称审计依据,是指对被审计单位经济活动进行判断和评价的标准,是审计人员提出审计意见、做出审计结论的客观根据。

(3) 审计准则的作用：

①审计人员按照审计准则的规范完成审计工作,客观公正地对审计事项进行鉴证和评价,其审计结论就会取得社会的信任。

②审计准则作为审计人员的行为规范,对审计工作是一种有力的约束,这对保证审计工作质量十分必要。

③审计准则也有利于维护审计组织和审计人员的正当权益,使其免受不公正的指责和控告,审计准则成为划清审计人员责任界限的一个重要依据。

5. 审计准则的基本内容有哪些？

【答】(1) 一般准则。

①审计应由经过充分技术训练并精通审计实务的人员担任。

②审计人员在执行工作时,必须保持独立的意志和态度。

③在执行审计工作和撰写审计报告时,应保持职业人员应有的严谨态度。

（2）外勤准则。

①审计工作必须妥善地进行计划安排，如有助理人员，必须加以监督和指导。

②应适当地研究和评价现行的内部控制制度，以确定其可资信赖的程度，并以此决定审计程序和测试范围。

③运用检查、观察、查询、函证等方法，以获取充分而确切的证据，作为对所审核的财务会计报表表示意见的合理根据。

（3）报告准则。

①审计报告应说明会计报表是否按照一般公认的会计准则编制。

②审计报告应说明本期所使用的会计准则是否与上期一致。

③除非报告中另有说明，会计报表中所提供的资料应被视为合理和充分的。

④审计报告应就整个会计报表表示意见，或断然表明不能表示意见。如属后者，应说明理由。在任何情况下，会计报表一经审计人员签署，即应在报告中明确表示审核的性质与所负责任的程度。

6. 简述我国政府审计准则的框架结构。

【答】我国制定政府审计准则的权威机关是国家审计署。我国的政府审计准则体系由政府审计基本准则、通用审计准则和专业审计准则、审计指南三个层次组成。

①政府审计基本准则。

政府审计基本准则是政府审计准则的总纲，是衡量审计质量的基本尺度。它包括总则、一般准则、作业准则、报告准则、处理处罚准则和附则等部分。

②通用审计准则和专业审计准则、审计指南。

审计署依据政府审计基本准则的内容和我国审计业务工作程序环节研究制定的，从不同的环节和不同的角度提出的具体规范。

我国现行的《中华人民共和国国家审计准则》共七章200条，具体包括总则、审计机关和审计人员准则、审计计划准则、审计实施准则、审计报告准则、审计质量控制和责任准则及附则。

7. 我国注册会计师执业准则体系包括哪些内容？

【答】中国注册会计师执业准则体系是受注册会计师职业道德准则统御，包括注册会计师业务准则、会计师事务所质量控制准则。注册会计师业务准则包括鉴证业务准则和相关服务准则。

①我国注册会计师执业准则体系。

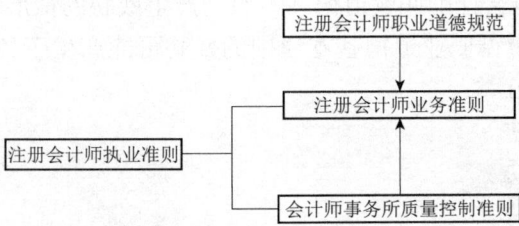

②我国注册会计师业务准则体系。

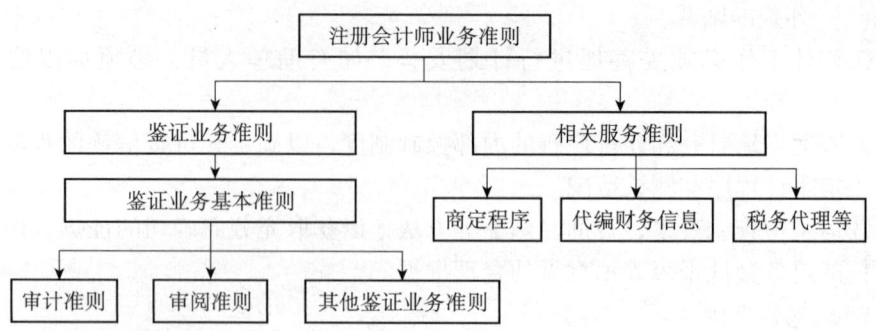

8. 简述会计师事务所质量控制的目标和要素。

【答】（1）质量控制的目标：

会计师事务所建立并保持质量控制制度，以合理保证：会计师事务所及其人员遵守职业准则和适用的法律法规的规定；会计师事务所和项目合伙人出具适合具体情况的报告。

（2）会计师事务所的质量控制制度由以下六项要素构成：

①对业务质量承担的领导责任；

②相关职业道德要求；

③客户关系和具体业务的接受与保持；

④人力资源；

⑤业务执行；

⑥监控。

9. 简述业务质量控制的内容。

【答】（1）对业务质量承担的领导责任；

（2）相关职业道德要求；

（3）客户关系和具体业务的接受与保持；

（4）人力资源；

（5）业务执行；

（6）监控；

（7）对质量控制制度的记录。

10. 注册会计师职业道德的基本原则是什么？

【答】职业道德基本原则就是：诚信、独立、客观、专业胜任能力和应有的关注、保密、职业行为。

11. 简述对注册会计师职业道德基本原则产生威胁的情形和防范措施。

【答】（1）对遵循职业道德基本原则的威胁可能产生于各种情形和关系，威胁可以归纳为以下五类：

①自身利益威胁。

②自我评价威胁。

③过度推介威胁。

④密切关系威胁。

⑤外在压力威胁。
(2) 可以消除威胁或将其降至可以接受水平的措施包括两大类：
①由行业、法律法规或监管机构规定的防范措施。
②在工作环境中采取防范措施。

五、业务分析题

1. 【答】（1）违反了报告准则。因为注册会计师必须要在实施审计程序的基础上，才能出具审计报告。
（2）违反了一般准则。因为审计应由经过充分技术培训并精通审计实务的人员担任。
（3）违反了一般准则。因为审计人员在执行审计工作时，必须保持独立的意志和态度，不得兼任其他职务。
（4）违反了一般准则和工作准则。因为审计人员在执行工作时，必须保持独立的意志和态度，其他人不得兼任；审计工作必须妥善地进行计划安排，如有助理人员，必须加以监督和指导。

2. 【答】（1）不符合。会计师事务所不得为获得客户而支付业务介绍费，否则对客观和公众原则，以及专业胜任能力都将产生非常严重和无法防范的不利影响。
（2）不符合。双方约定的收费方法和基础以审计工作结果为条件，属于或有收费。除非法律或法规允许，会计师事务所不得实行或有收费。
（3）不符合。会计师事务所可以聘请专家协助会计与审计以外的其他领域工作。在不具备会计与审计方面专业胜任能力的情况下，长税会计师事务所不能承接任务。
（4）不符合。在客户属于公众利益实体的情况下，会计师事务所不得提供与财务会计系统等相关的内部审计服务。
（5）不符合。会计师事务所不得向属于公众利益实体的审计客户提供对财务报表有重大影响的评估服务。
（6）不符合。如果审计项目组成员接受审计客户的礼品，将产生非常严重的不利影响，导致没有防范措施能够将其降到可接受水平。

第四章　审计目标和审计责任

一、单项选择题

1. D　2. B　3. B　4. A　5. D　6. B　7. D　8. B　9. C　10. C　11. D　12. A　13. C　14. D　15. D　16. A　17. D　18. B　19. A　20. D

二、多项选择题

1. AC　2. BD　3. ABD　4. AC　5. CD　6. ABC　7. AB　8. CD　9. ABCD

10. ABC 11. ABCD 12. AB 13. ABCD 14. ACD 15. ABC

三、名词解释

1. 审计目标是指在一定的历史环境下审计主体通过审计实践活动所期望达到的境地或最终结果。

2. 管理层认定是指管理层对财务会计报表各组成要素的确认、计量、列报做出的明确或隐含的表达。

3. 审计业务约定书是指会计师事务所与被审计单位签订的用以记录和确认审计业务的委托与受托关系、审计目标和范围、双方的责任与义务等事项的书面协议。

4. 错报是指某一财务报表项目的金额、分类、列报或披露，与按照适用的财务报告编制基础应当列示的金额、分类、列报或披露之间存在的差异。错报可能是由于错误或舞弊导致的。

5. 审计失败是指注册会计师由于没有遵守公认的审计准则而形成或提出了错误的审计意见。

四、简答题

1. 什么是审计目标？审计目标有什么作用？

【答】（1）审计目标是指在一定的历史环境下审计主体通过审计实践活动所期望达到的境地或最终结果。

（2）审计目标体现了审计的基本职能，是构成审计理论结构的基石，是整个审计系统运行的定向机制；审计目标对审计行为具有导向作用，是审计工作的出发点和落脚点。

2. 简述财务会计报表审计的总目标。

【答】在执行财务报表审计工作时，注册会计师的总体目标是：

（1）对财务报表整体是否不存在由于舞弊或错误导致的重大错报获取合理保证，使得注册会计师能够对财务报表是否在所有重大方面按照适用的财务报告编制基础编制发表审计意见；

（2）按照审计准则的规定，根据审计结果对财务报表出具审计报告，并与管理层和治理层沟通。

3. 什么是管理层认定？如何确定具体审计目标？

【答】（1）被审计单位管理层的认定。

管理层认定是指管理层对财务会计报表各组成要素的确认、计量、列报做出的明确或隐含的表达。

与财务会计报表有关的管理层认定有五种，即存在或发生、完整性、权利和义务、估价与分摊、表达与披露，用于以下三个方面。

①与各类交易和事项相关的认定。包括：发生；完整性；准确性；截止；分类。

②与期末账户余额相关的认定。包括：存在；权利和义务；完整性；计价和分摊。

③与列报相关的认定。包括：发生以及权利和义务；完整性；分类和可理解性；准确性和计价。

（2）具体审计目标的确定。根据被审计单位的管理层认定可以总结出来一般审计目标包括：总体合理性；真实性；所有权；完整性；估价；截止；机械准确性；分类；披露。其中，估价、截止、机械准确性三项目标是由估价和分摊认定推导得出的。分类和披露是与管理层有关的表达及披露的认定相对应的审计目标。

4. 简述实现审计目标的过程。

【答】（1）接受业务委托，签订审计业务约定书。

（2）计划审计工作，制定总体审计策略和具体审计计划。

（3）实施风险评估程序，确定重大风险领域。

（4）实施控制测试和实质性测试程序，收集充分、适当的审计证据。

（5）完成审计工作和编制审计报告，发表审计意见。

5. 注册会计师在签订审计业务约定书之前应做哪些工作？什么是审计业务约定书？其主要内容有哪些？

【答】（1）当会计师事务所能接受委托，就审计范围、双方义务、出具审计报告的时间要求、审计收费等主要事项与委托人商议并达成一致意见后，就可签订审计业务约定书。

（2）审计业务约定书是指会计师事务所与被审计单位签订的用以记录和确认审计业务的委托与受托关系、审计目标和范围、双方的责任与义务等事项的书面协议。

（3）审计业务约定书一般应包括以下基本内容：

①财务报表审计的目标与范围。

②注册会计师的责任。

③管理层的责任。

④指出用于编制财务报表所适用的财务报告编制基础。

⑤提及注册会计师拟出具的审计报告的预期形式和内容，以及对在特定情况下出具的审计报告可能不同于预期形式和内容的说明。

6. 注册会计师的职业责任有哪些？

【答】（1）对财务会计报表的责任。

①注册会计师的责任。对财务会计报表发表审计意见是注册会计师的责任。

②被审计单位管理层和治理层的责任。管理层通过编制财务会计报表反映受托责任履行情况，而治理层则被要求对管理层编制财务会计报表的过程实施有效的监督。

财务会计报表审计不能减轻被审计单位管理层和治理层的责任。

(2) 发现错报与舞弊的责任。

①注册会计师的责任。按照审计准则的规定实施审计工作，获取财务会计报表在整体上不存在重大错报的合理保证，无论该错报是由于舞弊还是由于错误导致。

②被审计单位管理层和治理层的责任。在防止或发现舞弊的责任方中，治理层承担的是一种监督职责，而管理层有责任在治理层的监督下建立良好的控制环境，维护有关控制制度和程序。

(3) 揭露违反法规行为的责任。

①注册会计师的责任。注册会计师没有责任防止被审计单位违反法律法规行为，也不能期望其发现所有的违反法律法规行为。注册会计师有责任对财务报表整体不存在由于舞弊或错误导致的重大错报获取合理保证。

②被审计单位管理层的责任。管理层承担着防止和发现违反法规行为的责任，承担被审计单位由于违法可能导致的处罚、诉讼和赔偿等后果。

7. 注册会计师法律责任有哪些种类？

【答】注册会计师因违约、过失或欺诈给被审计单位或其他利害关系人造成损失的，按照有关法律和规定，可能被判负行政责任、民事责任或刑事责任。这三种责任可单处，也可并处。一般来说，因违约和过失可能使注册会计师负行政责任和民事责任，因欺诈可能使注册会计师负民事责任和刑事责任。

(1) 行政责任。

行政责任是指注册会计师或会计师事务所在提供专业服务时，因违反注册会计师行业管理的法律、法规或规章，受到行业管理部门专业处罚的一种责任。从本质上讲，行政责任属于一种职业责任。对于注册会计师个人来说，行政处罚包括警告、暂停执业、吊销注册会计师证书；对于会计师事务所而言，行政处罚包括警告、没收违法所得、罚款、暂停执业、撤销等。

(2) 民事责任。

民事责任是指注册会计师或会计师事务所因违反合同或不履行其他义务或由于过错造成侵害国家的、集体的财产，或侵害他人财产、人身的行为，而承担的一种民事赔偿责任。我国会计师事务所和注册会计师承担的民事责任形式主要有赔偿损失、支付违约金等。

(3) 刑事责任。

刑事责任是指注册会计师因工作中存在违法行为，由国家司法机关予以追究，并予以刑事制裁所承担的法律责任。

8. 会计师事务所和注册会计师为避免法律诉讼可采取哪些对策？

【答】会计师事务所和注册会计师避免法律诉讼的具体措施可以概括为以下八点：

(1) 严格遵循职业道德规范和执业准则。

(2) 建立、健全会计师事务所质量控制制度。

(3) 招收合格的人员，并予以适当的培训和督导。

(4) 与委托人签订业务约定书。
(5) 谨慎选择被审计单位。
(6) 深入了解被审计单位的业务。
(7) 提取风险基金或购买责任保险。
(8) 聘请熟悉注册会计师责任的律师。

五、业务分析题

1. 【答】

程序	项目	认定
A	营业收入	截止
B	存货	计价和分摊
C	应付职工薪酬	存在
D	应付账款	完整性
E	固定资产	权利和义务

2. 【答】

(1) 为了支持诉讼请求，大股东 A 公司应当向法院提出下列理由：
① 注册会计师出具的审计报告是不实报告；
② 注册会计师审计存在过失；
③ 大股东 A 公司遭受了损失；
④ 注册会计师的过错与大股东遭受的损失之间存在因果关系。

(2) 甲、乙注册会计师提出的免责理由正确。
会计师事务所能够证明存在不承担民事责任的情形：已经遵守职业准则、规则确定的工作程序并保持必要的职业谨慎，但仍未能发现被审计单位的会计资料错误。

(3) 在下列情形下，长税会计师事务所和注册会计师们不承担民事责任：
① 已经遵守职业准则、规则确定的工作程序并保持必要的职业谨慎，但仍未能发现被审计单位财务报表存在的错报；
② 审计业务所必需依赖的银行提供虚假或不实的证明文件，会计师事务所在保持必要谨慎下仍未能发现虚假或者不实；
③ 已对被审计单位的舞弊迹象提出警告并在审计报告中予以指明。

第五章　审计计划和审计模式

一、单项选择题

1. C　2. D　3. C　4. B　5. B　6. D　7. C　8. B　9. D　10. C　11. C　12. B　13. B

二、多项选择题

1. ACD 2. ABCD 3. ABCD 4. ACD 5. ABD 6. ACD 7. BCD 8. AB
9. ABCD 10. ABD 11. BCD 12. ACD 13. AD 14. ABD 15. BCD

三、名词解释

1. 总体审计策略是用以确定审计范围、时间和方向，并指导制订具体审计计划的全面规划。

2. 实际执行的重要性水平是指注册会计师确定的低于财务报表整体重要性的一个或多个金额，旨在将未更正和未发现错报的汇总数超过财务报表整体的重要性的可能性降低至适当的低水平。

3. 审计风险是指财务会计报表存在重大错报而注册会计师发表不恰当审计意见的可能性。

4. 所谓重大错报风险是指财务报表在审计前存在重大错报的可能性，注册会计师只能评估而不能控制重大错报风险。

5. 所谓检查风险是指如果存在某一错报，该错报单独或连同其他错报可能是重大的，注册会计师为将审计风险降至可接受的低水平而实施程序后没有发现这种错报的风险。

6. 风险导向审计是以审计风险为导向，通过对审计风险的全面控制来实现审计目标的一种审计模式。

7. 具体审计计划是依据总体审计策略制定的，对实施总体审计策略所需要的审计程序的性质、时间和范围所做的详细规划与说明。

四、简答题

1. 注册会计师在具体执行审计程序之前要制订哪些审计计划？

【答】计划审计工作是一项持续的过程，贯穿审计工作始终，要根据审计过程中的实际情况，不断修订、完善审计计划。在计划审计工作时，注册会计师需要进行：

①初步审计活动；

②制定总体审计策略；

③设计具体审计计划；

④确定审计重要性水平；

⑤确定可接受的审计风险水平；

⑥配置审计项目人员等。

2. 初步业务活动的内容有哪些？

【答】（1）针对保持客户关系和具体审计业务，实施相应的质量控制程序：

①了解被审计单位及其所在行业和经营环境的情况。

②评价被审计单位的诚信和管理当局的品行。

（2）对财务报表审计实施的质量控制，评价遵守职业道德规范的情况。

（3）就审计业务约定条款与被审计单位达成一致意见。

3. 什么是总体审计策略？其主要内容有哪些？

【答】（1）总体审计策略是用以确定审计范围、时间和方向，并指导制订具体审计计划的全面规划。

（2）制定总体审计策略时应当研究以下主要内容：

①审计范围。

②审计时间。

③审计方向。包括：确定报表层重要性水平；初步识别可能存在较高的重大错报风险的领域。

④审计资源。包括：向具体审计领域调配的资源；向具体审计领域调配资源的数量；调配审计资源的时间；管理、指导、监督审计资源利用具体计划。

4. 什么是具体审计策略？其主要内容有哪些？

【答】（1）具体审计计划是依据总体审计策略制定的，对实施总体审计策略所需要的审计程序的性质、时间和范围所做的详细规划与说明。

（2）具体审计计划比总体审计策略更加详细，其内容包括为获取充分、适当的审计证据将审计风险降至可接受的低水平；项目组成员拟实施的审计程序的性质、时间和范围。

①风险评估程序。

②计划实施的进一步审计程序。

③计划其他审计程序。

5. 什么是审计重要性水平？如何理解重要性？

【答】（1）审计重要性水平就是在一定经济环境下改变财务报表阅读者以此做出经济决策的错报漏报的严重程度。重要性水平是可允许的最大错报漏报的严重程度。

（2）重要性取决于在具体环境下对被审计单位错报金额和性质的判断，财务会计报表错报包括报表金额的错报和报表披露的错报。

①重要性是针对财务会计报表而言的一种职业判断。

②重要性概念必须从财务会计报表使用者整体的角度来考虑。

③对重要性的判断是根据具体环境做出的，并受错报的金额或性质的影响，或受两者共同作用的影响。

6. 重要性水平划分为几个层面？重要性水平确定的方法有几种？

【答】（1）重要性水平的划分：注册会计师通常从会计报表层次和各类交易、账户余额、列报认定层次两个层面确定重要性水平。

（2）注册会计师应当根据审计实务结合被审计单位的具体情况，从数量和性质两个方面考虑确定重要性。

①定量确定报表层重要性水平的方法，即固定比率法。

对于以营利为目的的企业，来自经常性业务的税前利润或税后净利润的

5%~10%，或收入、总资产的0.5%~1%；对于非营利性组织，费用总额或总收入的0.5%~1%；对于共同基金公司，净资产的0.5%~1%。

②定性确定重要性水平的考虑，金额不重要的错报从性质上看有可能是重要的。例如，涉及舞弊或违法行为的错报或漏报；可能引起改造契约义务的错报或漏报；影响盈亏状况的错报或漏报；不期望出现的错报或漏报。

③定量确定认定层次重要性水平的方法。把注册会计师初步确定的报表层次重要性水平不等比例地分配给各主要报表项目，以此作为各个报表项目允许出现差错的最高限额，可允许的错报。

7. 实际执行的重要性情况如何？

【答】通常而言，实际执行的重要性为财务报表整体重要性的50%~75%。

(1) 接近财务报表整体重要性50%的情况：

①非连续审计；

②以前年度审计调整较多；

③项目总体风险较高。例如，处于高风险行业，面临较大市场压力，首次承接的审计项目。

(2) 接近财务报表整体重要性75%的情况：

①连续审计，以前年度审计调整较少；

②项目总体风险较低。

8. 什么是审计风险？如何理解审计风险的要素及其相互关系？

【答】(1) 审计风险是指财务会计报表存在重大错报而注册会计师发表不恰当审计意见的可能性。

(2) 在现代风险导向审计时代，审计风险取决于重大错报风险和检查风险。

审计风险的模型为：审计风险 = 重大错报风险 × 检查风险

重大错报风险分为财务报表层次的重大错报风险和认定层次的重大错报风险。认定层次的重大错报风险又由固定风险和控制风险两个部分组成。

(3) 重大错报风险与检查风险是相互联系、相互作用的。注册会计师应当评估认定层次的重大错报风险，并根据既定的审计风险水平和评估的认定层次重大错报风险确定可接受的检查风险水平。在既定的审计风险水平下，可接受的检查风险水平与认定层次重大错报风险的评估结果呈反方向变动关系。评估的重大错报风险越高，可接受的检查风险越低；评估的重大错报风险越低，可接受的检查风险越高。

9. 怎样理解审计的重要性与审计风险的关系？

【答】重要性与审计风险之间存在反向关系。重要性水平越高，审计风险越低；重要性水平越低，审计风险越高。注册会计师在确定审计程序的性质、时间和范围时应当考虑这种反向关系。

注册会计师对重要性及其与审计风险关系的考虑贯穿于注册会计师审计工作的全过程。如：

①在审计实施阶段，随着审计过程的推进，会根据具体环境的变化或获取的

更多信息修正计划的重要性水平,确定进一步审计程序的性质、时间和范围,将审计风险降至可接受的低水平;

②在评价审计结果时,考虑的重要性和审计风险水平可能与计划时存在差异,注册会计师还应重新确定重要性和审计风险,并考虑实施的审计程序是否充分。

10. 什么是审计模式?简述审计模式的演进。

【答】(1)审计模式是审计导向性的目标、范围和方法等要素的组合,它规定了审计应从何处着手、如何着手、何时着手等问题。

(2)审计模式随着审计环境的变化而变化,在审计的历史上,审计模式的演进经历了账项基础审计、内部控制导向审计、风险导向审计。

①账项基础审计是指以账项或经济业务为基础,完全通过对具体账项的检查来实现审计目标的一种审计模式。

账项基础审计围绕账表事项进行审计,不容易发现会计工作中的程序性错误;审计重心在资产负债表上,费时费力,且无法验证账项、交易的完整性,使注册会计师不能保证发现重大舞弊,很难得出可靠的审计意见,审计结论存在很大隐患。

②内部控制导向审计是以内部控制系统为基础,借助对内部控制系统的测试和评价,确定实质性审计的程序、重点和方法,从而在较大程度上实现审计目标的一种审计模式。从方法论的角度,这种方法被称为制度导向审计方法。

优点:与账项基础审计相比,内部控制导向审计更为科学。它增加了对内部控制的评估;增进了对审计风险和审计效率的认识;调整了工作重点,保证了审计质量,提高了工作效率,节约了审计时间和费用。

缺点:对于内部控制不健全或健全但未有效执行的企业无效;内部控制的评价带有主观性和随意性;有时运用内部控制导向审计并不能有效地减少实质性测试的工作量,而且有时无法规避因为被审计单位误报、违法舞弊和经营失败带来的风险。

③风险导向审计是以审计风险为导向,通过对审计风险的全面控制来实现审计目标的一种审计模式。

传统的审计风险模型为:审计风险=固有风险×控制风险×检查风险

风险导向战略系统审计的审计风险模型为:审计风险=重大错报风险×检查风险

11. 简述风险导向战略系统审计的特点。

【答】与账项基础审计、内部控制导向审计和传统风险导向审计相比,风险导向战略系统审计具有如下特点:

①重心前移;
②审计目标改变;
③风险评估方式改变;

④分析程序成为最有效的方法；

⑤审计证据范围扩大；

⑥"自上而下"与"自下而上"相结合。

五、业务分析题

1.【答】(1) 不恰当。A 必须了解被审计单位及其环境，同时必须了解被审计单位对诚信道德和价值观念的沟通和落实。

(2) 不恰当。重大错报风险是客观存在的，并不能够降低，A 应当通过修改计划实施的实质性程序的性质、时间和范围，降低检查风险，注册会计师无法降低重大错报风险。

(3) 不恰当。了解被审计单位相关控制设计的合理性并确定其是否已得到执行，是 A 必须要做的程序。

(4) 不恰当。A 应当向被审计单位在本期存过款的银行发函，包括零账户和已结清的账户。

(5) 不恰当。除非有充分证据表明应收账款对财务报表不重要或 A 认为函证很可能无效的情况，否则注册会计师应当对应收账款实施函证，注册会计师不能由于时间、成本等原因，减少必要的审计程序。

2.【答】(1) 恰当。

(2) 不恰当。2016 年度的审计报告中有多项审计调整，而且吉财公司在 2017 年面临较大的竞争压力，显示该审计项目的总体风险较高，将实际执行的重要性确定为财务报表整体重要性的 50%，而不是 75%。

(3) 恰当。

(4) 不恰当。该分类错报对其所影响的账户重大（已经占到 50% 的比例），应作为重大错报。

(5) 不恰当。该错报虽然小于财务报表整体的重要性，但会使吉财公司税前利润由盈利转为亏损，改变被审计单位今年盈亏性质，属于重大错报。

3.【答】注册会计师 C 确定的财务报表层次的重要性水平为：

根据营业收入确定的重要性水平 = 50 000 × 1% = 500（万元）

根据总资产确定的重要性水平 = 120 000 × 0.5% = 600（万元）

取两者较低者作为财务报表层次的重要性水平，即为 500 万元。

第六章　审计证据和审计工作底稿

一、单项选择题

1. C　2. B　3. D　4. D　5. C　6. A　7. C　8. A　9. C　10. B　11. B　12. A　13. D　14. C　15. A　16. B　17. C　18. B　19. A　20. B　21. D　22. B　23. C

二、多项选择题

1. BCD　2. AD　3. ABD　4. BD　5. ABC　6. ABCD　7. ACD　8. AD
9. ABCD　10. BCD　11. ABCD　12. ABD　13. BC　14. ABCD　15. AB　16. BC
17. ABC　18. ABD　19. ABD　20. BCD

三、名词解释

1. 审计证据的充分性是指审计证据的数量能足以支持注册会计师的审计意见，是对审计证据的数量衡量。

2. 控制测试程序是指对内部控制制度运行的有效性进行测试的程序。

3. 实质性程序是指注册会计师针对评估的重大错报风险实施的直接用以发现认定层次重大错报的审计程序，包括对各类交易、账户余额、列报的细节测试以及实质性分析程序。

4. 函证是指注册会计师为了获取影响财务报表或相关披露认定的项目的信息，通过直接来自第三方的对有关信息和现存状况的声明，获取和评价审计证据的过程。

5. 审计抽样，是指注册会计师在实施审计程序时，从审计对象总体中选取一定数量的样本进行测试，并根据测试结果推断审计对象总体特征的一种方法。

6. 非统计抽样是指注册会计师仅凭其专业经验判断并选取样本的一种抽样方法。

7. 抽样风险是指注册会计师依据抽样结果得出的结论与审计对象总体特征不相符合的可能性。

8. 审计工作底稿是指注册会计师对制订的审计计划、实施的审计程序、获取的相关审计证据以及得出的审计结论做出的记录。

9. 综合类审计工作底稿是指审计人员在计划审计工作和完成审计工作阶段，为规划、控制和总结整个审计工作，并发表审计意见所形成的工作底稿。

10. 业务类审计工作底稿是指审计人员在实施审计工作阶段、执行具体审计程序时编制或取得的工作底稿。

11. 备查类审计工作底稿是指审计人员在审计过程中形成的对审计工作仅具有备查作用的工作底稿。

四、简答题

1. 什么是审计证据？审计证据在审计过程中的意义是什么？

【答】（1）审计证据是注册会计师据以发表审计意见、做出审计结论的根据。

（2）注册会计师必须获取充分、适当的审计证据，以得出合理的审计结论，作为形成审计意见的基础。从这个意义上来说，审计的过程就是取证的过程，形成任何审计结论和意见都必须以充分、适当的证据作为基础，否则，审计报告就不可信。因此，审计取证是审计工作的核心，也是考核、评价审计工作质量的关键。

2. 简述审计证据的特点。

【答】审计证据具有充分性和适当性两大特点。

（1）审计证据的充分性

审计证据的充分性是指审计证据的数量能足以支持注册会计师的审计意见，是对审计证据的数量衡量。注册会计师判断审计证据是否充分，应当考虑下列主要因素：①审计风险；②具体审计项目的重要性；③审计人员的经验；④审计过程中是否发现错误或舞弊；⑤审计证据的类型与获取途径。

（2）审计证据的适当性

相关性和可靠性是审计证据适当性的核心内容。

①在确定审计证据的相关性时，应当考虑：

a. 特定的审计程序可能只为某些认定提供相关的审计证据，而与其他认定无关；

b. 针对同一项认定可以从不同来源获取审计证据或获取不同性质的审计证据；

c. 只与特定认定相关的审计证据并不能替代与其他认定相关的审计证据。

②通常按照下列原则考虑审计证据的可靠性：

a. 从外部独立来源获取的审计证据比从其他来源获取的审计证据更可靠；

b. 相关内部控制有效时内部生成的审计证据比控制薄弱时内部生成的审计证据更可靠；

c. 直接获取的审计证据比间接获取或推论得出的审计证据更可靠；

d. 以文件记录形式（无论是纸质、电子或其他介质）存在的审计证据比口头形式的审计证据更可靠；

e. 从原件获取的审计证据比从传真、复印或通过拍摄、数字化或其他方式转换成电子形式的文件获取的审计证据更可靠。

3. 常用的审计证据类别有哪些？

【答】（1）按照审计证据的外在形式分为实物证据、书面证据、口头证据和环境证据。

（2）按照审计证据的证明力分为基本证据和辅助证据。

（3）按照审计证据的取得来源分为外部证据、内部证据和亲知证据。

4. 按狭义的审计程序的目的可以把审计程序分为几种？并分别加以解释。

【答】按狭义的审计程序的目的可将审计程序分为风险评估程序、控制测试程序和实质性程序。

（1）风险评估程序是指以了解被审计单位及其环境为内容，以识别和评估财务报表重大错报风险为目的，在设计和实施进一步审计程序之前实施的程序。

（2）控制测试程序是指对内部控制制度运行的有效性进行测试的程序。

（3）实质性程序是指注册会计师针对评估的重大错报风险实施的直接用以

发现认定层次重大错报的审计程序，包括对各类交易、账户余额、列报的细节测试以及实质性分析程序。

5. 什么是审计方法？常用的审计方法有哪些？

【答】（1）审计方法是指审计人员检查和分析审计对象、收集审计证据，对照审计标准，形成审计结论和意见而采取的专门技术与手段的总称，是人们从长期审计实践中积累和总结出来的。

（2）目前我国常用的审计方法有一般方法和技术方法两大类。

①审计一般方法，即查账方法。

a. 按照审计工作的顺序和会计业务处理程序的关系划分，有顺查法和逆查法；

b. 按照审查经济业务资料的规模大小和收集审计证据范围的大小不同划分，有详查法和抽样法。

②审计的技术方法是指收集审计证据时应用的技术手段，如 a. 审阅法和核对法；b. 观察法和查询法；c. 监盘法和调节推算法；d. 重算法和分析性复核；e. 专题调查法和专案调查法。

6. 收集审计证据的方法有哪些？

【答】在实施风险评估程序、控制测试和实质性程序时，注册会计师可根据需要单独或综合运用以下审计程序，以获得充分、适当的审计证据。

（1）检查。

（2）观察。

（3）询问。

（4）函证。

（5）重新计算。

（6）重新执行。

（7）分析程序。

7. 如何理解函证程序？

【答】函证是指注册会计师为了获取影响财务报表或相关披露认定的项目的信息，通过直接来自第三方的对有关信息和现存状况的声明，获取和评价审计证据的过程。例如对应收账款余额或银行存款的函证。通过函证取得的证据可靠性较高，因此，函证是受到高度重视并经常被使用的一种重要程序。

8. 什么是审计抽样？审计抽样有哪些种类？

【答】（1）所谓审计抽样，是指注册会计师在实施审计程序时，从审计对象总体中选取一定数量的样本进行测试，并根据测试结果推断审计对象总体特征的一种方法。

（2）按抽样决策的依据不同，将审计抽样划分为统计抽样和非统计抽样。

按审计抽样所了解的总体特征不同，将审计抽样划分为属性抽样和变量抽样。

9. 如何理解抽样风险和非抽样风险？

【答】注册会计师在运用抽样技术进行审计时，有两方面不确定性因素：一方面是直接与抽样相关的因素造成的，称为抽样风险；另一方面是与抽样无关的因素造成的不确定性，即非抽样风险。

（1）抽样风险是指注册会计师依据抽样结果得出的结论与审计对象总体特征不相符合的可能性。抽样风险与样本量成反比，样本量越大，抽样风险越低。

（2）非抽样风险是指注册会计师因采用不恰当的审计程序或方法，或因误解审计证据等而未能发现重大误差的可能性。产生这种风险的原因主要有：人为错误；运用了不切合审计目标的程序；错误解释样本结果。非抽样风险无法量化。

10. 简述审计抽样的基本步骤。

【答】审计抽样可分为从总体中抽取样本、审查样本项目和根据样本的审查结果推断总体三个阶段。

（1）从总体中抽取样本。

①确定审计总体的范围。

②确定抽样规模。

③随机抽取样本。随机抽样的方法主要有三种：随机数表抽样；系统抽样，也称等距抽样；金额单位抽样。

（2）审计样本项目。

（3）根据样本审计结果推断总体。

11. 什么是审计工作底稿？为什么要写审计工作底稿？审计工作底稿有什么作用？

【答】（1）审计工作底稿是指注册会计师对制订的审计计划、实施的审计程序、获取的相关审计证据以及得出的审计结论做出的记录。

（2）注册会计师应当及时编制审计工作底稿，以实现下列目的：

①提供证据，作为注册会计师得出实现总体目标结论的基础；

②提供证据，证明注册会计师按照审计准则和相关法律法规的规定计划和执行了审计工作。

（3）编制审计工作底稿对注册会计师完成审计工作、明确自身责任、保证审计报告的质量具有十分重要的作用。

①审计工作底稿是连接整个审计工作的纽带。

②审计工作底稿是编写审计报告的直接依据。

③审计工作底稿是解脱或减轻注册会计师的审计责任、评价注册会计师专业能力与工作业绩的依据。

④审计工作底稿对以后审计工作具有参考备查价值。

12. 简述编制审计工作底稿的总体要求和审计工作底稿的基本要素。

【答】（1）注册会计师编制的审计工作底稿，应当使未曾接触该项审计工作的有经验的专业人士清楚地了解：

①按照审计准则的规定实施的审计程序的性质、时间安排和范围；

②实施审计程序的结果和获取的审计证据;

③审计中遇到的重大事项和得出的结论,以及在得出结论时做出的重大职业判断。

(2) 审计工作底稿包括下列全部或部分要素:

①被审计单位名称;

②审计项目名称;

③审计项目时点或期间;

④审计过程记录;

⑤审计结论;

⑥审计标识及其说明;

⑦审计工作底稿索引号及编号;

⑧编制人员姓名及编制日期;

⑨复核人员姓名及复核日期;

⑩其他应说明事项。

13. 审计工作底稿的归档和保管期限有何要求?

【答】(1) 审计工作底稿的归档期限为审计报告日后60天内。

(2) 会计师事务所应当自审计报告日起,对审计工作底稿至少保存10年。

(3) 除下列情况外,会计师事务所应当对业务工作底稿包含的信息予以保密:

①取得客户的授权;

②根据法律法规的规定,会计师事务所为法律诉讼准备文件或提供证据,以及向监管机构报告发现的违反法规行为;

③接受注册会计师协会和监管机构依法进行的质量检查。

五、业务分析题

1. 【答】该设备处理作价不合理。

$$
\begin{aligned}
该设备的折余价值 &= 原价 - 累计折旧 \\
&= 62\,000 - (62\,000 - 4000)/20 \times (12 + 5) \\
&= 127\,000(元)
\end{aligned}
$$

设备处理作价占设备折余价值的比例 $= 1\,000/12\,700 = 7.8\%$,设备处理作价不到设备折余价值的10%,小于残值,不合理;而且每年的租金2 500元小于年折旧额2 900元,租金少,也不合理。

2. 【答】

内容(1)中可能存在两处不合理之处:

①坏账准备计提比例为3.2% (52.77/16 533),与会计政策规定的5%的坏账准备计提比例不符;

②应收账款账龄分析中,"2~3年"和"3年以上"这两部分的年初数之和仅2 582万元,而"3年以上"的年末数却为2 874万元,通常,在公司2017年

度未发生并购、分立和债务重组行为的前提下是不可能的。

内容（2）中可能存在 1 处不合理之处：X 产品 2017 年的销售毛利率为 13.44%，大大高于 2016 年的 5%。既然公司 2017 年的供产销形势与上年相当，通常，应维持大致相当的销售毛利率水平。

3.【答】（1）均值估计抽样。

样本项目的平均审定金额 = 8 000 000/200 = 40 000（元）

总体的审定金额 = 40 000 × 3 000 = 120 000 000（元）

推断的总体错报 = 120 000 000 − 150 000 000 = − 30 000 000（元）

（2）差额估计抽样。

样本平均错报 =（8 000 000 − 12 000 000）/200 = − 20 000（元）

推断的总体错报 = − 20 000 × 3 000 = − 60 000 000（元）

（3）比率估计抽样。

比率 = 8 000 000 / 12 000 000 = 2/3

估计的总体实际金额 = 150 000 000 × 2/3 = 100 000 000（元）

推断的总体错报 = 100 000 000 − 150 000 000 = − 50 000 000（元）

4.【答】（1）对于每张销售发票及有关安装验收报告，若发现有下列情形之一者，即可定义为偏差：

①没有安装验收报告的任何销售发票；

②销售发票、安装验收报告虽有，但两者不对应；

③销售发票与安装验收报告所记载的数量不符。

（2）根据上述样本量表，预期总体偏差率为 1%，可容忍偏差率为 4% 时，应选取的样本量为 156 个。

（3）该项控制运行有效。因为注册会计师查出的偏差数是 1，小于可接受的偏差数 2。

（4）如果对抽样查出的偏差数是 3，且没有发现舞弊或凌驾内部控制的情况时，说明该项控制运行无效，注册会计师抽样查出的偏差数是 3，大于可接受的偏差数 2。注册会计师应当增加样本量或扩大实质性程序范围。

5.【答】

（1）选样区间 = 72/6 = 12，如果随机起点为第 7 笔，则其余 5 笔应付票据业务分别是第 19、31、43、55、67 笔。

（2）比率 = 样本审定金额/样本账面金额 = 168/140 = 1.2

估计的总体金额 = 总体样本金额 × 比率 = 1500 × 1.2 = 1800（万元）

吉财公司 2017 年 12 月 31 日应付票据的总体实际金额为 1800 万元。

6.【答】

（1）不恰当。注册会计师应在审计工作底稿中记录在审计过程中对具体审计计划做出的任何重大修改和理由。

（2）恰当。

（3）不恰当。识别特征应当具有唯一性，发票日期以及商品的名称、规格和数量不具有唯一性（或：注册会计师应当将销售发票编号作为识别特征记录于审计工作底稿）。

（4）不恰当。在出具审计报告前，注册会计师应当对收到的应付账款询证函回函中存在的差异进行调查，并记录于审计工作底稿。

（5）恰当。

（6）不恰当。在完成审计档案的规整工作后，注册会计师不应在规定的保存期限届满前删除或废弃任何性质的审计工作底稿。

第七章　风险评估

一、单项选择题

1. D　2. B　3. A　4. D　5. A　6. C　7. B　8. B　9. D　10. B　11. C　12. B　13. A

二、多项选择题

1. ABD　2. ACD　3. ABCD　4. ABCD　5. ACD　6. ABCD　7. ABCD　8. BCD　9. ABD　10. ABC　11. ABCD　12. ABD　13. BCD

三、名词解释

1. 风险评估是以了解被审计单位及其环境为内容，以识别和评估财务会计报表重大错报为目的，在设计和实施进一步审计行为之前开展的审计程序。

2. 分析程序是指注册会计师通过研究不同财务数据之间以及财务数据与非财务数据之间的内在关系，对财务信息做出评价。

3. 实质性测试是指注册会计师针对评估的重大错报风险实施的直接用于发现认定层次重大错报风险的审计程序。

4. 内部控制是指一个单位的各级管理部门为保护经济资源的安全完整，确保经济信息的正确可靠，协调经济行为，控制经济活动，规避经营风险，利用单位内部因分工而产生的相互制约、相互联系的关系，形成一系列具有控制功能的方法、措施、程序，并予以规范化、系统化，使之组成一个严密的、较为完整的体系。

5. 穿行测试是指追踪交易在财务报告信息系统中的处理过程。

四、简答题

1. 什么是风险评估？风险评估有什么重要作用？

【答】（1）风险评估是以了解被审计单位及其环境为内容，以识别和评估财务会计报表重大错报为目的，在设计和实施进一步审计行为之前开展的审计程序。

(2) 以了解被审计单位及其环境为核心内容的风险评估的重要作用：
①有助于注册会计师对重要性水平的确定和调整；
②有助于注册会计师判断被审计单位的会计政策的选择和运用是否恰当；
③有助于注册会计师识别需要特别考虑的领域；
④有助于注册会计师确定实施分析性程序时所使用的预期值；
⑤有助于注册会计师设计和实施进一步审计程序，将审计风险降至可接受的低水平以及评价所获取的审计证据的充分性和适当性。

2. 风险评估的内容有哪些？

【答】对被审计单位进行风险评估主要是了解被审计单位及其环境。注册会计师应当了解被审计单位本身及其内部和外部环境，具体包括以下六个方面：

(1) 行业状况、法律环境与监管环境以及其他外部因素。

(2) 被审计单位的性质。

这方面的信息主要包括：①所有权结构；②治理结构；③组织结构；④经营活动；⑤投资活动；⑥筹资活动。

(3) 被审计单位对会计政策的选择和运用。

关于这项内部因素，应当关注以下重要事项：①重要项目的会计政策和行业惯例；②重大和异常交易的会计处理方法；③在新领域和缺乏权威性标准或共识的领域，采用重要会计政策产生的影响；④会计政策的变更；⑤被审计单位何时采用以及如何采用新颁布的会计准则和相关会计制度。

(4) 被审计单位的目标、战略以及可能导致重大错报风险的相关经营风险。

(5) 被审计单位财务业绩的衡量和评价。

(6) 被审计单位的内部控制。

3. 什么是内部控制？由谁实施内部控制？内部控制有哪些要素？

【答】(1) 内部控制是指一个单位的各级管理部门为保护经济资源的安全完整，确保经济信息的正确可靠，协调经济行为，控制经济活动，规避经营风险，利用单位内部因分工而产生的相互制约、相互联系的关系，形成一系列具有控制功能的方法、措施、程序，并予以规范化、系统化，使之组成一个严密的、较为完整的体系。

(2) 内部控制是由企业董事会、监事会、经理层和全体员工实施的旨在实现企业目标的控制过程。

(3) 内部控制的要素有机融合世界主要经济体加强内部控制的做法和经验，构建了以内部环境为重要基础、以风险评估为重要环节、以控制活动为重要手段、以信息与沟通为重要条件、以内部监督为重要保证，相互联系、相互促进的五要素内部控制框架。

4. 内部控制与审计有何关系？

【答】内部控制是管理现代化的必然产物，而内部控制的产生和发展促使审计工作从全面详细审计发展成为以测试为基础的内部控制导向审计，进而又发展成为风险导向战略系统审计。内部控制的产生促进了审计方法的改进，内部控制的发展丰富了审计的内容。所以，审计人员在进行审计时，要审查和评价被审计单位的内部控制系统，这是现代审计的重要特征。

5. 风险评估有哪些程序？

【答】为识别和评估财务会计报表重大错报风险，注册会计师了解被审计单位及其环境，通常实施以下程序。

（1）询问被审计单位管理层和内部其他相关人员。

①注册会计师可以向被审计单位管理层询问。

②注册会计师还可以向被审计单位的内部其他相关人员询问。

（2）分析程序。分析性程序是指注册会计师通过研究不同财务数据之间以及财务数据与非财务数据之间的内在关系，对财务信息做出评价。

（3）观察和检查。

①观察被审计单位的生产经营活动。

②检查文件、记录和内部控制手册。

③阅读由管理层和治理层编制的报告。

④实地查看被审计单位的生产经营场所和设备。

⑤追踪交易在财务报告信息系统中的处理过程（也称为"穿行测试"）。通过追踪某笔或几笔交易在业务流程中如何生成、记录、处理和报告，以及相关控制如何执行，注册会计师可以确定被审计单位的交易流程和相关控制是否与之前通过其他程序所获得的了解一致，并确定相关控制是否得到执行。

6. 在识别和评估重大错报风险时，注册会计师应当实施哪些审计程序？

【答】（1）在了解被审计单位及其环境的整个过程中，结合对财务报表中各类交易、账户余额和披露的考虑，识别风险。

（2）评估识别出的风险，并评价其是否更广泛地与财务报表整体相关，潜在地影响多项认定。

（3）结合对拟测试的相关控制的考虑，将识别出的风险与认定层次可能发生错报的领域相联系。

（4）考虑发生错报的可能性，以及潜在错报的重大程度是否足以导致重大错报。

7. 重大错报风险分为哪两个层次？控制与认定之间有什么关系？

【答】（1）注册会计师应当在下列两个层次识别和评估重大错报风险，为设计和实施进一步审计程序提供基础，即：财务报表层次；各类交易、账户余额和披露的认定层次。

（2）财务报表层次的重大错报风险可能源于薄弱的控制环境。在评估重大错报风险时，注册会计师应当将所了解的控制与特定认定联系起来，因为控制有助于防止或发现并纠正认定层次的重大错报。有效的控制会减少错报发生的可能性，而控制不当或缺乏控制，错报就会由潜在变成现实。控制可能与某一认定直接相关，也可能与某一认定间接相关。关系越直接，控制对防止或发现并纠正认定错报的效果越好；关系越间接，控制对防止或发现并纠正认定错报的效果越差。注册会计师可能识别出有助于防止或发现并纠正特定认定层次的重大错报的控制。

8. 注册会计师从哪些方面判别特别风险?

【答】注册会计师还应当根据职业判断,确定识别出的风险是否为特别风险。在判断哪些风险是特别风险时,注册会计师应当至少考虑下列方面:

(1) 风险是否属于舞弊风险;

(2) 风险是否与近期经济环境、会计处理方法或其他方面的重大变化相关,因而需要特别关注;

(3) 交易的复杂程度;

(4) 风险是否涉及重大的关联方交易;

(5) 财务信息计量的主观程度,特别是计量结果是否具有高度不确定性;

(6) 风险是否涉及异常或超出正常经营过程的重大交易。

五、业务分析题

1.【答】

(1) 吉财公司财务报表的重大错报风险应评估为高水平。其主要理由如下:

①从以前年度审计的结果来看,吉财公司被出具了带有强调事项段的保留意见,负责审计的正则会计师事务所说在强调事项段中表达了对其持续经营能力的关注;

②而且,其收入在 2016 年度被调减了 1 500 万元,占原财务报表收入的 30%,这些都是吉财公司 2017 年财务报表可能存在重大错报的信号。

(2) 从吉财公司基本情况及其环境的了解来看,其 2017 年度的财务报表重大错报风险较高,表现在:

①多行业经营,业务复杂性和会计处理的复杂性均高;

②生产药品,面临的竞争激烈且监管压力较大;

③管理层拒绝接受以前年度的审计调整,其诚信需要加以考虑;

④缺少审计委员会,治理结构不够健全;

⑤缺少内部审计部门,会计信息的可靠性将存在问题;

⑥与顾客的诉讼将使其持续经营能力面临威胁等。

2.【答】

(1) 应了解的内容包括:①行业状况、法律环境与监管环境以及其他外部因素;②被审计单位的性质;③被审计单位对会计政策的选择和运用;④被审计单位的目标、战略以及相关经营风险;⑤被审计单位财务业绩的衡量和评价;⑥被审计单位的内部控制。

(2) A 和 B 注册会计师还可以实施分析程序。

(3) 询问如下事项:

①管理层所关注的主要问题。如新的竞争对手、主要客户和供应商的流失、新的税收法规的实施以及经营目标或战略的变化等。

②被审计单位最近的财务状况、经营成果和现金流量。

③可能影响财务报告的交易和事项，或者目前发生的重大会计处理问题。如重大的购并事宜等。

④被审计单位发生所有权结构、组织结构的变化以及内部控制的变化等其他重要变化。

（4）答案如下表所示。

询问的对象	对注册会计师了解吉财公司及其环境、识别重大错报风险提供的信息
治理层	理解吉财公司财务报表编制的环境
内部审计人员	了解其针对公司内部控制设计和运行有效性而实施的工作以及管理层对内部审计发现的问题是否采取适当的措施
参与异常交易的员工	评估吉财公司选择和运用某项会计政策的适当性
内部法律顾问	了解有关法律法规的遵循情况，产品保证和售后责任，与业务合作伙伴的安排，合同条款的含义以及诉讼情况等
销售人员	了解吉财公司的营销策略及其变化、销售趋势以及与客户的合同安排
采购和生产人员	了解吉财公司的原材料采购和产品生产等情况
仓库人员	了解吉财公司原材料、产成品等存货的进出、保管和盘点等情况

（5）观察和检查程序的内容为：
①观察被审计单位的生产经营活动。
②检查文件、记录和内部控制手册。
③阅读由管理层和治理层编制的报告。
④实地查看被审计单位的生产经营场所和设备。
追踪交易在财务报告信息系统中的处理过程（穿行测试）。

第八章　风险应对

一、单项选择题

1. A　2. D　3. D　4. B　5. C　6. B　7. D　8. A　9. B　10. B　11. D　12. B　13. C　14. A

二、多项选择题

1. ABCD　2. ACD　3. ABCD　4. BCD　5. ABCD　6. BCD　7. AD　8. BCD　9. ABCD　10. ABD　11. AB　12. ABD　13. ABCD

三、名词解释

1. 财务报表层次重大错报风险是指评估的与财务报表整体相关、涉及多项认定从而具有广泛影响性的重大错报风险。

2. 综合性方案是指注册会计师在实施进一步审计程序时将控制测试与实质性测试结合使用。

3. 控制测试是指测试内部控制制度运行的有效性。

4. 职业怀疑态度是指注册会计师以质疑的思维方式评价所获取审计证据的有效性，并对相互矛盾的审计证据以及引起对文件记录或管理层和治理层提供的信息的可靠性产生怀疑的审计证据保持警觉。

5. 细节测试是对各类交易、账户余额、列报的具体细节进行测试，尤其是对存在或发生、计价认定的测试，目的在于直接识别财务会计报表认定是否存在错报。

四、简答题

1. 针对评估的财务报表层次重大错报风险，注册会计师应采取哪些总体应对措施？

【答】（1）向审计的项目组强调在收集和评价审计证据的过程中保持职业怀疑态度的必要性。

（2）分派更有经验或具有特殊技能的注册会计师，或利用专家的工作。

（3）提供更多的督导。

（4）在选择进一步审计程序时，应当注意使某些程序不被管理层预见或事先了解。

（5）对拟实施审计程序的性质、时间和范围做出总体修改。

2. 注册会计师对报表层次重大错报风险拟实施的进一步审计程序的总体方案有哪些？如何选择方案？

【答】（1）注册会计师对报表层次重大错报风险拟实施的进一步审计程序的总体方案包括实质性方案和综合性方案。

实质性方案是指注册会计师实施的进一步审计程序以实质性程序为主。

综合性方案是指注册会计师在实施进一步审计程序时将控制测试与实质性测试结合使用。

（2）当评估的报表层次重大错报风险属于高风险水平时，拟实施进一步审计程序的总体方案为实质性方案，并相应采取更强调审计程序不可预见性，重视调整审计程序的性质、时间和范围等总体应对措施；反之则采用综合性方案。

3. 如何理解审计程序的性质？

【答】审计程序的性质是指进一步审计程序的目的和类型。

（1）审计程序的目的。审计程序的目的包括通过实施控制测试以确定内部控制运行的有效性；通过实质性测试程序以发现认定层次的重大错报。

（2）审计程序的类型。审计程序的类型包括检查、观察、询问、函证、重新计算、重新执行和分析程序等。

（3）不同的审计程序应对特定认定错报风险的效力不同。例如，对于与收入完整性认定相关的重大错报风险，控制测试通常更能有效应对；对于与收入发生认定相关的重大错报风险，实质性程序通常更能有效应对。所以，在应对评估的风险时，合理确定审计程序的性质是非常重要的。

4. 审计程序时间如何选择？

【答】（1）当重大错报风险较高时，注册会计师应当考虑在期末或者接近期末实施实质性测试。

（2）注册会计师在期中实施审计程序还要针对剩余期间获取审计证据。

（3）注册会计师还可以采取不通知的方式，在被审计单位不可预见的时间实施审计程序。

（4）审计证据适用的期间或时点的选择问题分别集中在如何权衡期中审计证据与期末审计证据的关系。

5. 什么是控制测试？什么情形下需要实施控制测试？

【答】（1）控制测试是指测试内部控制制度运行的有效性。

（2）当存在下列情形之一时，注册会计师应当实施控制测试。

①在评估认定层次重大错报风险时，预期内部控制的运行是有效的。

②仅实施实质性测试程序不足以提供认定层次充分、适当的审计证据。

6. 什么是控制测试的性质？控制测试采用审计程序的类型有哪些？

【答】（1）控制测试的性质是指控制测试所使用的审计程序的类型和组合。

（2）控制测试采用审计程序的类型与了解内部控制的程序相同：

①询问。

②观察。

③检查。

④重新执行。

⑤穿行测试。

7. 如何利用期中审计证据？如何利用以前审计证据？

【答】（1）利用期中审计证据：

①获取这些控制在剩余期间变化情况的审计证据。

②确定剩余期间还需要获取的补充审计证据。

（2）利用以前审计证据：

①考虑拟信赖的以前审计中测试的控制在本期是否发生变化。

②如果拟信赖的控制自上次测试后未发生变化，且不属于旨在减轻特别风险的控制，注册会计师应当运用职业判断确定是否在本期审计中测试其运行有效性，以及本次测试与上次测试的时间间隔，但两次测试的时间间隔不得超过两年。

③如果拟信赖以前审计获取的某些控制运行有效性的审计证据，注册会计师

应当在每次审计时从中选取足够数量的控制，测试其运行有效性；不应将所有拟信赖控制的测试集中于某一次审计，而在之后的审计中不进行任何测试。

8. 什么是实质性测试？实质性测试程序应包括哪些审计程序？

【答】（1）实质性测试，即实质性测试程序，是指注册会计师针对评估的重大错报风险实施的直接用以发现认定层次重大错报风险的审计程序，包括对各类交易、账户余额、列报的细节测试以及实质性分析程序。

（2）注册会计师实施的实质性测试程序应当包括下列与财务会计报表编制完成阶段相关的审计程序。

①将财务会计报表与其所依据的会计记录核对。

②检查财务会计报表编制过程中做出的重大会计分录和其他会计调整。

9. 若评估的认定层次重大错报风险是特别风险，应当专门针对该风险实施怎样的测试？

【答】如果认为评估的认定层次重大错报风险是特别风险，注册会计师应当专门针对该风险实施实质性测试，因为特别风险需要获取具有高度相关性和可靠性的审计证据。如果针对特别风险仅实施实质性测试，注册会计师应当使用细节测试，或将细节测试和实质性分析程序结合使用，以获取充分、适当的审计证据。

10. 如何理解实质性测试的性质？实质性测试有哪些基本类型？

【答】（1）实质性测试的性质是指实质性测试程序的类型及组合。

（2）实质性测试程序有两种基本类型，即细节测试和实质性分析程序。

①细节测试：直接识别财务会计报表认定是否存在错报。

②实质性分析程序：识别各类交易、账户余额、列报及相关认定是否存在错报。

11. 确定实质性测试的范围考虑哪些因素？

【答】评估的认定层次重大错报风险和实施控制测试的结果是注册会计师在确定实质性测试的范围时考虑的因素。

（1）注册会计师评估的认定层次重大错报风险越高，需要实施实质性测试的范围越广；

（2）如果对控制测试结果不满意，注册会计师应当考虑扩大实质性测试的范围。

五、业务分析题

1. 【答】

事项1，恰当。

事项2，恰当。

事项3，不恰当。在控制测试中通常不运用穿行测试。

事项4，不恰当。注册会计师应考虑存货存放地点清单的完整性，然后再基于此确定盘点地点。

2. 【答】

(1) 不恰当。因相关控制是应对特别风险的，应当在当年测试相关控制的运行有效性，不能利用以前审计中获取的审计证据。

(2) 不恰当。控制测试的样本应当涵盖整个期间。

(3) 不恰当。因为控制发生重大变化，应当分别测试，2017年上半年和下半年与原材料采购批准相关的内部控制活动不同，应当分别测试25个。

(4) 不恰当。通过实质性测试未发现错报，并不能证明与所测试认定相关的内部控制是有效的，注册会计师不能以实质性测试的结果推断内部控制的有效性。

(5) 不恰当。只检查财务经理的签字不足够，应当检查财务经理是否按规定完整实施了该控制。

(6) 恰当。

3. 【答】

(1) 第①种情况表明吉财公司的融资能力受到限制，很可能导致流动资金不足，增加重大的错报风险；

第②种情况表明吉财公司发生了重大的购并行为，很可能占用大量资金，增加重大错报风险；

第③种情况表明吉财公司在经济不稳定的国家开展业务，很可能难以收回成本，从而增加重大错报风险；

第④种情况表明吉财公司的信息技术环境发生变化，很可能导致相当一段时期内的信息技术难以与经营活动融合，从而增加重大的错报风险；

第⑤种情况属于重大的异常情况，很可能意味着吉财公司与财贸银行之间有纠纷，增加重大的错报风险。

(2) 情况④最有可能导致吉财公司财务报表产生重大错报。对此，A和B注册会计师应当要求会计师事务所聘请电算化方面的专家参与审计工作。

(3) 情况⑤属于重大的异常情况，最有可能意味着吉财公司存在特别风险。该情况意味着吉财公司的资金运作脱离了银行的监管，为舞弊行为提供了客观条件。对此，A和B注册会计师应当向财贸银行询问，并要求吉财公司提供全部信用卡结算的清单，以便作进一步调查。

(4) 情况②和情况③最可能导致吉财公司的经营风险上升。前者是在经济不发达的地区开展业务同时发生了购并业务，产生了经营风险，后者是在经济不稳定的地区开展业务，很可能导致难以收回成本的情况发生，影响公司的经营成果。

第九章 销售与收款循环审计

一、单项选择题

1. B 2. A 3. C 4. B 5. B 6. D 7. B 8. B 9. A 10. C 11. A 12. D

13. C 14. B 15. B 16. B 17. C

二、多项选择题

1. ABD 2. ABCD 3. ABCD 4. ABCD 5. ABC 6. AC 7. BCD 8. ABD
9. ABCD 10. ACD 11. ABCD 12. ABC 13. ABCD 14. ABCD 15. ABCD
16. AC 17. BCD 18. ABCD 19. ABCD 20. ABCD

三、名词解释

1. 业务循环审计是指运用业务循环法了解、检查和评价被审计单位内部控制制度及其执行情况，进而再进行实质性测试，对其财务会计报表的合法性、公允性进行审计的一种方法。

2. 按报表项目组织实施的审计称为分项审计方法。

3. 销售与收款循环主要是指公司接受销售订单，向顾客销售商品或提供劳务并取得货款或者劳务收入的过程。

4. 截止测试是实质性测试中常用的一种具体审计技术，以资产负债表日这一时点为中心，测试其前后时期的交易和事项，其目的在于确定所审计期间的各项交易和事项是否计入恰当的会计期间，防止跨期事项。

5. 账龄分析法是指根据应收账款的时间长短来估计坏账损失的一种方法，又称"应收账款账龄分析法"。采用账龄分析法时，将不同账龄的应收账款进行分组，并根据前期坏账实际发生的有关资料，确定各账龄组的估计坏账损失百分比，再将各账龄组的应收账款金额乘以对应的估计坏账损失百分比数，计算出各组的估计坏账损失额之和，即为当期的坏账损失预计金额。

6. 应收账款函证就是直接发函给被审计单位的债务人，要求核实被审计单位应收账款的记录是否正确的一种审计方法。函证的目的是证实应收账款账户余额的真实性、正确性，有关证明债务的存在和记录的可靠性，防止或发现被审计单位及其有关人员在销售业务中发生的差错或弄虚作假、徇私舞弊行为。

7. 肯定式函证又称正面式、积极式函证，就是向债务人发出询证函，要求其证实所函证的欠款是否正确，无论对错都要求复函。

8. 否定式函证，又称反面式、消极式函证，它也是向债务人发出询证函，但所函证的款项相符时不必复函，只有在所函证的款项不符时才要求债务人向注册会计师复函。

四、简答题

1. 销售与收款循环中的主要内部控制有哪些？

【答】（1）适当的职责分离。

（2）正确的授权审批。

（3）充分的凭证和记录。

（4）凭证的预先编号。

（5）按月寄出对账单。
（6）内部核查程序。

2. 销售与收款循环中对职责分离有何要求？

【答】（1）主营业务收入账如果是由记录应收账款账之外的职员独立登记，并由另一位不负责账簿记录的职员定期调节总账和明细账；

（2）负责主营业务收入和应收账款记账的职员不得经手货币资金；

（3）赊销批准职能与销货职能分离；

（4）办理销售、发货、收款三项业务的部门（或岗位）分别设立；

（5）销售合同订立前，应当指定专门人员就销售价格、信用政策、发货及收款方式等具体事项与客户进行谈判，谈判人员至少应有2人以上，并与订立合同的人员相分离；

（6）编制销售发票通知单的人员与开具销售发票的人员应相互分离；

（7）销售人员应当避免接触销售现款；

（8）单位应收票据的取得和贴现必须经由保管票据以外的主管人员的书面批准。

3. 主营业务收入审计的目标有哪些？

【答】（1）确定本期已入账的主营业务收入是否确实发生。

（2）确定已实现的主营业务收入是否全部入账。

（3）确定对销售退回、销售折扣与折让的处理是否适当。

（4）确定主营业务收入的会计处理是否正确。

（5）确定主营业务收入的披露是否恰当。

4. 简述应收账款函证的询证函寄发要求、函证范围。

【答】应收账款函证就是直接发函给被审计单位的债务人，要求核实被审计单位应收账款的记录是否正确的一种审计方法。

（1）询证函由注册会计师利用被审计单位提供的应收账款明细账户名称及地址编制，但询证函的寄发一定要由注册会计师亲自进行。

（2）注册会计师不需要对被审计单位所有的应收账款进行函证。函证数量的大小、范围是由诸多因素决定的。主要有：

①如果应收账款在全部资产中所占的比重较大，则函证的范围应相应大一些。

②被审计单位内部控制制度较健全，则可以相应减少函证量。

③若以前期间函证中发现过重大差异，或欠款纠纷多，则函证范围相应扩大一些。

④若采用肯定式函证，则可以相应减少函证数量。

5. 应收账款的函证对象主要有哪些？何时运用肯定式函证？何时运用否定式函证？

【答】（1）一般情况下，注册会计师应选择以下项目作为函证对象：

①大额或账龄较长的项目；

②与债务人发生纠纷的项目;

③关联方项目(包括持股5%以上的股东);

④主要客户项目;

⑤余额为零或非正常的项目。

(2) 函证的方式。函证的方式分为肯定式函证和否定式函证两种。

①肯定式函证,又称正面式、积极式函证,就是向债务人发出询证函,要求其证实所函证的欠款是否正确,无论对错都要求复函。适用于:个别账户欠款金额较大;有理由相信欠款可能存在争议、差错等情况。

②否定式函证,又称反面式、消极式函证,它也是向债务人发出询证函,但所函证的款项相符时不必复函,只有在所函证的款项不符时才要求债务人向注册会计师复函。适用于:固有风险和控制风险评估为低水平;涉及大量较小的账户余额;预期不存在大量的错误;没有理由相信被询证者不认真对待函证。

6. 什么是应收账款的账龄分析?

【答】注册会计师通过编制或索取应收账款账龄分析表来分析应收账款账龄,以便了解应收账款的可收回性。

应收账款的账龄是指资产负债表中的应收账款从销售实现、产生应收账款之日起,至资产负债表日止所经历的时间。编制应收账款账龄分析表时,可以选择重要的顾客及其余额列示,不重要或余额较小的可以汇总列示,应收账款账龄分析表的合计数应等于资产负债表中应收账款数。

7. 如何审查未函证的应收账款?

【答】对于未函证应收账款,注册会计师应抽查有关原始凭证,如销售发票副本、销售合同、发运凭证等,以验证这些应收账款的真实性。

8. 什么情况下不能全额提取坏账准备?

【答】以下几种情况不能全额提取坏账准备:

(1) 当年发生的应收款项,以及未到期的应收款项;

(2) 计划对应收款项进行债务重组,或以其他方式进行重组的;

(3) 与关联方发生的应收款项,特别是母子公司交易事项产生的应收款项;

(4) 其他已逾期但无确凿证据不能收回的应收款项。

9. 应交税费审计要点有哪些?

【答】(1) 审查应交税费的计税依据是否正确;

(2) 确定选用的税率是否正确;

(3) 审核应交税费的计算是否正确;

(4) 判断应交税费的缴纳是否及时;

(5) 审计应交税费的会计处理是否正确;

(6) 查明有关税费的减免是否合规;

(7) 确定应交税费的报表披露是否恰当。

五、业务分析题

1. 【答】

针对要求（1）：

第（1）项，直接相关。

第（2）项，不直接相关。

第（3）项，不直接相关。

第（4）项，不直接相关。

第（5）项，直接相关。

第（6）项，不直接相关。

针对要求（2）：

应当测试第（5）项控制。客户签收单是确认销售收入发生的关键环节，同时它也是外部来源的证据，因而与第（1）项控制相比，第（5）项控制应对销售收入发生认定的错报最有力。

2. 【答】

事项（1）存在缺陷。企业在接受客户订购单之后，应当首先由销售管理部门进行审批，决定是否同意接受某客户的订购单。

事项（2）存在缺陷。对于超过企业既定的销售政策和信用政策规定范围的特殊销售交易，企业应当进行集体表决。

事项（3）没有缺陷。

事项（4）存在缺陷。财务部门开具发票应当依据发运单和已经批准的销售单。

事项（5）存在缺陷。向客户寄发对账单应当由不负责现金出纳和销售以及应收账款的人寄发。

事项（6）存在缺陷。针对不符事项的处理，应当由一位既不掌管货币资金也不记录主营业务收入和应收账款账目的主管人员处理。

3. 【答】

事项序号	控制测试是否存在缺陷（是/否）	理由
（1）	是	未实现职责分离目标/长期客户临时申请延长信用期，应经信用管理部审核/可能由于销售人员追求更大销售量而不恰当延长信用期，导致坏账损失风险
（2）	否	
（3）	是	应调查所有差异/即使差异未超过甲公司对该客户应收账款余额的5%，也应当调查/也可能是重大的

4. 【分析】

针对资料一第（1）项，结合资料二，吉财公司未因本年度成本大幅上涨而提高售价，销量逐步回升，吉财公司 2017 年的毛利率应当大大低于 2016 年的毛利率，但是财务数据显示，2017 年的毛利率（32%）接近于 2016 年毛利率（33%），存在矛盾证据，因此，存在营业收入多计、营业成本少计的重大错报风险。

针对资料一第（2）项，结合资料二，2017 年母公司豁免了商标使用权费，被豁免商标使用权费应当计入资本公积，但是财务数据显示，2017 年被豁免的商标使用权费确认为营业外收入，因此，存在营业外收入多计、资本公积少计的错报风险。

【答】

事项序号	是否可能表明存在重大错报风险（是/否）	理由	财务报表项目名称及认定
（1）	是	吉财公司 2017 年的毛利率 32%，2016 年为 33%，与成本大幅上涨不符，可能存在营业收入多计、营业成本少计的风险	营业成本（完整性） 存货（存在） 应收账款（存在） 营业收入（发生/准确性）
（2）	是	豁免的商标使用权费应当计入资本公积，存在营业外收入多计、资本公积少计的风险	营业外收入（发生） 资本公积（完整性）

5.【分析】

针对资料一第（1）项，结合资料二，a 产品是老产品，b 产品是新产品，b 产品出厂价比 a 产品的高约 6.7%，b 产品毛利率 8%，a 产品毛利率 10%，b 产品的毛利率低于 a 产品的毛利率，存在矛盾证据，因此，存在少计营业收入或多计营业成本的错报风险。

提示：假设 a 的零售价是 x，则 b 的零售价是（1+20%）x。

a 的出厂价是（1-10%）x，则 b 的出厂价是（1+20%）x×（1-20%）。

b 的出厂价比 a 的出厂价高：

[（1+20%）x×（1-20%）-（1-10%）x] /（1-10%）x = 6.7%。

针对资料一第（2）项，结合资料二：非财务信息显示，经销商在验收时发现该批产品质量不符合合同要求，双方尚未就解决方案达成一致意见，存在销售退回风险，但财务数据显示 a 产品的期末存货为 0，存在矛盾证据（非财务信息与财务证据），因此，存在多计营业收入、成本，少计期末存货的错报风险。

针对资料一第（3）项，结合资料二：非财务信息显示，建筑安装工程质量未达到设计要求，100 万元奖励款不满足确认条件，但财务数据显示，100 万元奖励款已经作为建造合同收入入账，因此，存在多计营业收入错报风险。

【答】

事项序号	是否可能表明存在重大错报风险（是/否）	理由	财务报表项目名称及认定
(1)	是	2017年，a产品的建议市场零售价和单位生产成本比2016年基本没有变化，a的毛利率是10%，是合理的；b产品的出厂价比a高约6.7%，在两种产品的单位生产成本基本接近的情况下，b的毛利率8%，明显不合理，存在少计营业收入或多计营业成本的风险	营业收入（完整性/准确性）营业成本（发生/准确性）存货（完整性/计价和分摊）
(2)	是	经销商提出的产品质量不符合合同规定，产品可能被退回。a产品年末存货余额为0，表明吉财公司已确认该笔销售收入并结转存货成本，存在可能多计营业收入和成本的风险	营业收入（发生）营业成本（发生）存货（完整性）
(3)	是	由于工程质量未达到设计要求，还需进一步施工，在2017年不满足将奖励款100万元确认为收入的条件，也不满足全额确认合同收入的条件，存在多计营业收入的风险	营业收入（发生）

6. 【答】

事项序号	控制运行是否有效（是/否）	理由
(1)	否	抽取的25个样本中有2个样本没有经客户签字确认，该控制未得到一贯执行
(2)	否	信息技术部未及时处理系统变更申请，该控制未得到及时执行
(3)	是	

7. 【答】

(1) 该公司没有将应收账款区分为单项金额重大的应收账款和单项金额不重大的应收账款，并据以确定应计提的坏账准备。

(2) 该公司坏账准备的计提金额有误。首先，对于应收账款明细账中有贷方余额的不应计提坏账准备，因其相当于预收账款，应该对其进行重新分类，归入负债方。

年末计提坏账准备的基数为：21 000 + 3 000 = 24 000（万元）

当期应提取的坏账准备 = 当期按应收账款总计应提取的坏账准备金额 − 坏账准备科目的贷方余额

= 24 000×1% − (−10) = 250（万元）

该公司少提20万元（250−230），建议做出调整。调整分录为：

借：管理费用——计提坏账准备　　　　　　　　　　200 000

　　贷：坏账准备　　　　　　　　　　　　　　　　　　200 000

8.【答】

项目名称	接受函证对象	函证的主要内容	函证方式
（1）银行存款	所审计期间所有与被审计单位有往来的金融机构	（1）存款户账号、性质及余额等； （2）贷款性质、担保或抵押品、贷款期限、利率及余额等	肯定式
（2）应收票据	票据开出人	付款日、到期金额、抵押担保物说明	肯定式
（3）应收账款	债务人	应收金额	肯定式或否定式
（4）其他应收款	债务人	应收金额	肯定式或否定式
（5）应付账款	债权人	应付金额	肯定式或否定式
（6）抵押借款	债权人 抵押人	（1）债权金额； （2）抵押物说明； （3）对是否遵守抵押契约发表意见	肯定式
（7）实收资本	（1）交易所； （2）证券托管机构	股份数额	肯定式

第十章　购货与付款循环审计

一、单项选择题

1. D　2. D　3. B　4. A　5. A　6. A　7. D　8. B　9. C　10. B　11. C　12. C
13. D　14. B　15. A　16. A　17. D

二、多项选择题

1. ABCD　2. ABCD　3. BC　4. ABCD　5. ABCD　6. ABCD　7. ABC　8. ABD
9. ABCD　10. ABCD　11. ABCD　12. ABD　13. ABD　14. ABCD　15. ABD
16. ABC　17. AB

三、名词解释

1. 购货与付款循环主要是指公司接受内部请购商品和劳务，向供应商购入商品和劳务完成付款的过程。

2. 融资租赁是指实质上转移与资产所有权有关的全部或绝大部分风险和报酬的租赁。资产的所有权最终可以转移，也可以不转移。

3. 经营租赁又称为业务租赁，是为了满足经营使用上的临时或季节性需要而发生的资产租赁。经营租赁是一种短期租赁形式，它是指出租人不仅要向承租人提供设备的使用权，还要向承租人提供设备的保养、保险、维修和其他专门性技术服务的一种租赁形式。

四、简答题

1. 购货与付款循环中常见哪些错弊和重大错报风险？

【答】（1）材料采购没有严格的计划和审批程序，导致材料采购出现盲目性，造成存货积压，并进而导致期末存货被错报。

（2）材料采购业务决策权过分集中于采购部门和采购人员，导致价格过高。

（3）没有严格的验收和入库制度，导致入库材料出现数量短缺或质量问题，并进而导致存货被错报。

（4）材料采购成本核算不合规，导致材料成本不正确，进而影响存货和相关报表项目被错报。

（5）已验收入库但发票未到的材料未按暂估价入账，导致隐瞒应付账款、低记负债。

（6）已验收入库、发票已到的材料故意推迟或提前入账，以隐瞒或虚增应付账款。

（7）长期不与供货单位核对应付账款或预付账款，导致账面记录不正确等。

2. 购货与付款循环中内部控制主要有哪些内容？

【答】（1）购货业务内部控制应用。

①采购与付款业务属于不相容职务，不可混岗。

②大宗采购与付款业务的授权批准手续要健全，不可以有越权审批的行为。

③应付账款与预付账款要保持支付正确性、时效性和合法性。

④严格管理有关单据、凭证、文件的使用和保管，促使凭证的登记、领用、传递、保管、注销手续健全，使用和保管制度完善。

（2）付款业务相关内部控制应用。

①按照《现金管理暂行条例》《支付结算办法》《内部控制应用指引》等规定办理采购付款业务。

②财会部门在办理付款业务时，要对采购发票、结算凭证、验收证明等相关凭证的真实性、完整性、合法性及合规性进行严格审核。

③建立预付账款和订金的授权批准制度，以加强预付账款和订金的管理。

④加强应付账款和应付票据的管理，由专人按照约定的付款日期、折扣条件等管理应付款项。已到期的应付款项是否经有关授权人员审批后办理结算与支付。

⑤建立退货管理制度，对退货条件、退货手续、货物出库、退货货款回收等做出明确规定，并及时收回退货货款。

⑥定期与供应商核对应付账款、应付票据、预付账款等往来款项。

3. 购货与付款循环的控制测试包括哪两个部分？

【答】购货与付款循环的业务测试包括购货业务控制测试和付款业务控制测试两个部分。

（1）购货业务控制测试。

①核对请购单与订购单是否一致，请购单是否经过适当的授权人批准，订购单是否连续编号。

②核对采购合同上确定的价格、付款日期与财会部门核准的支付条件是否一致。

③检查合同是否经过有关部门审查。

④抽验部分付款凭单。检查其是否附有请购单、订购单、验收单，付款凭单和验收单是否连续编号，验证验收环节的有效性和计算的正确性。

⑤核对采购合同、卖方发票、验收单与入库单是否一致。

⑥检查购入材料的计价是否正确。

（2）付款业务控制测试。

①了解应付款项记录、付款业务是否分开，了解有关凭证的传递过程；应付款项总账与明细账是否由不同人员记录；应付款项的记录人员与出纳员的职责是否分开。

②抽查应付款项明细账。

③审核货款结算手续。

④抽取部分支票。

⑤追查材料采购账簿、原材料账簿与银行存款日记账或应付款项账户的过账是否正确。

⑥审查现金折扣的合理性。

⑦检查应付票据内部控制。

4. 固定资产内部控制制度及注册会计师实施控制测试评价的内容有哪些？

【答】（1）固定资产的预算制度。

（2）授权批准制度。

（3）账簿记录制度。

（4）职责分工制度。

（5）资本性支出和收益性支出的区分制度。

（6）固定资产的处置制度。

（7）固定资产的定期盘点制度。

（8）固定资产的维护保养制度。

5. 如何识别采购与付款交易的差异并调查异常数据关系？

【答】（1）观察月度（或每周）已记录采购总额趋势，与往年或预算相比较。

（2）将实际毛利与以前年度和预算相比较。

（3）计算记录在应付账款上的赊购天数，并将其与以前年度相比较。

（4）检查常规账户和付款。

（5）检查异常项目的采购。例如，大额采购。

（6）无效付款或金额不正确的付款，可以通过检查付款记录和付款趋势得以发现。

6. 应付账款审计的目标是什么？

【答】（1）确定应付账款的发生和偿还记录是否完整。

（2）确定应付账款的期末余额是否正确。

（3）确定应付账款的披露是否恰当。

7. 应付账款函证与应收账款函证有何异同？

【答】一般情况下，应付账款不需要函证，这是因为函证不能保证查出未记录的应付账款，况且注册会计师能够取得购货发票等外部凭证来证实应付账款的余额。但如果控制风险较高，某应付账款明细账户金额较大或被审计单位处于财务困难阶段，则应进行应付账款的函证。进行函证时，注册会计师应选择较大金额的债权人，以及那些在资产负债表日金额不大甚至为零但为企业重要供货人的债权人，作为函证对象。函证最好采用肯定形式，并具体说明应付金额。

同应收账款的函证一样，注册会计师必须对函证的过程进行控制，要求债权人直接回函，并根据回函情况编制与分析函证结果汇总表。对未回函的，应考虑是否再次函证。如果存在未回函的重大项目，注册会计师应采用替代审计程序。

8. 如何查找被审计单位低计或漏计的应付账款行为？

【答】（1）注册会计师应检查被审计单位在资产负债表日未处理的不相符的购货发票及有关材料入库凭证但未收到购货发票的经济业务；

（2）检查资产负债表日后收到的购货发票，确认其入账时间是否正确；

（3）检查资产负债表日后应付账款明细账贷方发生额的相应凭证，确认其入账时间是否正确。

（4）注册会计师还可以询证被审计单位的会计和采购人员，查阅资本预算、工作通知单和基建合同等。

9. 对固定资产实施分析性复核测试审计程序的方法有哪些？

【答】（1）计算固定资产原值与本期产品产量的比率。

（2）计算本期计提折旧额对固定资产总成本的比率。

（3）计算累计折旧对固定资产总成本的比率。

（4）比较本期各月之间、本期与以前各期之间的修理及维护费用。

（5）比较本期与以前各期的固定资产增加和减少。

(6) 分析固定资产的构成及其增减变动情况。

10. 固定资产的增加和减少的审计要点是什么？

【答】（1）审计固定资产的增加，是固定资产实质性测试中的重要内容。固定资产的增加有购入、自制自建、投资者投入、更新改造增加、债务人抵债增加等多种方式。

（2）固定资产的减少主要包括出售、向其他单位投资转出、向债权人抵债转出、报废、毁损、盘亏等。审计固定资产减少的主要目的在于查明减少固定资产是否经授权、相应的会计处理是否合理。

11. 累计折旧的审计目标是什么？

【答】（1）审查折旧政策和方法是否符合国家有关的财务会计制度，是否一贯遵循。

（2）确定累计折旧增减变动的记录是否完整。

（3）审计折旧费用的计算、分摊，是否正确、合理和一贯。

（4）确定累计折旧的期末余额是否正确，在报表中的披露是否恰当。

12. 如何对累计折旧进行分析性复核？

【答】（1）对折旧计提的总体合理性进行复核。用本期应计提折旧的固定资产乘以本期的折旧率。如果总的计算结果与被审计单位的折旧额相近，且固定资产及累计折旧的内部控制较健全，就可以适当减轻累计折旧和折旧费用的其他实质性测试工作量。

（2）计算本期计提折旧额占固定资产原值的比率，并与上期比较，分析本期折旧计提额的合理性和准确性。

（3）计算累计折旧额占固定资产原值的比率，评估固定资产老化率，并估计因闲置、报废等原因可能发生的固定资产损失。

五、业务分析题

1. 【分析】

A. 按理，程序A能实现的审计目标的首选总体合理性，但因在本题中被排除在外。在将明细表与明细账、总账、报表这三者核对的，很容易发现它们之间的不一致，而这三者的一致性属于机构准确性目标。

B. 一方面，因函证的对象是应付账款，而防止低估是审计应付账款的主要目的，说明应选完整目标，但已被命题除外，就不得不选真实性目标。虽然函证程序一般是为了实现真实性（防止高估）目标，在本程序的函证对象是"余额不大"的单位，已知对这样的单位，即便有高估，也不会有大额的高估。

C. 问题的关键在于，查出"在资产负债表日存在有材料入库凭证但未收到购货发票的经济业务"后能说明什么？说明这样的业务很可能没有入账（完整性），因为发票是入账的证据。在完整性被除外的情况下，再注意，这样的业务必然是接收实物与账务处理不在同一会计期间，而这是截止目标所防止的焦点。

D. 正常情况下，应付账款的余额应在贷方，如果存在借方余额，原因之一是其中记录了预付账款,在编制报表时应分类表达;如有确实无法支付的应付账款,应转入资本公积科目,这同样属于分类的目标。

E. 将非记账本位币用汇率折合为记账本位币,就好像商品用价格折合为价值一样,属于估价目标所涉及的内容。

【答】

程序代码	A	B	C	D	E
审计目标	机械准确性	真实性	截止	分类	估价
认定	估价或分摊	存在或发生	估价或分摊	表达与披露	估价或分摊

2.【答】上述内容中可能存在 2 处不合理之处:

(1)"累计折旧——土地"的本年增加数为 15 万元,这与国家规定的土地不提折旧的要求相悖;

(2)"固定资产原价——房屋及建筑物"的本年减少数为 21 万元,小于"累计折旧——房屋及建筑物"的本年减少数(31 万元)。而根据会计核算的基本原理,考虑固定资产净残值率这一因素,即便这些减少的房屋及建筑物已提足折旧,其累计折旧数也应小于相应固定资产原价。

3.【答】

(1)恰当。

(2)不恰当。还应检查资产负债表日后货币资金的付款项目/获取吉财公司与供应商之间的对账单并与财务记录进行核对调节/检查采购业务形成的相关原始凭证。

(3)不恰当。资产负债表日后价格的变化并不表明前期会计估计存在差错。

(4)不恰当。注册会计师没有/应当对重大客户余额实施实质性程序。

4.【答】

(1)该项目账务处理不正确。按双倍余额递减法第一年至第五年的折旧额分别为 20 000 元、12 000 元、7 200 元、4 400 元和 4 400 元,五年累计应提折旧 48 000 元,第三年年末应累计计提折旧 39 200 元,固定资产净值为 10 800 元。

正确的会计分录如下。

①转入报废清理:

借:固定资产清理　　　　　　　　　　　　　　　　　　　　　10 800
　　累计折旧　　　　　　　　　　　　　　　　　　　　　　　39 200
　　贷:固定资产　　　　　　　　　　　　　　　　　　　　　　　　　50 000

②收到变价收入时:

借:银行存款　　　　　　　　　　　　　　　　　　　　　　　5 000
　　贷:固定资产清理　　　　　　　　　　　　　　　　　　　　　　5 000

③发生清理费用时:

借:固定资产清理　　　　　　　　　　　　　　　　　　　　　3 000
　　贷:银行存款　　　　　　　　　　　　　　　　　　　　　　　　3 000

④结转报废出售的净损失时：
借：营业外支出   8 800
  贷：固定资产清理   8 800

（2）企业对该项目企业的账务处理错误表现在：

①未按制度规定转入固定资产清理，未冲销"固定资产"和"累计折旧"账户，使企业资产状况不真实，从而影响账务状况的真实性；

②未按制度规定正确反映变价收入和清理费用。造成营业外支出计算不正确，导致当期损益不真实、不正确。

5.【答】

该公司的固定资产折旧方法本期出现不一致，且未做充分揭示，违反了企业会计准则和企业会计制度的规定。由此计算的该事项对资产负债表和利润表的影响如下：

（1）该机床应用年数总和法计算的年折旧额 = (100 000 - 10 000) × 5/15 = 30 000（元），当年应计提折旧额 = 30 000 × 11/12 = 27 500（元）

（2）该机床用直线法计算的年折旧额 = (100 000 - 10 000)/5 = 18 000（元），当年应计提折旧额 = 18 000 × 11/12 = 16 500（元）

因此，由于折旧方法的改变，使本年度多提折旧额 = 27 500 - 16 500 = 10 000（元），致使资产负债表中的"累计折旧"项目增加10 000元。利润表中的"利润总额"项目减少10 000元。

对此，审计人员应要求被审单位在财务情况说明书（会计报表附注）中，对原值10万元，预计净残值1万元，预计使用年限为5年的机床由于从直线法改为年数总和法进行折旧，使本年度折旧额增加10 000元，利润总额减少10 000元的情况予以揭示。

还应当注意的是，该设备的预计净残值率达10%（净残值10 000元/原值100 000元），超过了一般固定资产的预计净残值率3%～5%的水平。

6.【答】

资料（2）中的固定资产，从12月份起计提折旧；

资料（3）中的固定资产，在11月份已计提折旧，12月份照样计提折旧。因为未使用固定资产也应当计提折旧。

资料（4）中的固定资产，在11月份已计提折旧，12月份照样计提折旧。因为因大修理而停用的固定资产也应当计提折旧。

资料（5）中的固定资产，由于是在11月份才进行技术改造，11月份应当计提折旧；由于11月份就技术改造完工，并投入使用，因而12月份就应当计提折旧，但折旧基数变为230 000元（200 000 + 50 000 - 20 000），增加了30 000元。因此，该企业2017年12月份应计提折旧额为：

12 000 + [20 000 + 30 000] × 6%/12 = 12 250（元）

多提折旧额 = 21 000 - 12 250 = 8 750（元）

调账分录为：
借：累计折旧　　　　　　　　　　　　　　　　　　　　　　　　8 750
　　贷：制造费用　　　　　　　　　　　　　　　　　　　　　　　8 750

7. 【分析】

根据吉财公司房屋借款合同，吉财公司2017年应入账办公楼租金管理费用：$50 \times 9 + [80 \times (12-3)/12] \times 3 = 630$（万元），但是财务数据显示，吉财公司2017年已确认管理费用——租赁费450万元，存在矛盾证据，因此存在少计管理费用和负债的错报风险。

【答】

事项序号	是否可能表明存在重大错报风险（是/否）	理由	财务报表项目名称及认定
（1）	是	存在免租期内确认租金费用和负债，存在少计管理费用和负债的风险	管理费用（完整性）其他应付款（完整性）

第十一章　生产与存货循环审计

一、单项选择题

1. B　2. A　3. D　4. C　5. B　6. B　7. D　8. B　9. C　10. B　11. A　12. A　13. A　14. A　15. B　16. B

二、多项选择题

1. ABD　2. ABC　3. ABCD　4. ABCD　5. ABCD　6. ABCD　7. BCD　8. ABD　9. ABCD　10. ABCD　11. ABD　12. ABCD　13. ABCD　14. ABC　15. ABCD　16. ABCD

三、名词解释

1. 存货监盘是审计人员现场监督被审计单位各种实物资产及现金、有价证券等的盘点，并进行适当的抽查。存货监盘程序是审计人员在参加被审计企业的存货盘点过程中所实施的抽查盘点和观察工作。实施存货实物监盘的目的是为了确定被审计企业存货计量和存货记录程序的运作是否有效。

2. 所谓存货截止审计，就是检查截止到年末资产负债表日，所购入并包括在12月31日存货盘点范围内的存货。存货正确截止的关键在于存货实物纳入盘点的时间与存货引起的借贷双方会计科目的入账时间都处于同一会计期间。在会计上，存货及其对应的会计科目是否一并记入当年会计报表，很可能影响到本年利润的虚增或虚减，因而需加强审计。

四、简答题

1. 生产循环中的主要内部控制有哪些?

【答】生产循环内部控制包括两大控制系统:一是对产品成本进行记录与控制的成本费用管理控制;二是成本费用会计控制。

(1) 成本费用管理控制包括:制订成本控制目标和成本计划;制定各项消耗定额;编制成本、费用预算;对各项成本费用指标进行分解,建立成本费用归口、分级管理责任制;定期进行成本费用考核与评价。

(2) 成本费用会计控制即对成本费用支出业务进行反映和监督的内部控制,良好的成本费用会计控制包括:有明确的费用开支范围和开支标准;有健全有效的费用预算控制;有健全的费用核准制度,严格费用开支的审批;对费用进行合理的分类核算;定期检查费用预算执行情况。

2. 生产与存货循环常见的重大错报风险有哪些?

【答】(1) 没有正确划清生产成本与非生产成本的界限。

(2) 期末以假领料的方式大量虚增原材料成本,以调节损益。

(3) 材料收发过程中缺乏严格准确的计量。

(4) 在计算应付职工薪酬时,可能虚构员工名单,故意多计薪酬,据为己有或形成小金库。

(5) 故意多计或少计职工教育经费、工会会费、劳动保险费、养老保险费等。

(6) 未对期末在产品进行盘点,按估计数计算期末在产品盘存数,虚估在产品完工程度。

(7) 产品成本计算方法没有保持一致性,产品成本计算不正确。

(8) 发出存货计价方法未保持一贯性,发出存货金额的计算不正确;存货存在积压、毁损、变质情况,未按要求计提存货跌价准备。

3. 生产与存货循环控制测试要点有哪些?

【答】(1) 检查不相容职责的分离。

(2) 抽查部分存货的入库和出库业务,并追踪其业务处理。

(3) 抽查盘点记录。

(4) 审查产品生产、成本管理制度执行情况以及成本核算和会计入账环节。

(5) 审查存货合同和业务程序,确定存货所有权发生转移的具体时点。

4. 存货的审计目标是什么?

【答】(1) 确定存货是否存在,并归被审计单位所有。

(2) 审计存货增减变动的记录是否完整。

(3) 确定存货的计价方法是否恰当。

(4) 审查存货的品质状况及存货跌价准备计提是否合理。

(5) 确定存货期末余额是否正确。

(6) 审查存货的披露是否恰当。

5. 存货分析性复核常用哪些方法？

【答】注册会计师通常运用的分析性复核方法主要有简单比较法和比率分析法两种。

（1）简单比较法。

①比较前后各期及本年度各个月份存货余额及其构成。

②比较前后各期各项费用及待处理流动资产损失。

③对每月存货成本差异率进行比较。

④比较前后各期及本年度内各个月份生产成本总额和单位生产成本。

⑤将存货余额与现有订单、资产负债表日后各期的销售额和下一年度的预测销售额进行比较。

⑥将存货跌价损失准备与本年度存货处理损失的金额相比较。

（2）比率分析法。

①存货周转率，是用以衡量销售能力和存货是否积压的指标。

其计算公式为：

$$存货周转率 = 销售成本/平均存货 \times 100\%$$

②毛利率，是用来反映盈利能力的主要指标，用以衡量成本控制及销售价格的变化。

其计算公式为：

$$毛利率 = (销售收入 - 销售成本)/销售收入 \times 100\%$$

6. 为什么存货监盘是必不可少的一项审计程序？

【答】期末存货的结存量直接影响到会计报表中的存货金额。对期末存货数量的确定，是存货审计中的重要内容。自1938年著名的麦克逊·罗宾斯药材公司破产案发生后，各国审计准则都强调了注册会计师对资产实物实际存在和实际结存数量的正确性进行验证的责任。存货的监盘和应收账款的函证是一般公认审计程序。注册会计师对存货进行监盘是存货审计中必不可少的一项审计程序。

7. 如何确定存货监盘的样本量？

【答】监盘的样本量往往不能用项目的数量来确定，因为测试的重点是观察被审计单位的程序而不是选取具体的测试项目。在监盘中考虑样本量的一种较容易的方法是按费时多少而不是按盘点存货项目的多少来表示。

决定测试存货所费时间多少的最重要因素是有关实地盘点、永续记录的可靠性、存货的总金额及种类、重要存货位置和数量、以前年度发现误差的性质和程度及内部控制等。在有些情况下，存货十分重要，需要数十名注册会计师进行存货监盘；而在另外一些情况下，一个人就可以在短时间内完成监盘工作。

8. 主营业务成本审计的要点有哪些？

【答】（1）获取或编制主营业务成本明细表，与明细账和总账核对相符。

（2）编制生产成本及销售成本倒轧表，与总账核对相符。

（3）分析比较本年度与上年度主营业务成本总额，以及本年度各月份的主营业务成本金额。

（4）结合生产成本的审计，抽查销售成本结转数的正确性，并检查其是否与销售收入配比。

（5）检查主营业务成本账户中重大调整事项是否有充分的理由，如销售退回等。

（6）确定主营业务成本在利润表中是否恰当披露。

9. 应付工资审计的要点有哪些？

【答】（1）应付职工薪酬审计目标

①确定应付职工薪酬计提和支出记录是否完整，计提依据是否合理。

②检查应付职工薪酬期末余额是否正确。

③审查应付职工薪酬的披露是否恰当。

（2）应付职工薪酬实质性测试审计程序

①获取或编制应付职工薪酬明细表，复核加计是否正确，并与报表数、总账数和明细账合计数核对是否相符。

②对本期职工薪酬及其相关费用的发生情况进行分析性复核。

③检查职工薪酬的计提是否正确，分配方法是否与上期一致，并将应付职工薪酬计提数与相关的成本、费用项目核对一致。

④检查与职工薪酬相关的经费的使用，包括审阅职工教育经费、工会会费等明细账，验证其使用是否合规；抽查已计提的待业保险、劳动保险、养老保险是否及时足额缴纳。

⑤审查应付职工薪酬的披露是否恰当。

10. 存货跌价准备实质性测试的审计程序有哪些？

【答】（1）获取或编制存货跌价准备明细表，复核加计是否正确，并与报表数、总账数和明细账合计数核对是否相符。

（2）检查被审计单位是否于期末对存货作检查分析，存货跌价准备计提的依据、方法是否合理，前后各期是否一致，计算及会计处理是否正确。

（3）抽查计提存货跌价准备的项目，其期后售价是否低于原始成本。

（4）检查存货跌价准备的期末余额是否符合《税法》规定，如果超过规定，应作纳税调整。

（5）验明存货跌价准备的披露是否恰当。

11. 如何查核库存商品的计价方法？

【答】（1）对自制商品产品等，在实际成本计价的条件下，应以样本的单位成本与库存商品明细账及成本计算单核对；

（2）在计划成本计价的条件下，应以样本的单位成本与库存商品明细账、商品成本差异明细账及成本计算单核对；

（3）对库存外购商品，在以实际成本计价的条件下，应以样本的单位成本与库存商品明细账及购货发票核对，在以计划成本计价的条件下，应以样本的单位成本与库存商品明细账、商品成本差异明细账及购货发票核对。

五、业务分析题

1. 【答】

(1) 针对要求1：

事项(1)不恰当。理由：对于不属于吉财公司的存货，还应取得其规格、数量等有关资料。

事项(2)不恰当。理由：在吉财公司开始盘点存货前，被审计单位的盘点人员应当对拟盘点的存货项目做出标识。

事项(3)不恰当。理由：对以标准规格包装箱包装的存货，监盘人员除根据包装箱的数量及每箱的标准容量计算存货的数量外，还应当通过预先编号的清单列表加以确定并抽样开箱检查。

事项(4)恰当。

(2) 针对要求2：

假设因雪灾导致监盘人员于原定存货监盘日未能到达盘点现场。提请被审计单位另择日期重新盘点；评估与存货相关的内部控制的有效性，测试在该期间发生的存货交易，以获取有关期末存货数量和状况的充分、适当的审计证据。

2. 【答】

会计报表认定	具体审计目标	审计程序序号
(4)	公司对存货均拥有所有权	(9)
(1)	记录的存货数量包括了公司所有的在库存货	(8)
(5)	已按成本与可变现净值孰低法调整期末存货价值	(6)
(5)	存货成本计算准确	(11)
(3)	存货的主要类别和计价基础已在会计报表恰当披露	(7)

3. 【答】

情况	审计程序	审计目标	证据种类
(1)	对期末存货进行监盘	除所有权、披露、估价以外的所有审计目标	实物证据 口头证据
(2)	对期末存货进行截止测试	存在性、会计记录完整性	书面证据
(3)	向W公司进行函证	存在性、完整性、所有权	书面证据
(4)	询问管理当局，审阅相关合同与信函，向W公司函证	所有权、披露	口头证据 书面证据
(5)	进行计价测试并与有关财务会计法规进行比较	估价、披露	书面证据
(6)	对上年度存货记录进行适当审阅	披露	书面证据

4. 【答】

因为甲和乙注册会计师对客户2016年度会计报表出具了无保留意见审计报告，在分析2017年度数据时可以信赖客户2016年度会计报表的数据。

首先，因为企业的生产经营情况平稳，作为企业内在规律的存货周转率应当是稳定的。公司2016年度的存货周转率=31 892/7 993≈3.99。2017年,如果存货周转率不变,则在已确认主营业务成本的前提下,推算的存货预期余额=31 967/3.99≈8 011(万元),但公司列示的存货余额为8 111万元,比预期数额高出了整整100万元,因为这一差异高于存货项目的重要性水平,有必要将存货的高估问题列为重要问题。

其次,毛利率为行业规律及市场规律,也是稳定的。在2016年,公司的毛利率=1-31 892/39 977≈20.22%,在毛利率不变的情况下,依据本年主要业务成本推算的本年主营业务收入额=31 967/(1-0.202 2)≈40 069(万元),而客户的未审主营业务收入为40 480万元,比推算的预期数额高出411万元,且这一差异超过了会计报表层的重要性水平。基于此,有理由怀疑客户的主营业务收入有重大的高估情况。

5.【答】

(1)

产品成本计算单

2017年12月　　　　　　　　　　　　　　　　　　　　　单位:元

成本项目	月初在产品成本	本月生产费用	生产费用合计	产成品成本	月末在产品成本
直接材料	29 400	74 600	104 000	69 330	34 670
直接人工	7 560	22 440	30 000	21 430	8 570
制造费用	17 640	74 040	91 680	65 490	26 190
合计	54 600	171 080	225 680	156 250	69 430

(2)问题分析。

公司多记生产费用=258 400-225 680=3272(元),且人为多记完工产品成本=220 000-156 250=63 750(元),当产品销售,就可虚增产品成本,达到隐瞒利润63 750元,实现逃税的目的。

6.【答】

吉财公司以自己生产的产品作为福利发放给职工而不入账,严重违反了国家的财经纪律。该公司将福利发放给职工的职工薪酬金额应以销售价格计量,计入营业收入,产品按照成本结转,但应该根据相关税收规定,视同销售计算增值税销项税额。外购商品发放给职工作为福利,也应当根据相关税收规定将已缴纳的增值税进项税额转出。

$$彩电的售价总额=7 000×850+7 000×150=7 000 000(元)$$
$$彩电的增值税销项税额=7 000×850×17\%+7 000×150×17\%$$
$$=1 190 000(元)$$

公司决定发放非货币性福利时,应作如下账务处理:

借:生产成本　　　　　　　　　　　　　　　　　　　6 961 500
　　管理费用　　　　　　　　　　　　　　　　　　　1 228 500
　贷:应付职工薪酬——非货币性福利　　　　　　　　8 190 000

实际发放非货币性福利时，应作如下账务处理：

借：应付职工薪酬——非货币性福利　　　　　　　8 190 000
　　贷：营业收入　　　　　　　　　　　　　　　　7 000 000
　　　　应交税费——应交增值税（销项税额）　　　1 190 000
借：营业成本　　　　　　　　　　　　　　　　　　5 000 000
　　贷：库存商品　　　　　　　　　　　　　　　　5 000 000

　　电暖气售价金额 = 850×500 + 150×500 = 500 000（元）
　　电暖气的进项税额 = 850×500×17% + 150×500×17% = 85 000（元）
公司决定发放非货币性福利时，应作如下账务处理：
借：生产成本　　　　　　　　　　　　　　　　　　497 250
　　管理费用　　　　　　　　　　　　　　　　　　 87 750
　　贷：应付职工薪酬——非货币性福利　　　　　　585 000
购买电暖气时，公司应作如下账务处理：
借：应付职工薪酬——非货币性福利　　　　　　　　585 000
　　贷：银行存款　　　　　　　　　　　　　　　　585 000

7.【答】

事项序号	是否表明可能存在重大错报风险（是/否）	理由	财务报表项目名称及认定
（1）	是	经销商提出产品质量不符合合同规定，产品可能被退回。a产品年末存货余额为零，表明甲公司已确认该笔销售收入并结转存货成本，存在可能多计营业收入和成本的风险	营业收入（发生） 营业成本（发生） 存货（完整性）
（2）	是	c产品的单位成本 = 820万元÷1 000件 = 8 200（元/件），折算为人民币的销售价格 = 840万元/1 000/8.4×8 = 8 000（元），c产品期末存货余额差额 = (8 200 − 8 000)×9 000 = 180 000（元），存在减值风险	资产减值损失（完整性） 存货（计价和分摊）

8.【答】

管理费用明细账审计。企业多记、乱记费用，会导致利润虚减，从而隐瞒利润、漏税。

（1）企业支付暑期职工降温费，不可记入"管理费用"，调整：
借：应付福利费　　　　　　　　　　　　　　　　　60 000
　　贷：管理费用　　　　　　　　　　　　　　　　60 000
（2）租入包装物押金是存出保证金，不可记入"管理费用"，调整：
借：其他应收款　　　　　　　　　　　　　　　　　50 000
　　贷：管理费用　　　　　　　　　　　　　　　　50 000

(3) 在建工程领用材料时，应记基建工程成本，不可记入"管理费用"，调整：

借：在建工程　　　　　　　　　　　　　　　　　　　　　　80 000
　　贷：管理费用　　　　　　　　　　　　　　　　　　　　　　　80 000

(4) 车间耗用水电费，应由"制造费用"负担，调整：

借：制造费用　　　　　　　　　　　　　　　　　　　　　　30 000
　　贷：管理费用　　　　　　　　　　　　　　　　　　　　　　　30 000

(5) 支付税收滞纳金及罚金应记入"营业外支出"，调整：

借：营业外支出　　　　　　　　　　　　　　　　　　　　　40 000
　　贷：管理费用　　　　　　　　　　　　　　　　　　　　　　　40 000

9. 【答】

(1) 承销品的口头凭证应通过下列步骤证实：审查承销品记录、寄销合同和往来信函或向寄销人直接函证来证实承销品是否属实等。

(2) 从切片机的存放地点和盘点单上的"重做"字样看，可能是退回的货物，应审核验收报告、销货退回和折让通知单、应收账款函证回函等资料，查明切片机的所有权。如果所有权仍属顾客，则不应列入被审计单位的存货中。

(3) 查阅有关购销协议、结算凭证，查证装箱切片机的所有权，如果销售尚未实现，则应将切片机列入被审计单位的存货之中。

(4) 应向生产主管查询这些原材料还能否用于生产，如果属于毁损、报废材料，则不应列入被审计单位的存货之中。

10. 【答】

针对要求 (1)：

资料一的注释	审计处理建议是否存在不当之处（是/否）	理由	改进建议
注释1	是	所收到的采购折扣对应的是2017年度全年采购的A原材料，不应全部冲减2017年末A原材料余额	应该根据2017年度全年采购的A原材料在2017年度的使用以及年末结存情况，建议吉财公司将已经于2017年度耗用部分所对应的采购折扣调整冲减2017年末相应产成品成本以及2017年度的相应主营业务成本
注释2	否	材料已于2017年入库，应当确认为甲公司2017年存货	
注释3	是	不能因为没有收货就冲回相应存货，可能是在途材料	要进一步检查相关存货发货情况和采购合同而定。如果合同约定供应商发货即转移相关原材料风险和报酬，并且于2017年12月31日供应商已经发货，则不应冲回相应存货

针对要求（2）：

资料二的注释	审计处理建议是否存在不当之处（是/否）	理由	改进建议
注释1	是	实际发货时间在2018年，客户对延迟发货没有异议不一定意味着相关1000件A产品的风险和报酬在2017年末已经转移给客户	需要进一步检查是否满足收入确认条件，例如相关延迟发货是否根据客户的明确要求而作出，客户是否在2017年12月31日已经确认收货但要求寄存在吉财公司，并且吉财公司是否已经在2017年12月31日将该批产品单独存放。如果不能满足风险和报酬转移的条件，则应当在2018年实际发货时才确认收入
注释2	否	财务报表批准报出日前的销售退回是调整事项	
注释3	否	计价错误导致的多转主营业务成本应予以冲回	

针对要求（3）：

资料三所列的存货跌价准备审计表的内容主要存在以下不当之处：

①所列示的存货结存成本金额不当。用于测试存货跌价准备的结存成本金额应该考虑对存货成本的审计调整的影响。

②用以确定原材料可变现净值的方法不当。持有用于生产的原材料的可变现净值不应当基于相关原材料市场价格而确定，应当参考所生产的产品的估计售价减去至完工时估计将要发生的成本、估计的销售费用以及相关税费后的金额来确定。

③用以确定产成品可变现净值的方法不当。产成品的可变现净值需要考虑资产负债表日后事项的影响，而不能简单地直接以12月31日售价为基础确定。

④审计处理建议不当。如果正确确定相关原材料和产成品的可变现净值，有部分原材料和产成品可能存在需要计提存货跌价准备的情况。

针对要求（4）：

存货项目	是否存在需要建议吉财公司计提存货跌价准备的情况（是/否）	理由
A原材料	否	所生产的A产品的可变现净值高于成本
B原材料	是	所生产的B产品的可变现净值低于成本

续表

存货项目	是否存在需要建议吉财公司计提存货跌价准备的情况（是/否）	理由
C 原材料	是	所生产的 C 产品的可变现净值低于成本
A 产成品	否	基于 2017 年末售价计算的可变现净值已经高于成本，后续售价预计还将上涨，不存在需要计提存货跌价准备的情况
B 产成品	是	2017 年末库存约有 8 000 件（320 万/40 万×1 000 件），由于 2017 年 12 月销量为约 3 000 件，并且预计 2018 年的销量仍将继续下跌，因此预计该批库存将有相当部分会在 2018 年 1 月之后售出，由于吉财公司已经于 2018 年 2 月初宣布 B 产品降价 10%，因此考虑资产负债表日后的预计售价变化，以及基于 2017 年末售价计算的可变现净值仅高于成本 3.6%〔（290－280）/280〕的情况，2017 年末结存的 B 产品的预计可变现净值低于成本而存在需要计提存货跌价准备的情况
C 产成品	是	考虑到冲回多转主营业务成本 20 万元的影响；其可变现净值已经低于调整后成本，存在需要计提存货跌价准备的情况

第十二章　筹资与投资循环审计

一、单项选择题

1. C　2. B　3. C　4. A　5. C　6. A　7. C　8. C　9. C　10. A　11. D　12. B　13. A　14. C

二、多项选择题

1. ABCD　2. ABCD　3. AB　4. CD　5. ABCD　6. ABCD　7. ABCD　8. ABD　9. BCD　10. ABCD　11. BCD　12. ACD　13. ABCD　14. ABCD　15. BD　16. ABCD　17. ABCD　18. ABCD　19. AD　20. ABCD

三、名词解释

1. 筹资活动是指企业为满足生存和发展的需要，通过改变企业资本及债务规模和构成而筹集资金的活动。筹资活动主要由借款交易和股东权益交易组成。

2. 投资活动是指企业为通过分配来增加财富，或为谋求其他利益，将资产让渡给其他单位而获得另一项资产的活动。投资活动主要由权益性投资交易和债权性投资交易组成。

四、简答题

1. 筹资与投资循环常见哪些重大错报风险？

【答】（1）在筹资计划环节预算失误，造成资金流量短缺或冗余，不能满足生产的需要或增加了筹资的成本。

（2）在筹资业务环节存在不经授权或批准的非法筹资以及账外筹资。

（3）借款费用的会计处理不恰当，将应费用化的借款费用资本化，虚减当期费用，虚增资产。

（4）对外投资未作可行性研究，盲目投资，造成重大损失。

（5）随意改变长期股权投资会计核算方法。

（6）投资收益与投资不配比。

（7）所筹集的资金未按规定用途使用，借款的抵押与担保情况未充分披露。

（8）利润分配不符合国家法律规定，超额分配利润等。

2. 筹资活动中的主要内部控制有哪些？

【答】筹资活动由借款交易和股东权益交易组成。企业的借款交易涉及短期借款、长期借款和应付债券，这些内部控制基本类似，我们以应付债券为例说明。

一般来说，应付债券的内部控制主要内容包括：

（1）应付债券的发行要有正式的授权程序，每次均要由董事会授权。

（2）申请发行债券时，应履行审批手续，向有关机关递交相关文件。

（3）应付债券的发行，要由受托管理人来行使保护发行人和持有人合法权益的权利。

（4）每种债券发行都必须签订债券契约。

（5）债券的承销或包销必须签订有关协议。

（6）记录应付债券业务的会计人员不得参与债券发行。

（7）如果企业保存债券持有人明细分类账，应同总分类账核对相符，若这些记录由外部机构保存，则须定期同外部机构核对。

（8）未发行的债券必须由专人负责。

（9）债券的购回要有正式的授权程序。

3. 投资活动中的主要内部控制有哪些？

【答】一般来说，投资活动的内部控制主要内容包括：

（1）合理的职责分工。

（2）健全的资产保管制度。

（3）详尽的会计核算制度。

（4）严格的记名登记制度。

（5）完善的定期盘点制度。

4. 筹资与投资循环审计的特点及审计对策是什么？

【答】（1）筹资与投资循环的特征，即年内交易笔数少、每笔金额较大、出现错弊影响大等。

（2）可将抽查法与详查法结合运用；多采用审阅法、追踪法等查明筹资与投资循环的内部控制是否有效。

①筹资活动控制测试。

a. 检查企业的筹资活动是否经过授权批准。

b. 检查筹资活动的授权、执行、记录和实物保管是否严格分离，是否存在由一人同时执行两项以上业务的情况。

c. 查明筹资活动是否建立了严密的账簿体系和记录制度，并进行定期检查。审计人员可采取账务追索收集证据的方法对此进行测试。

②投资活动控制测试。

a. 检查控制执行留下的轨迹。

b. 查阅内部盘点报告。

c. 分析企业的投资业务管理报告。

d. 投资业务的核算是否符合有关财务制度的规定，投资收益的会计处理是否正确。

e. 检查对投资收益的监控是否适当。

5. 简述短期借款实质性测试审计的要点。

【答】（1）获取或编制短期借款明细表，向银行或其他债权人函证。

（2）审查短期借款的增加和减少。

（3）检查有无到期未偿还的短期借款。

（4）复核短期借款利息。

（5）审查外币借款的折算。

（6）确定短期借款在资产负债表中的反映是否恰当。

6. 简述长期借款实质性测试审计的要点。

【答】（1）获取或编制长期借款明细表，复核其加计数是否正确，并与明细账和总账核对相符。

（2）审查长期借款的增加和减少。

（3）审查长期借款的使用是否符合借款合同的规定，重点审查长期借款使用的合理性。

（4）检查年末有无到期未偿还的借款，逾期借款是否办理了延期手续，分析计算逾期借款的金额、比率和期限，判断被审计单位的资信程度和偿还能力。

（5）检查一年内到期的长期借款是否已转列为流动负债。

（6）计算短期借款、长期借款在各个月份的平均余额，选取适用的利率匡算利息支出总额，并与财务费用的相关记录核对，判断被审计单位是否高估或低估利息支出，必要时进行适当调整。

（7）审查被审计单位长期借款的抵押资产的所有权是否属于被审计单位，其价值和现实状况是否与抵押契约中的规定相一致；检查被审计单位重大的资产租赁合同，判断被审计单位是否存在资产负债表外融资的现象。

（8）确定长期借款是否已在资产负债表中充分披露。

7. 简述应付债券实质性测试的审计要点。

【答】（1）取得或编制应付债券明细表，并同有关的明细分类账和总账核对相符。

（2）审查债券交易的有关原始凭证，验证其合法性。

（3）审查应计利息、债券折（溢）价摊销及其会计处理是否正确。

（4）函证"应付债券"账户期末余额。

（5）审查到期债券的偿还，审查相关会计记录，查明其会计处理是否正确。

（6）确定应付债券是否已在资产负债表中充分披露。

8. 投资审计的目标是什么？

【答】（1）审查确认投资是否存在。

（2）审查投资是否归被审计单位所有。

（3）确认投资的增减变动及其收益或损失的记录是否完整。

（4）审查确认投资的计价方法是否正确、投资的年末余额是否正确。

（5）审查投资在会计报表中的披露是否恰当。

9. 简述所有者权益审计的特点和常用的方法。

【答】（1）所有者权益增减变动具有业务较少、金额较大的特点。

（2）注册会计师在审计了被审计单位的资产和负债之后，往往只花费相对较少的时间对所有者权益进行审计。通常可采用详查法，不进行内部控制测试。

10. 如何审查实收资本的增减变动？

【答】对于实收资本的增减变动，注册会计师应查明原因，查阅其是否与董事会纪要、补充合同、协议及有关法律文件的规定一致。

一般而言，不得随意增减企业的实收资本。企业增资扩股时，应查明增资行为是否经过批准，增资金额是否符合有关规定。

企业减资是否满足条件：事先通知了所有债权人，债权人无异议；经股东大会决议同意，并修改了公司章程，且减资后的注册资本不低于法定注册资本的最低限额。

五、业务分析题

1. 【答】针对吉财股份有限公司应付债券的具体情况，注册会计师应审查以下内容：

（1）审查债券合同中的各种条款，查明该公司有无违反债券合同条款。

（2）核实2017年末资产负债表中的速动比率，一旦低于1∶1时，应立即审查高级管理人员的工资是否低于60万元。

（3）查明该公司为债券担保财产的种类、数量、价值和投保金额，并向保险公司和有关单位进行函证。

（4）向税务机关函证，查明对债券合同规定的资产纳税情况，审查实际纳税额与账簿记录是否一致。

2. 【答】

管理当局认定	一般审计目标	投资业务的项目审计目标
	G	总体合理性
存在或发生	A	真实性
完整性	C	完整性
权利与义务	I	所有权
估价或分摊	F	估价
	B	截止
	D	机械准确性
表达与机械	E	分类
	H	披露

3. 【答】

上述附注内容中可能存在一处不合理之处：公司向 B 银行的第一营业部借入的长期借款 11 650 万元的借款期限为"2014 年 9 月 ~ 2018 年 8 月"，按照《股份有限公司会计制度》的规定，在编制会计报表时，应对其进行会计报表重分类调整，并入"一年内到期的长期负债"项目。

4. 【答】

根据资料，该公司这笔应收票据贴现应得的贴现额计算如下：

$$本金 = 200000（元）$$

$$利息 = 200\,000 \times 8\% \times 90/360 = 4\,000（元）$$

$$到期价值 = 204\,000（元）$$

减：

$$贴现息 = 204\,000 \times 10\% \times 30/360 = 1\,700（元）$$

$$贴现额 = 202\,300（元）$$

因此，贴现票据收入记为 202 300 元，少计的 4 000 元很可能是经手人的重大错报，因为无银行的有关原始凭证，应进一步收集审计证据，确定问题的性质，追究经手人的责任。

该公司上年度应编制的正确会计分录为：

借：银行存款　　　　　　　　　　　　　　　　　　　　　202 300
　　贷：应收票据　　　　　　　　　　　　　　　　　　　　200 000
　　　　财务费用　　　　　　　　　　　　　　　　　　　　　2 300

因此，多计的财务费用 4 000 元要求在 2018 年 3 月进行调整。因上年度的财务报表已经过董事会审计通过并对外报送，财务费用作为期间费用已在上年利润总额中扣除，所以不能调整"财务费用"账户，只能调整"以前年度损益调整"账户，即增加本年度利润 4 000 元，同时这 4 000 元应向经手人追回。会计分录为：

借：其他应收款　　　　　　　　　　　　　　　　　　　　　4 000
　　贷：以前年度损益调整　　　　　　　　　　　　　　　　　4 000

同时应补交增加利润所缴的所得税，假定该公司 2018 年的所得税税率为 25%，则应补交的所得税为 1 000 元（4000×25%）。会计分录为：

  借：以前年度损益调整   1 000
    贷：应交税费——应交所得税   1 000

5. 【答】

注册会计师 A 认为上述账务处理是错误的，违反了企业会计准则的规定。正确的账务处理如下。

（1）2017 年 5 月 1 日购入股票：

  借：可供出售金融资产——成本   29 600 000
    应收股利   400 000
    贷：银行存款   30 000 000

（2）2017 年 5 月 10 日确认现金股利：

  借：银行存款   400 000
    贷：应收股利   400 000

（3）2017 年 12 月 31 日确认股票公允价值变动：

  借：资本公积——其他资本公积   3 600 000
    贷：可供出售金融资产——公允价值变动   3 600 000

6. 【答】

针对事项（1）：

由于吉财公司不能随意冲减长期股权投资，且不同性质的科目不能随意冲销，注册会计师应当建议吉财公司把占款与长期股权投资的冲销原渠道冲回，但需要在财务报表附注中披露关联方占用资金的事项。

针对事项（2）：

因为 E 公司 2017 年度财务报表未经任何注册会计师审计且在海外，注册会计师无法获取充分、适当的审计证据证实 2017 年度财务报表中采用权益法确认了该项投资收益 1620 万元，审计范围受到限制（吉财公司的年利润才 1800 万元），注册会计师考虑发表无法表示意见的审计报告。

针对事项（3）：

由于尚未办理产权转移手续，不知道股权转让是否完成。注册会计师应当追加审计程序，以查明吉财公司长期股权转让是否真正完成。如果查明股权转让确实已经完成了，应当建议吉财公司处置该项长期股权投资；如果股权转让尚没有真正完成，应当建议吉财公司根据长期股权投资的可收回性计提减值准备。

针对事项（4）：

不能。因为被投资公司经审计的财务报表净利润和所有者权益均发生变化，应按经审计的报表确认投资收益，其调整分录为：

  借：投资收益   4 500 000
    贷：长期股权投资——损益调整   4 500 000

针对事项（5）：

不能确认。由于注册会计师尚未获取充分、适当的审计证据支持。注册会计师应当取得并审查委托理财资金账户及股票账户对账单，并向 H 公司发询证函以证明此笔投资收益是否真实。

针对事项（6）：

不适当，因为 I 公司已经进入了清算程序，应当考虑全额计提减值准备或确认投资损失。

应当实施的审计程序有：

①核对长期股权投资减值准备本期与以前年度计提方法是否一致，如有差异，查明政策调整的原因，并确定政策改变对本期损益的影响，提请被审计单位做适当披露。

②对长期股权投资进行逐项检查，根据被投资单位经营政策、法律环境、市场需求、行业及盈利能力等的各种变化判断长期股权投资是否存在减值迹象。当长期股权投资可收回金额低于账面价值时，应将可收回金额低于账面价值的差额作为长期股权投资减值准备予以计提，并应与被审计单位已计提数相核对，如有差异，查明原因。

③将本期减值准备计提金额与利润表资产减值损失中的相应数字进行核对。

④长期股权投资减值准备按单项资产计提，计提依据是否充分，是否得到适当批准。

第十三章　货币资金审计

一、单项选择题

1. D　2. B　3. B　4. C　5. D　6. C　7. B　8. C　9. D　10. B　11. D　12. A　13. A　14. B　15. B

二、多项选择题

1. ABCD　2. ABCD　3. AD　4. AB　5. ABD　6. ABCD　7. ABC　8. ABC　9. ABCD　10. ABCD　11. ABCD　12. ABCD　13. ABCD　14. ABCD　15. ABCD　16. ACD　17. ABCD　18. ABCD

三、名词解释

1. 现金盘点是审计实施中必不可少的一个程序，通过对现金进行突击盘点可以测试被审计单位现金管理制度是否行之有效，是否存在账外资金、账外资产等违规现象。

2. 银行存款余额调节表，是在银行对账单余额与企业账面余额的基础上，各自加上对方已收、本单位未收账项数额，减去对方已付、本单位未付账项数额,以调整双方余额使其一致的一种调节方法。该表主要目的是在于核对企业账目与银行账目的差异,也用于检查企业与银行账目的差错。调节后的余额是该企业对账目银行实际可用的存款数额。

3. 未达账项是企业单位与银行之间,对同一项经济业务由于凭证传递上的时间差所形成的一方已登记入账,而另一方因未收到相关凭证,尚未登记入账的事项。

四、简答题

1. 货币资金收支过程中有哪些常见的重大错报风险?

【答】(1) 违反现金管理规定,超限额保管现金,坐支现金,扩大现金开支范围。

(2) 现金收入不入账,形成"小金库"。

(3) 贪污、挪用库存现金。

(4) 从银行提取的现金用途不合法、不合理。

(5) 出租、出借银行账户以收取好处费。

(6) 开立"黑户",截留收入。

2. 货币资金的岗位分工有什么要求?

【答】单位应当建立货币资金业务的岗位责任制,明确相关部门和岗位的职责权限,确保办理货币资金业务的不相容岗位相互分离、制约和监督。出纳人员不得兼任稽核、会计档案保管和收入、支出、费用、债权债务账目的登记工作。单位不得由一人办理货币资金业务的全过程。

3. 货币资金监督检查的内容包括什么?

【答】(1) 货币资金业务相关岗位及人员的设置情况。重点检查是否存在货币资金业务不相容职务混岗的现象。

(2) 货币资金授权批准制度的执行情况。重点检查货币资金支出的授权批准手续是否健全,是否存在越权审批行为。

(3) 支付款项印章的保管情况。重点检查是否存在办理付款业务所需的全部印章交由一人保管的现象。

(4) 票据的保管情况。重点检查票据的购买、领用、保管手续是否健全,票据保管是否存在漏洞。

4. 如何测试货币资金收款内部控制?

【答】为测试货币资金收款的内部控制,注册会计师应选取适当样本的收款凭证进行如下检查:

(1) 核对收款凭证与存入银行账户的日期和金额是否相符。

(2) 核对货币资金、银行存款日记账的收入金额是否正确。

(3) 核对收款凭证与银行对账单是否相符。

(4) 核对收款凭证与应收账款等相关明细账的有关记录是否相符。

(5) 核对实收金额与销货发票等相关凭据是否一致。

5. 如何测试货币资金付款内部控制？

【答】为测试货币资金付款内部控制，注册会计师应选取适当样本的货币资金付款凭证进行如下检查：

(1) 检查付款的授权批准手续是否符合规定。

(2) 核对货币资金、银行存款日记账的付出金额是否正确。

(3) 核对付款凭证与银行对账单是否相符。

(4) 核对付款凭证与应付账款等相关明细账的记录是否一致。

(5) 核对实付金额与购货发票等相关凭据是否相符。

6. 现金的审计目标是什么？

【答】(1) 审查被审计单位资产负债表中的现金在会计报表日是否确实存在，是否为被审计单位所拥有。

(2) 确定被审计单位在特定期间内发生的现金收支业务是否均已记录完毕，有无遗漏。

(3) 审查现金余额是否正确。

(4) 确定现金在财务会计报表中的披露是否恰当。

7. 库存现金盘点对象、人员、时间和方式、范围分别是什么？

【答】(1) 库存现金盘点对象，通常包括对已收到但尚未存入银行的现金、零用金、找换金等；

(2) 盘点库存现金人员，必须有被审计单位出纳员和会计主管人员参加，注册会计师监督盘点；

(3) 盘点的时间和方式是，实施突击性的审查，时间最好选择在上午上班前或下午下班后进行，已停止现金收支业务；

(4) 盘点范围一般包括企业各部门经管的现金，如果现金存放部门有两处或两处以上者，应同时进行盘点或对没有盘点处加以封存。

8. 现金盘点的要点是什么？

【答】盘点库存现金，先由出纳员把已办妥现金收付手续的收付凭证登入现金日记账，再根据现金日记账加计累计数额结出现金结余额。然后盘点保险柜的现金实存数，同时编制库存现金盘点表，分币种面值列示盘点金额。将盘点金额与现金日记账余额进行核对，如有差异，应查明原因，并做出记录或适当调整。

注册会计师还应审阅现金日记账，并同时与现金收支凭证相核对，检查现金日记账的记录与凭证的内容和金额是否相符，日期是否相符或接近。若有冲抵库存现金的借条、未提现支票、未作报销的原始凭证，应在库存现金盘点表中注明或做出必要的调整。

9. 银行存款实质性测试的内容有哪些？

【答】(1) 核对银行存款日记账与总账的余额是否相符。

(2) 对银行存款进行分析性复核。计算定期存款占银行存款的比例，了解被审计单位是否存在高息资金拆借。

(3) 取得或编制银行存款余额调节表，查明银行存款余额是否正确。

(4) 函证银行存款余额，确定其是否真实存在。

(5) 审查一年以上定期存款或限定用途存款，它们已不属于企业的流动资产，应列于其他资产类下，这样才能恰当反映出被审计单位的财务现状。

(6) 审查银行存款收支的正确截止。

(7) 审查外币银行存款的折算是否正确。

(8) 审查确定银行存款是否在资产负债表中被恰当披露。

10. 银行存款函证的要点是什么？

【答】函证时，注册会计师应向被审计单位在本年存过款的所有银行发函（含外埠存款、银行汇票存款、银行本票存款、信用证存款），其中包括企业存款账户已结清的银行，因为有可能存款账户已结清，但仍有银行借款或其他负债存在。同时，虽然注册会计师已直接从某一银行取得了银行对账单和所有已付支票，但仍应向这一银行进行函证。如果存在错弊，将会查出。

11. 其他货币资金包括哪些？审计目标是什么？

【答】（1）其他货币资金包括外埠存款、银行汇票存款、银行本票存款、信用证存款和在途货币资金等。

（2）其他货币资金的审计目标

①审查确定被审计单位资产负债表中的其他货币资金在会计报表日是否确实存在，是否为被审计单位所拥有。

②审计被审计单位在特定期间内发生的其他货币资金收支业务是否均已记录完整，有无错漏。

③审查其他货币资金的余额是否正确。

④确定其他货币资金在财务会计报表中的披露是否恰当。

五、业务分析题

1. 【答】（1）A注册会计师通过向开户银行函证，不仅可以查明吉财公司银行存款、借款的存在，而且还可发现企业未登记入账的银行存款、借款。

（2）在询证函内指明回函请直接寄往A注册会计师所在的会计师事务所，或在询证函内附上贴足邮票的以A注册会计师所在的会计师事务所为回函地址的信封。A注册会计师直接收回开户银行询证函的目的是防止吉财公司截留或更改回函。

（3）A注册会计师应检查银行存款余额调节表中未达账项的真实性，以及资产负债表日后的入账情况。

（4）A注册会计师索取开户银行2018年1月31日的银行对账单，可以证实列示在银行存款余额调节表上的在途存款和未兑现支票的真实性。

2. 【答】

（1）吉财公司银行存款日记账调节后金额 = 67 875 + 7 250 − 1 125 = 74 000（元）

银行对账单调节后金额 = 64 500 + 9 000 - 1 200 = 72 300（元）

错误金额 = 74 000 - 72 300 = 1 700（元），属于多计收入或少计支出。

(2) 12月31日吉财公司银行存款日记账账面的正确余额为：

　　　67 875 - 1 700 = 66 175（元）

3.【答】

现金清点表
2017年1月20日　　　　　　　　　　　　　　单位：元

账面结存数	实际库存数
余额　3 380	2 002
加：已收款未入账　780	
减：已付款未入账　350	
采购暂支款　500	
余额　3 310	
溢缺数　-1 308	

企业存在的问题：

(1) 该企业现金短少1 308元，账实不符，应由出纳员赔偿补足，查明原因。

(2) 企业有白条现象580元，应杜绝。

(3) 企业库存现金超限1 310元（3 310 - 2 000），应及时将超限部分送存银行。

(4) 企业现金收支业务记账不及时。

4.【答】

现金监盘：

　　　企业现金账面应存数 = 832.1 + 435.24 - 500 = 767.34（元）

　　　企业现金实际库存数 = 2827.34 - 2 200 = 627.34（元）

　　　账实相差数 = 767.34 - 627.34 = 140（元）

　　　资产负债表应记数 = 767.34 + 2 580 - 2 350 = 997.34（元）

存在的问题：

(1) 企业现金收支业务记账不及时，应逐日逐笔登记；

(2) 企业库存现金账实不符，是白条抵库带来的，应查明原因，补足现金；

(3) 企业以借据抵充现金，应记账冲掉，提现补足现金限额；

(4) 企业库存现金超限197.34元（997.34 - 800），与出差职工工资应及时送存银行。

5.【答】

(1) 不恰当。

改进建议：对库存现金的监盘最好实施突击性检查，时间最好选择在上午上班前或下午下班后。

（2）恰当。

（3）不恰当。

改进建议：如果对吉财公司提供的银行对账单的真实性存有疑虑，注册会计师可以在被审计单位的协助下亲自到银行获取银行对账单。在获取银行对账单时，注册会计师要全程关注银行对账单的打印过程。

（4）不恰当。

改进建议：审计项目组应当对银行存款账户（包括零余额账户和在本期内注销的账户）实施函证程序，除非有充分证据表明某一银行存款对财务报表不重要且与之相关的重大错报风险很低。

（5）不恰当。

改进建议：针对年末银行存款余额调节表中企业已开支票银行尚未扣款的调节项，审计项目组不仅应通过检查相关的支票存根和记账凭证予以确认，还应取得期后银行对账单，确认未达账项是否存在，银行是否已于期后入账。

（6）不恰当。

改进建议：不能仅通过吉财公司的解释和提供的收款回单，而不实施其他审计程序，审计项目组应实施其他审计程序，比如亲自到银行进行核实等。

6.【答】

第（1）项，不恰当。

A注册会计师没有对零余额和在本期内注销的账户实施函证；也未评估这些账户是否对财务报表不重要且与之相关的重大错报风险很低。

第（2）项，不恰当。

A注册会计师没有评估回函的可靠性；银行业务专员当场办理回函，未实施适当的核对程序和处理流程。

第十四章 完成审计工作与审计报告

一、单项选择题

1. A 2. C 3. D 4. D 5. B 6. D 7. D 8. C 9. C 10. C 11. B 12. B 13. D 14. B 15. C 16. D 17. B 18. B 19. D 20. B 21. B 22. A 23. B 24. A 25. A 26. C 27. A 28. B 29. C 30. D 31. C 32. B

二、多项选择题

1. ABCD 2. ABCD 3. ABCD 4. ABC 5. ABCD 6. ABCD 7. ABCD 8. ABC 9. ABCD 10. ABD 11. ABD 12. ABCD 13. AB 14. BCD 15. AC 16. ABCD 17. ABCD 18. ABCD 19. AC 20. ABC 21. ABD 22. ABC 23. AB

三、名词解释

1. 完成审计工作是注册会计师在执行了对各项交易及账户余额的测试后，编制与签发审计报告前进行的综合性测试工作，是财务会计报表审计的最后阶段。完成审计工作阶段，注册会计师要评价审计结果，确定审计意见，提出审计报告，这一阶段的工作对审计报告有着直接而重要的影响。完成审计工作的主要内容包括：期初余额审计、期后事项审计、或有事项审计、评价持续经营假设，取得管理层书面声明与律师声明书；编制审计差异调整表和试算平衡表，评价审计结果；复核审计工作底稿，与被审计单位治理层沟通；确定审计意见，提交审计报告。

2. 首次审计业务，是在上期财务报表未经审计，或上期财务报表由前任注册会计师审计的情况下承接的审计业务。

3. 期初余额是所审会计期间期初已存在的余额，期初已存在的余额是由上期结转至本期的金额，或是上期期末余额调整后的余额。

4. 期后事项是指财务报表日至审计报告日之间发生的事项以及注册会计师在审计报告日后知悉的事实。具体包括三种情况：截至审计报告日发生的事项；审计报告日至财务报表报出日前知悉的事实；财务报表报出日后知悉的事实。

5. 资产负债表日后调整事项，是指对资产负债表日已经存在的情况提供了新的或进一步证据的事项，这类事项需要提请被审计单位调整被审计年度的财务报表。这类事项的主要情况出现在被审计单位资产负债表日之前，因此，其带来的财务影响应当在被审计年度的财务会计报表中反映出来。如果这类期后事项的金额重大，注册会计师就应当提请被审计单位对被审计年度的财务报表进行调整。

6. 资产负债表日后非调整事项，是指表明资产负债表日后发生的情况的事项。这类事项不需要调整被审计单位年度财务报表，但注册会计师应当提请被审计单位在财务报表附注中就重要的事项披露其性质、内容，以及其对财务状况和经营成果的影响。

7. 或有事项，是指过去的交易或事项形成的，其结果须由某些未来事项的发生或不发生决定的不确定事项。

8. 管理层书面声明是指被审计单位管理层向注册会计师提供的书面陈述，用以确认某些事项或支持其他审计证据。

9. 核算错误是因企业对经济业务进行了不正确的会计核算而引起的错误。

10. 重分类错误是因企业未按《企业会计准则》列报财务会计报表而引起的错误。

11. 试算平衡表是注册会计师在被审计单位提供未审计财务会计报表的基础上，考虑调整分录、重分类分录等内容以确定已审数与报表披露数的表式。

12. 审计报告是审计人员在审计工作结束时表达审计意见、做出审计评价的一种书面文件。

13. 关键审计事项，是指注册会计师根据职业判断认为对本期财务报表审计最为重要的事项，从注册会计师与治理层沟通过的事项中选取。

14. 无保留意见是指注册会计师对被审计单位的财务报表，依照注册会计师审计准则要求进行审查后确认：被审计单位采用的会计处理方法遵循了会计准则及有关规定；财务报表反映的内容符合被审计单位的实际情况；财务报表内容完整，表达清楚，无重要遗漏；报表项目的分类和编制方法符合规定要求，因而对被审计单位的财务报表无保留地表示满意。

15. 如果认为必要，注册会计师可以在无保留意见的审计报告中提供补充信息，以提醒使用者关注下列事项：尽管已在财务报表中列报或披露，但对使用者理解财务报表至关重要的事项；未在财务报表中列报或披露，但与使用者理解审计工作、注册会计师的责任或审计报告相关的事项。

16. 保留意见是指注册会计师对财务会计报表的反映有所保留的审计意见。一般是由于某些事项的存在，使无保留意见的条件不完全具备，影响了被审计单位财务会计报表的表达，因而注册会计师对影响事项提出保留意见，并表示对该意见负责。

17. 所谓发表否定意见是指与无保留意见相反，提出否定财务报表公允反映被审计单位财务状况、经营成果和现金流量的审计意见。在获取充分、适当的审计证据后，如果认为错报单独或汇总起来对财务报表的影响重大且具有广泛性，注册会计师应当发表否定意见。

18. 无法表示意见是指注册会计师说明其对被审计单位的财务不能发表意见。注册会计师在审计过程中，由于审计范围受到委托人、被审计单位或客观环境的严重限制，不能获取充分、适当的审计证据，以致无法对财务会计报表整体反映发表审计意见时。如果无法获取充分、适当的审计证据以作为形成审计意见的基础，但认为未发现的错报对财务报表可能产生的影响重大且具有广泛性，注册会计师应当发表无法表示意见。

四、简答题

1. 完成审计工作的内容包括哪些？

【答】完成审计工作的主要内容包括：期初余额审计、期后事项审计、或有事项审计、评价持续经营假设，取得管理层书面声明与律师声明书；编制审计差异调整表和试算平衡表，评价审计结果；复核审计工作底稿，与被审计单位治理层沟通；确定审计意见，提交审计报告。

2. 首次接受委托的期初余额审计目标是什么？

【答】（1）确定期初余额不存在对本期财务会计报表产生重大影响的错报。

（2）确定上期期末余额已正确结转至本期，或在适当的情况下已做出重新表述。

（3）确定期初余额反映的会计政策在本期财务报表中得到一贯运用，以及会计政策的变更已按照适用的财务报告编制基础作出恰当的会计处理和充分的列报与披露。

3. 什么是期后事项？期后事项有哪些种类？

【答】（1）期后事项是指财务报表日至审计报告日之间发生的事项以及注册会计师在审计报告日后知悉的事实。

（2）期后事项的种类。根据期后事项对财务报表的影响不同，可以将期后事项分为两类，即资产负债表日后调整事项和资产负债表日后非调整事项。

①资产负债表日后调整事项。

a. 资产负债表日后诉讼案结案；

b. 资产负债表日后取得确凿证据；

c. 资产负债表日后进一步确定了资产负债表日前购入资产的成本或售出资产的收入；

d. 资产负债表日后发现了财务报表舞弊或差错。

②资产负债表日后非调整事项。

a. 重大诉讼、仲裁、承诺；

b. 资产价格、税收政策、外汇汇率发生重大变化；

c. 因自然灾害导致资产发生重大损失；

d. 发行股票和债券以及其他巨额举债；

e. 资本公积金转增资本；

f. 发生巨额亏损；发生企业合并或处置子公司；

g. 资产负债表日后企业利润分配方案中拟分配的以及经审议批准宣告发放的股利或利润。

4. 什么是或有事项？或有事项的审计目标是什么？

【答】（1）或有事项，是指过去的交易或事项形成的，其结果须由某些未来事项的发生或不发生决定的不确定事项。

（2）注册会计师对或有事项进行审计所要达到的审计目标一般包括：

①确定或有事项是否存在和完整；

②确定或有事项的确认和计量是否符合企业会计准则的规定；

③确定或有事项的列报是否恰当。

5. 律师声明书的作用是什么？如何对其进行分析？

【答】（1）律师声明书通常可提供有力的证据，帮助注册会计师解释并报告有关的期后事项和或有事项，从而减少注册会计师误解上述事项的可能性，但其本身不足以对注册会计师形成审计意见提供基本理由。

（2）对于律师声明书应从整体上分析，以便确定它对审计询证函的总体反映，确定它与注册会计师所知的情况是否矛盾。倘若律师声明书或暗示律师拒绝提供信息，或隐瞒信息，或对被审计单位叙述的情况应予修正而不加修正，注册会计师一般应认为审计范围受到限制，就不能出具无保留意见的审计报告。

6. 管理层书面声明的基本作用是什么？

【答】管理层书面声明具有以下两个基本作用：

（1）明确管理层对财务报表的责任。被审计单位管理层在书面声明中对提供给注册会计师的有关资料的真实性、合法性和完整性做出正确的描述，并明确承认对财务会计报表负责。

（2）提供审计证据。书面声明把管理层对注册会计师的询问所做出的答复以书面方式予以记录，可作为书面证据。

7. 如何运用审计重要性原则来划分建议调整的不符事项与未调整不符事项？

【答】重要性具有数量和质量两个方面的特征。换言之，注册会计师在划分建议调整的不符事项与未调整不符事项时，应当考虑核算错误的金额和性质两种因素。

（1）对于单笔核算错误超过所涉及财务会计报表项目（或账项）层次重要性水平的，应视为建议调整的不符事项。

（2）对于单笔核算错误大大低于所涉及财务会计报表项目（或账项）层次重要性水平但性质重要的，应视为建议调整的不符事项。

（3）对于单笔核算错误大大低于所涉及财务会计报表项目（或账项）层次重要性水平并且性质不重要的，一般应视为未调整不符事项；但应当考虑小金额错报累积起来可能重要的可能性。

8. 注册会计师与治理层沟通的主要目的是什么？

【答】（1）就财务报表审计相关的责任、计划的审计范围和时间安排的总体情况，与治理层进行清晰沟通，取得相互了解；

（2）向治理层获取与审计相关的信息；

（3）及时向治理层通报审计中发现的与治理层对财务报告过程的监督责任相关的重大事项；

（4）推动注册会计师和治理层之间有效的双向沟通。

9. 什么是审计报告？撰写审计报告有何意义？

【答】（1）审计报告是审计人员在审计工作结束时表达审计意见、做出审计评价的一种书面文件。

（2）审计报告具有法律效力，审计工作结束时必须写一份书面审计报告，它具有重大意义。

①提出审计报告是审计规范的要求。审计工作结束时必须根据《审计法》或审计准则的规定提出审计报告，是否提出审计报告是审计工作区别于其他检查、评价活动的重要标志。

②审计报告是审计意见的载体，审计人员通过审计报告来发表审计意见。离开了审计报告这一载体，审计意见就无法存在。

③审计报告是有关管理机构、国家主管部门提高工作效率和进行决策的重要参考文件，也是社会有关方面进行决策的一份重要的参考资料。

④审计报告也是一项重要文件，是国家档案资料的重要组成部分。

10. 审计报告有哪些作用？

【答】（1）鉴证作用。

（2）保护作用。

（3）证明作用。

（4）促进作用。

11. 审计报告的主要类别有哪些？

【答】（1）按照审计工作主体和范围，审计报告可分为外部审计报告和内部审计报告。

（2）按照审计报告的格式，审计报告可分为标准审计报告和非标准审计报告。

（3）按照审计报告使用的目的，可分为公布目的审计报告和非公布目的审计报告。

（4）按照审计工作性质和报告目的，审计报告分为一般目的审计报告和特殊目的审计报告。

（5）按照审计报告的详简程度，可分为简式审计报告和详式审计报告。

12. 审计报告总的要求是什么？

【答】审计报告总的要求是审计人员要对审计报告的真实性、合法性负责。审计报告的真实性，是指审计报告应如实反映审计范围、审计依据、实施的审计程序和应发表的审计意见；审计报告的合法性，是指审计报告的编制和出具必须符合审计准则与有关法规的规定。

13. 什么是审计意见书和审计决定？

【答】（1）审计意见书是政府审计机关根据审计报告，对审计事项做出评价和向被审计单位提出的财政、财务收支的管理意见的书面文件。

（2）审计决定就是审计机关按照规定的程序，在法定职权范围内，对审计报告进行审定后，对被审计单位违反国家规定的财政、财务收支行为给予处理和处罚的决定。

14. 政府审计的审计报告的主要内容和形式有哪些？

【答】（1）政府审计报告的内容主要包括：

①审计依据；

②实施审计的基本情况，一般包括审计范围、内容、方式和实施的起止时间；

③被审计单位的基本情况；

④审计评价意见；

⑤以往审计决定执行情况和审计建议采纳情况；

⑥审计发现的被审计单位违反国家规定的财政收支、财务收支行为和其他重要问题的事实、定性、处理处罚意见以及依据的法律法规和标准；

⑦审计发现的移送处理事项的事实和移送处理意见，但是涉嫌犯罪等不宜让被审计单位知悉的事项除外；

⑧针对审计发现的问题，根据需要提出的改进建议。

（2）政府审计报告多采用详式审计报告形式，可以对被审计单位存在的问题以及改进的措施、建议进行详细叙述,有利于国家对被审计单位的经济活动进行监督和评价。

15. 什么是注册会计师审计报告?注册会计师审计报告有哪些要求?

【答】(1)注册会计师审计报告也称民间审计报告,是指注册会计师根据注册会计师审计准则的规定,在实施审计工作的基础上对被审计单位财务报表发表审计意见的书面文件。

(2)审计报告应当包括下列要素。

①审计报告的标题,应当统一规范为"审计报告"。

②审计报告的收件人。

③审计意见。

④形成审计意见的基础。

⑤管理层对财务报表的责任。

⑥注册会计师对财务报表审计的责任。

⑦按照相关法律法规的要求报告的事项(如适用)。

⑧注册会计师的签名和盖章。

⑨会计师事务所的名称、地址和盖章。

⑩报告日期。

16. 民间审计报告的审计意见有几种类型?

【答】审计意见一般有四种基本类型,即无保留意见、保留意见、否定意见和无法表示意见。相应地就要出具四种基本类型审计意见的审计报告,即无保留意见的审计报告、保留意见的审计报告、否定意见的审计报告和无法表示意见的审计报告。其中,无保留意见的审计报告又分为标准无保留意见的审计报告和带有强调事项段的无保留意见的审计报告。

17. 在什么条件下,出具无保留意见的审计报告?

【答】注册会计师经过审计后,认为符合下述所有条件时,应出具标准无保留意见的审计报告。

(1)财务报表在所有重大方面按照适用的财务报告编制基础的规定编制并实现公允反映;

(2)注册会计师已经按照《中国注册会计师审计准则》的规定计划和实施审计工作,在审计过程中未受到限制。

18. 什么是关键审计事项?沟通关键审计事项的价值是什么?

【答】(1)关键审计事项,是指注册会计师根据职业判断认为对本期财务报表审计最为重要的事项,从注册会计师与治理层沟通过的事项中选取。

(2)沟通关键审计事项,旨在通过提高已执行审计工作的透明度增加审计报告的沟通价值:

①沟通关键审计事项能够为财务报表预期使用者提供额外的信息,以帮助其了解注册会计师根据职业判断认为对本期财务报表审计最为重要的事项;

②沟通关键审计事项还能够帮助财务报表预期使用者了解被审计单位,以及

已审计财务报表中涉及重大管理层判断的领域；

③能够为财务报表预期使用者就与被审计单位、已审计财务报表或已执行审计工作相关的事项进一步与管理层和治理层沟通提供基础。

19. 在什么条件下，注册会计师应当在审计报告中增加强调事项段？

【答】在同时满足下列条件时，注册会计师应当在审计报告中增加强调事项段：

（1）该事项不会导致注册会计师发表非无保留意见；

（2）该事项未被确定为在审计报告中沟通的关键审计事项。

增加强调事项段的情形：

（1）对持续经营能力产生重大疑虑；

（2）存在重大不确定事项。

20. 在什么条件下，出具保留意见的审计报告？

【答】存在着下述情况之一时，应出具保留意见的审计报告。

（1）在获取充分、适当的审计证据后，注册会计师认为错报单独或汇总起来对财务报表影响重大，但不具有广泛性，且被审计单位拒绝进行调整；

（2）注册会计师无法获取充分、适当的审计证据以作为形成审计意见的基础，但认为未发现的错报（如存在）对财务报表可能产生的影响重大，但不具有广泛性。

21. 出具否定意见审计报告的情形有哪些？

【答】（1）会计处理方法的选用严重违反《企业会计准则》及国家其他有关财务会计法规的规定，被审计单位拒绝进行调整。

（2）财务会计报表严重歪曲了被审计单位的财务状况、经营成果和现金流量，被审计单位拒绝进行调整。

22. 什么情形下注册会计师会出具无法表示意见的审计报告？

【答】由于审计范围受到委托人、被审计单位或客观环境的严重限制，不能获取充分、适当的审计证据，以致无法对财务会计报表整体反映发表审计意见时。如果无法获取充分、适当的审计证据以作为形成审计意见的基础，但认为未发现的错报对财务报表可能产生的影响重大且具有广泛性，注册会计师应当发表无法表示意见。

五、业务分析题

1. 【答】

（1）采取的内部控制措施为：

①入场券连续编号；

②售票与收票分两人负责；

③入场时收票员将票一撕两半，各执一半；

④票箱加锁。

(2) ①收票员收票时不撕票而将全票交与售票员重新出售；

②收票员直接收银，而让交钱者进场。

(3) ①观察售票员手中有无散票、旧票；

②突击抽查观众是否无票或持旧票入场。

(4) ①严格控制未用入场券，记录每日每班第一和最后一张的券号；

②抽点库存现金；

③入场券加盖吉财公司的章和日期章；

④不定期观察是否利用售票机售票以及检视收票时有无持废票、旧票或无票入场情况发生。

2.【答】

针对要求（1）：

事项（1）不恰当。财务报表附注未作充分披露，应当发表保留或否定意见。

事项（2）不恰当。应当与治理层沟通；还应当采取下列三项措施之一：在审计报告中增加其他事项段，拒绝提交审计报告，解除业务约定。

针对要求（2）：

上期财务报表已由其他会计师事务所审计；前任注册会计师发表的意见类型；前任注册会计师出具审计报告的日期。

3.【答】

(1) 应出具保留意见的审计报告。因为 A 公司没有对甲公司的长期投资计提减值准备。A 公司持有甲公司 15% 的股权，因甲公司已经连续发生亏损三年，2017 年末每股净资产已为负数，A 公司采用成本法核算长期投资，A 公司没有计提相应的减值准备。

(2) 应出具保留意见的审计报告。因为这三项错报之和高于所设定的重要性水平。B 公司三项错报之和高于所设定的重要性水平，而 B 公司拒绝作任何调整。

(3) 应出具无保留意见加强调事项段的审计报告。因为该公司持续经营存在问题。我们提醒财务报表使用者关注，C 公司因财务状况恶化，于 2017 年年初向法院申请进行债务重整，债务重整是否成功影响 C 公司能否继续经营，目前尚无法预测重整的结果。管理当局就此问题提出改善计划，但其持续经营能力仍存在重大不确定性，本段内容并不影响发表的审计意见。

(4) 应出具保留意见的审计报告。因为 D 公司没有计提应收账款坏账准备。D 公司对占流动资产的 23% 的应收账款无力收回，公司不愿在 2017 年度单项计提较大的坏账准备，只愿意在财务报表附注中说明。

(5) 应出具标准无保留意见的审计报告。因为 E 公司关联交易不存在问题。

(6) 应出具无法表示意见的审计报告。F 公司占总资产总价值的 65% 的期末存货无法进行监督盘点。我们无法对 F 公司占总资产总价值的 65% 的期末存货进行监督盘点，也无法实施其他替代审计程序，以对期末存货的数量和状况获取充分、适当的审计证据。

(7) 应出具保留意见的审计报告。因为 G 公司对融资租赁业务的会计处理违反《企业会计准则》的规定。G 公司在 2017 年发生两笔数额很大的融资租赁业务，但该公司却按经营租赁进行会计核算，致使 G 公司当年利润减少 25%，G 公司拒绝进行调整。

(8) 应出具否定意见的审计报告。因为 H 公司未按《企业会计准则》的规定对外提供法定的股东权益变动表。H 公司所编制的财务报表中缺少股东权益变动表，该公司认为股东权益变动表是辅助报表，所以拒绝提供。

(9) 应出具无法表示意见的审计报告。因为 K 公司持股 90% 的子公司无法进行审计。K 公司持股 90% 的子公司是由丙会计师事务所进行的，该子公司的资产和利润占 K 公司合并报表相应项目的 50% 和 60%，注册会计师郑直、宫允无法进行审计。

(10) 应出具标准无保留意见的审计报告。因为公司的年度经营管理报告可以不提供。

结合前三种情况出具加强调事项段的保留意见审计报告。

审计报告

A 股份有限公司全体股东：

一、保留意见

我们审计了 A 股份有限公司（以下简称"公司"）财务报表，包括 2017 年 12 月 31 日的资产负债表，2017 年度的利润表、现金流量表、所有者权益变动表以及财务报表附注。

我们认为，除形成保留意见的基础部分所述事项产生的影响外，后附的财务报表在所有重大方面按照适用的财务报告编制基础的规定编制，公允反映了公司 2017 年 12 月 31 日的财务状况以及 2017 年度的经营成果和现金流量。

二、形成保留意见的基础

我们按照中国注册会计师审计准则的规定执行了审计工作。审计报告的"注册会计师对财务报表审计的责任"部分进一步阐述了我们在这些准则下的责任。按照中国注册会计师职业道德守则，我们独立于公司，并履行了职业道德方面的其他责任。审计过程中注意到公司 2017 年没有对甲公司的长期投资计提减值准备，A 公司持有甲公司 15% 的股权，因甲公司已经连续发生亏损三年，2017 年末每股净资产已为负数，A 公司采用成本法核算长期投资；A 公司还有三项错报之和高于所设定的重要性水平，但拒绝作任何调整。

我们相信，我们获取的审计证据是充分、适当的，为发表保留意见提供了基础。

三、管理层和治理层对财务报表的责任

管理层负责按照企业会计准则的规定编制财务报表，使其实现公允反映，并设计、执行和维护必要的内部控制，以使财务报表不存在由于舞弊或错误导致的重大错报。

在编制财务报表时，管理层负责评估公司的持续经营能力，披露与持续经营相关的事项（如适用），并运用持续经营假设，除非管理层计划清算公司、停止营运或别无其他现实的选择。治理层负责监督公司的财务报告过程。

四、注册会计师对财务报表审计的责任

我们的目标是对财务报表整体是否不存在由于舞弊或错误导致的重大错报获取合理保证，并出具包含审计意见的审计报告。合理保证是高水平的保证，但并不能保证按照审计准则执行的审计在某一重大错报存在时总能发现。错报可能由舞弊或错误所导致，如果合理预期错报单独或汇总起来可能影响财务报表使用者依据财务报表作出的经济决策，则错报是重大的。

在按照审计准则执行审计的过程中，我们运用了职业判断，保持了职业怀疑。我们同时：

（1）识别和评估由于舞弊或错误导致的财务报表重大错报风险；对这些风险有针对性地设计和实施审计程序；获取充分、适当的审计证据，作为发表审计意见的基础。由于舞弊可能涉及串通、伪造、故意遗漏、虚假陈述或凌驾于内部控制之上，未能发现由于舞弊导致的重大错报的风险高于未能发现由于错误导致的重大错报的风险。

（2）了解与审计相关的内部控制，以设计恰当的审计程序，但目的并非对内部控制的有效性发表意见。

（3）评价管理层选用会计政策的恰当性和做出会计估计及相关披露的合理性。

（4）对管理层使用持续经营假设的恰当性得出结论。同时，基于所获取的审计证据，对是否存在与事项或情况相关的重大不确定性，从而可能导致对公司的持续经营能力产生重大疑虑得出结论。如果我们得出结论认为存在重大不确定性，审计准则要求我们在审计报告中提请报告使用者注意财务报表中的相关披露；如果披露不充分，我们应当发表非无保留意见。我们的结论基于审计报告日可获得的信息。然而，未来的事项或情况可能导致公司不能持续经营。

（5）评价财务报表的总体列报、结构和内容（包括披露），并评价财务报表是否公允反映交易和事项。

除其他事项外，我们与治理层就计划的审计范围、时间安排和重大审计发现（包括我们在审计中识别的值得关注的内部控制缺陷）进行沟通。

我们还就遵守关于独立性的相关职业道德要求向治理层提供声明，并就可能被合理认为影响我们独立性的所有关系和其他事项，以及相关的防范措施（如适用）与治理层进行沟通。

从与治理层沟通的事项中，我们确定哪些事项对当期财务报表审计最为重要，因而构成关键审计事项。我们在审计报告中描述这些事项，除非法律法规不允许公开披露这些事项，或在极其罕见的情形下，如果合理预期在审计报告中沟通某事项造成的负面后果超过产生的公众利益方面的益处，我们确定不应在审计报告中沟通该事项。

五、强调事项

我们提醒财务报表使用者关注，A 公司因财务状况恶化，于 2017 年年初向法院申请进行债务重整，债务重整是否成功影响 A 公司能否继续经营，目前尚无法预测重整的结果。管理当局就此问题提出改善计划，但其持续经营能力仍存在重大不确定性，本段内容并不影响发表的审计意见。

负责审计并出具审计报告的项目合伙人是郑直。

长税会计师事务所（盖章）　　　　中国注册会计师：郑直（签名并盖章）
　　　　　　　　　　　　　　　　中国注册会计师：宫允（签名并盖章）

中国长春市　　　　　　　　　　　　　　　　　　　　　2018 年 3 月 12 日

4.【答】

审计意见与审计报告要点。

注册会计师应发表保留意见，因为下面几个事项是个别重要的事项，超出重要性水平，且被审计单位不调整。具体如下：

事项（1）注册会计师应认为审计范围受到了限制。公司被起诉侵权，至今未结案，由于律师拒绝提供任何情况，注册会计师应认为审计范围受到限制。而且前任注册会计师也出具了保留意见的审计报告，对本期会计报表的影响尚未消除，注册会计师一般应继续发表保留意见。

事项（2）注册会计师应提请该公司在会计报表附注中予以披露。

事项（3）注册会计师应建议将 1000 万元的其他应收款全部计提坏账准备。

审计报告具体要点如下：

第一，审计报告标题与收件人：吉财股份有限公司全体股东；审计对象：年报名称与日期及双方责任；

第二，审计意见；引言段内容；

第三，形成审计意见的基础；范围段内容；

第四，管理层对财务报表的责任；

第五，注册会计师对财务报表的责任；

第六，按照相关法律法规的要求报告的事项；

第七，注册会计师签名与盖章；

第八，会计师事务所的名称、地址和盖章；

第九，报告日期。

5.【答】

（1）保留意见审计报告。2016 年度审计报告中导致保留意见的事项对本期数据和对应数据的可比性仍有影响。

（2）带强调事项段的无保留意见审计报告。证券监管机构的稽查结果存在不确定性。

(3) 保留意见／无法表示意见审计报告。无法获取充分、适当的审计证据／审计范围受到限制。

(4) 带强调事项段的无保留意见审计报告。导致对持续经营能力产生疑虑的事项或情况具有重大不确定性。

(5) 否定意见审计报告。运用持续经营假设不适当。

(6) 否定意见审计报告。重要子公司未合并，导致合并财务报表重大而广泛的错报。

第十五章　内部控制评价与审计及其他鉴证业务

一、单项选择题

1. C　2. A　3. C　4. D　5. B　6. C　7. D　8. B　9. B　10. D　11. C　12. B　13. D　14. B　15. A　16. D　17. D

二、多项选择题

1. ABCD　2. ABCD　3. ABCD　4. ABC　5. BCD　6. ABCD　7. ABCD　8. ABC　9. BCD　10. AB　11. ABCD　12. AC　13. ABCD　14. ABD　15. ACD　16. ABD　17. ABCD　18. AC

三、名词解释

1. 内部控制评价，一般是指由企业内部审计师和业务流程的具体操作者共同对其内部控制状况定期进行有效评估，以有效改进企业内部控制制度，极大提升风险认知和管理能力。国外的内部控制自我评价（Control Self Assessment，CSA），就是企业不定期或定期地对其内部控制系统进行评价，评价内部控制的有效性及其实施的效率效果，以期能更好地实现内部控制的目标。我国内部控制评价是指企业董事会或类似权力机构对内部控制的有效性进行全面评价、形成评价结论、出具评价报告的过程。

2. 内部控制审计是会计师事务所接受委托对特定基准日内部控制设计与运行的有效性进行审计。注册会计师执行内部控制审计工作，应当获取充分、适当的证据，为发表内部控制审计意见提供合理保证。注册会计师应当对财务报告内部控制的有效性发表审计意见，并对内部控制审计过程中注意到的非财务报告内部控制的重大缺陷，在内部控制审计报告中增加"非财务报告内部控制重大缺陷描述段"予以披露。

3. 财务报表审阅是指注册会计师接受委托，在实施审阅程序的基础上，说明是否注意到某些事项，使其相信财务报表没有按照适用的会计准则和相关会计制度的规定编制，未能在所有重大方面公允反映被审阅单位的财务状况、经营成果和现金流量的鉴证业务。

四、简答题

1. 内部控制评价的一般方法有哪些？

【答】企业常用的内部控制评价的主要方法如下。

（1）审阅法。

（2）询问法。

（3）调查法。

（4）观察法。

（5）讨论法。

（6）穿行测试法。

（7）抽样法。

（8）比较分析法。

（9）文字说明法。

（10）流程图法。

2. 内部控制审计与内部控制评价的区别是什么？

【答】（1）从事的主体不同。在大多数情况下，内部控制自我评价是由内部审计人员与管理人员共同参与的；而内部控制审计则是由外部审计人员进行的。

（2）实施的目的不同。内部控制自我评价多以建设性为主；而内部控制审计则以批判性为主。

（3）报告的方式不同。内部控制自我评价在报告其结果时，主要根据有关人员对内部控制的意见、建议及结论，编制并提交内部控制自我评价报告或出具改进内部控制建议书；而内部控制审计多以出具并提交内部控制审计意见书报告其结果。

（4）提交的对象不同。内部控制自我评价的结果应当及时反馈给参与内部控制自我评价的相关管理人员，必要时，也可提交给治理层与管理层，以便其及时采取有效措施改善经营活动与内部控制；而内部控制审计的结果，大多提交给与其有领导隶属或业务指导关系的治理层或管理层及外部机构，如上市公司内部控制审计报告要对外披露。

（5）运用的方法不同。内部控制自我评价运用的方法通常有专题讨论会、问卷调查及管理分析等；而内部控制审计通常采用文字叙述、调查表、观察法、检查法及实验法等方法。

3. 哪些迹象表明内部控制可能存在重大缺陷？

【答】（1）注册会计师发现董事、监事和高级管理人员舞弊；

（2）企业更正已经公布的财务报表；

（3）注册会计师发现当期财务报表存在重大错报，而内部控制在运行过程中未能发现该错报；

（4）企业审计委员会和内部审计机构对内部控制的监督无效。

4. 内部控制审计报告的内容包括什么?

【答】（1）标题；

（2）收件人；

（3）引言段；

（4）企业对内部控制的责任段；

（5）注册会计师的责任段；

（6）内部控制固有局限性的说明段；

（7）财务报告内部控制审计意见段；

（8）非财务报告内部控制重大缺陷描述段；

（9）注册会计师的签名和盖章；

（10）会计师事务所的名称、地址及盖章；

（11）报告日期。

5. 什么是财务报表审阅？财务报表审阅和审计有什么区别？

【答】（1）财务报表审阅是指注册会计师接受委托，在实施审阅程序的基础上，说明是否注意到某些事项，使其相信财务报表没有按照适用的会计准则和相关会计制度的规定编制，未能在所有重大方面公允反映被审阅单位的财务状况、经营成果和现金流量的鉴证业务。

（2）审阅范围比审计范围小。这一差别体现在审阅目标的表述上。财务报表审阅的目标是在实施审阅程序的基础上，说明是否注意到某些事项，使注册会计师相信财务报表没有按照适用的会计准则和相关会计制度的规定编制，未能在所有重大方面公允反映被审阅单位的财务状况、经营成果和现金流量。

在执行财务报表审阅业务时，虽然注册会计师也需要关注财务报表的合法性和公允性，但这种关系是停留在"是否注意到"的程度上，形成结论的基础是"审阅程序"而不是"审计程序"。

6. 审阅业务约定书的内容包括什么?

【答】（1）审阅业务的目标；

（2）管理层对财务报表的责任；

（3）审阅范围，其中应提及按照《中国注册会计师审阅准则第2101号——财务报表审阅》的规定执行审阅工作；

（4）注册会计师不受限制地接触审阅业务所要求的记录、文件和其他信息；

（5）预期提交的报告样本；

（6）说明不能依赖财务报表审阅揭示错误、舞弊和违反法规行为；

（7）说明没有实施审计，因此，注册会计师不发表审计意见，不能满足法律法规或第三方对审计的要求。

7. 审阅报告的结论段有哪几种?

【答】注册会计师应当根据实施审阅程序的情况，在审阅报告的结论段中提出下列之一的结论。

（1）根据注册会计师的审阅，如果没有注意到任何事项使其相信财务会计报表没有按照适用的会计准则和相关会计制度的规定编制，未能在所有重大方面公允反映被审阅单位的财务状况、经营成果和现金流量，注册会计师应当提出无保留的结论。

（2）如果注意到某些事项使其相信财务会计报表没有按照适用的会计准则和相关会计制度的规定编制，未能在所有重大方面公允反映被审阅单位的财务状况、经营成果和现金流量，注册会计师应当在审阅报告的结论段前增设说明段，说明这些事项对财务会计报表的影响，并提出保留结论。

（3）如果这些事项对财务会计报表的影响非常重大和广泛，以至于认为仅提出保留结论不足以揭示财务会计报表的误导性或不完整性，注册会计师应当对财务会计报表提出否定结论，即财务会计报表没有按照适用的会计准则和相关会计制度的规定编制，未能在所有重大方面公允反映被审阅单位的财务状况、经营成果和现金流量。

如果存在重大的范围限制，注册会计师应当在审阅报告中说明，假定范围不受限制，注册会计师可能发现需要调整财务会计报表的事项，因而提出保留结论。

（4）如果范围限制的影响非常重大和广泛，以至于注册会计师认为不能提供任何程度的保证时，不应提供任何保证。

8. 什么是盈利预测审核？其目的是什么？

【答】（1）所谓盈利预测审核，是指注册会计师接受委托，对被审核单位盈利预测进行审查与复核，并发表审核意见。审查与复核指的是注册会计师根据被审核单位提供的盈利预测，对其编制所依据的基本假设、所选用的会计政策和编制基础进行审查、评价、复算和核对等，从而得出审核结论，发表审核意见。

（2）注册会计师进行盈利预测审核的目的是，对被审核单位盈利预测所依据的基本假设、选用的会计政策及其编制基础进行审核并发表审核意见。具体来说，通过审核判定被审核单位是否已充分披露这些基本假设，并且寻找有无证据表明这些假设是不合理的；判定所选用的会计政策是否与已审计的财务会计报表所采用的会计政策一致；判定被审核单位是否按照确定的编制基础编制盈利预测。

9. 简述盈利预测审核中的各方责任。

【答】（1）注册会计师有责任保证所出具的盈利预测审核报告是真实的和合法的。审核报告的真实性是指审核报告应如实反映注册会计师的审核范围、审核依据、已实施的主要审核程序和应发表的审核意见。审核报告的合法性是指审核报告的编制和签发必须符合《中华人民共和国注册会计师法》和《中国注册会计师其他鉴证业务准则第3111号——预测性财务信息的审核》等规定。

（2）被审核单位应当负责编制盈利预测，并保证编制盈利预测所依据基本假设的合理性且已充分披露，保证所选用的会计政策的正确性并与实际采用的相关政策一致，同时保证编制基础是恰当的并已按确定的编制基础进行编制。这些都是被审核单位管理当局的责任，注册会计师的审核并不能免除被审核单位的这些责任。

10. 盈利预测审核报告的主要内容有哪些?

注册会计师出具的盈利预测审核报告应当包括下列内容：（1）标题；（2）收件人；（3）指出所审核的预测性财务信息；（4）提及审核预测性财务信息时依据的准则；（5）说明管理层对预测性财务信号（包括编制该信息所依据的假设）负责；（6）适当时，提及预测性财务信息的使用目的和分发限制；（7）以消极方式说明假设是否为预测性财务信息提供合理基础；（8）对预测性财务信息是否依据假设恰当编制，并按照适用的会计准则和相关会计制度的规定进行列报发表意见；（9）对预测性财务信息的可实现程度做出适当警示；（10）注册会计师的签名及盖章；（11）会计师事务所的名称、地址及盖章；（12）报告日期，报告日期应为完成审核工作的日期。

五、业务分析题

【答】

（1）恰当。

（2）不恰当。A注册会计师应当在内部控制审计报告中增加强调事项段予以说明。

（3）不恰当。A注册会计师应当以书面形式与丙公司董事会和经理层沟通，提醒丙公司加以改进；同时在内部控制审计报告中增加非财务报告审计内部控制重大缺陷描述段，对重大缺陷的性质及其对实现相关控制目标的影响程度进行披露，提示内部控制审计报告使用者注意相关风险。

（4）不恰当。A注册会计师应当解除丁公司业务约定或出具无法表示意见的内部控制审计报告。

（5）不恰当。A注册会计师应当发表否定意见。

（6）不恰当。A注册会计师需要将其视为审计范围受到限制，解除业务约定或无法表示意见的内部控制审计报告。